Guido Knopp
Die Befreiung

Guido Knopp

Die Befreiung

Kriegsende im Westen

Econ

Econ Verlag
Econ ist ein Verlag der
Ullstein Buchverlage GmbH

1. Auflage 2004
ISBN 3-430-15517-7

© 2004 by Ullstein Buchverlage
GmbH
Printed in Germany
Alle Rechte vorbehalten

Buchgestaltung und Layout:
Büro Jorge Schmidt, München
Repro: Franzis print & media
GmbH, München
Druck und Bindearbeiten:
Mohn Media GmbH, Gütersloh

7 Vorwort

Der längste Tag
14
Guido Knopp/Sönke Neitzel

Der Kampf um Paris
64
Guido Knopp/Ricarda Schlosshahn

Die Hölle von Monte Cassino
108
Guido Knopp/Stefan Brauburger

Die letzte Schlacht
164
Guido Knopp/Sönke Neitzel

Der letzte Akt
216
Guido Knopp/Friedrich Scherer

266 Literaturverzeichnis
268 Personenregister
271 Ortsregister
272 Bildnachweis

Vorwort

Es war eine Befreiung

Und dennoch, die Stunde ist groß – nicht nur für die Siegerwelt, auch für Deutschland – die Stunde, wo der Drache zur Strecke gebracht wird, das wüste und krankhafte Ungeheuer, Nationalsozialismus genannt, verröchelt und Deutschland von dem Fluch wenigstens befreit, Hitlers Land zu heißen«, mit diesen Worten begrüßte der in die USA emigrierte Schriftsteller Thomas Mann die deutsche Kapitulation. Nur wenige seiner Landsleute, die in »Hitlers Land« verblieben waren, mögen damals ähnlich empfunden haben. Für die große Mehrheit der Deutschen allerdings war der 8. Mai 1945 wohl zunächst die Stunde des Zusammenbruchs und nicht die Stunde der Befreiung, wie sich auch die Sieger damals nicht als Befreier der Deutschen, sondern als Befreier von den Deutschen gefühlt haben. Nur eine positive Erfahrung verband Sieger und Besiegte am Ende dieses schrecklichen Krieges: Es war die Erleichterung, überlebt zu haben – einen Krieg, der mehr als 50 Millionen Opfer gefordert und zugleich deutlich gemacht hatte, wozu Menschen fähig sind und was sie ihresgleichen antun können.
Heute, fast 60 Jahre nach Ende des Krieges, hat sich die Sicht auf die Ereignisse von damals sehr gewandelt. Die Besiegten von einst und die Nachgeborenen haben sich lange schon von Hitlers mörderischem Reich losgesagt. Sie sind heute in ihrer großen Mehrheit bereit, die schweren Leiden, die die militärische Niederlage den Deutschen aufbürdete, nicht mehr den alliierten Siegern, sondern vor

allem der nationalsozialistischen Gewaltherrschaft anzulasten, die diesen Krieg im deutschen Namen und von deutschem Boden aus entfesselte. Und die Sieger von einst haben das Nachkriegsdeutschland als eine friedliche Demokratie kennen gelernt – und ihm allmählich vertraut. Sie sind heute zunehmend bereit, die Deutschen nicht nur als Vollstrecker, sondern auch als Opfer von Hitlers Wahn zu begreifen – nicht nur als Besiegte, sondern auch als Befreite.

Das vorliegende Buch beruht auf den Recherchen für ein Filmprojekt, das die Endphase des Krieges im Westen darstellt. Bislang wurde dieser Krieg in der Regel nur aus nationaler Sicht geschildert. Heute, da die Zeitgenossen hoch betagt sind, ist es an der Zeit, dass einst verfeindete Nationen gemeinsam aufzeigen, was den Zweiten Weltkrieg ausmacht. Noch sind die Menschen, die den Krieg erlebt haben, am Leben und können erzählen, »wie es war«. Und noch haben wir die Chance, ihnen zuzuhören, wenn sie von der Grenzerfahrung ihres Lebens berichten: Deutsche und Amerikaner, Briten und Kanadier, Franzosen und Italiener, Niederländer und Belgier.

Der Befreiung im Westen ging ein jahrelanges diplomatisches Tauziehen unter den Alliierten voraus. Seit Ende 1941 forderte Stalin eine »Zweite Front« im Westen Europas, die die Rote Armee im Osten entlasten sollte. Doch erst bei der Konferenz von Teheran Ende November 1943 sagten Churchill und Roosevelt Stalin eine Invasion für das nächste Frühjahr zu. Das Unternehmen »Overlord«, die alliierte Landung in der Normandie, begann am 6. Juni 1944. Im Morgengrauen erschien die bis zu diesem Augenblick gewaltigste Armada der Weltgeschichte vor der französischen Küste: Rund 200 000 Mann Sturmtruppen, auf viertausend Schiffen verteilt, eroberten die Strände der Normandie, unterstützt durch eine Feuerwalze alliierter Bomber und Kriegsschiffe. An manchen Stränden gelang der Durchbruch ohne größere Verluste, an anderen blieben hunderte von Angreifern im vernichtenden Abwehrfeuer der deutschen Stellungen liegen. Am Ende des »längsten Tages« siegte die alliierte Überlegenheit an Menschen und Material. Die »Zweite Front« war eröffnet, die Befreiung Westeuropas jetzt nur noch eine Frage der Zeit. Hitlers populärster General, Feldmarschall Erwin Rommel, mahnte seinen Kriegsherrn, angesichts des aussichtslosen Kampfes »Folgerungen« zu ziehen, das heißt, den Krieg zu beenden. Doch Hitler blieb bei seiner sturen Durchhalteparole, die er bereits am Abend des 6. Juni ausgegeben hatte: »Hier gibt es kein Ausweichen und Operieren, hier gilt es zu stehen, zu halten oder zu sterben.«

Anfang August brach die deutsche Front in Nordfrankreich zusammen. Der Weg ins Innere Frankreichs, der Weg nach Paris war frei. Für die französische Bevölkerung war es die Stunde der Befreiung. Viele, die unter der deutschen Besatzung gelitten hatten, wollten nun aktiv daran mitwirken, ihre Ketten zu zersprengen. Für das befreite Frankreich unter Führung von General Charles de Gaulle war es zudem eine Frage der nationalen Ehre, die Hauptstadt aus eigener Kraft zu befreien. Am 19. August 1944 – fünf Tage, bevor alliierte Truppen Paris erreichten – griffen dort 20 000 französische Untergrundkämpfer zu den Waffen. Für den deutschen Stadtkommandanten General Dietrich von Choltitz spitzte sich die Situation dramatisch zu. Bis zuletzt hatte er gehofft, die Stadt ohne Kampf räumen zu dürfen. Doch nun befahl ihm Hitler, Paris dürfe »nur als Trümmerfeld in die Hand des Feindes fallen«. Von Choltitz aber zögerte die Ausführung des Befehls immer weiter hinaus – bis es zu spät war. Am 24. August 1944 marschierten reguläre französische Truppen in die Stadt ein, tags darauf ging der Kommandant mit 12 000 deutschen Soldaten in die Gefangenschaft. Während die Pariser ihre Freiheit bejubelten, schäumte Hitler im fernen Rastenburg vor Wut. Sein Befehl, die Stadt zu zerstören, war zum Glück ignoriert worden.

Wie wenig der Krieg ansonsten auf Kulturschätze Rücksicht nahm, zeigte sich an der zweiten großen Invasionsfront des Westen in Italien. Im September 1943 waren alliierte Truppen von Sizilien auf das italienische Festland übergesetzt. Als die neue italienische Regierung, die auf den Sturz Mussolinis gefolgt war, mit den Alliierten einen Waffenstillstand schloss, ließ Hitler die italienische Armee entwaffnen und Italien besetzen. Aus den Soldaten der einst verbündeten Wehrmacht wurden in den Augen der meisten Italiener nun »Besatzer«, aus den Alliierten »Befreier«. 140 Kilometer südlich von Rom errichtete die Wehrmacht eine Verteidigungslinie, um den alliierten Vormarsch aufzuhalten. Die deutsche Schlüsselstellung lag auf dem Berg Monte Cassino, in unmittelbarer Nähe des gleichnamigen Klosters, das als Wiege des abendländischen Mönchtums weltberühmt war. Seit Januar 1944 bestürmten die alliierten Truppen vergeblich die deutschen Stellungen auf dem Klosterberg. Schließlich griff auch die US-Luftwaffe an. Am 15. Februar 1944 wurde das alte Kloster Monte Cassino durch einen amerikanischen Bombenangriff völlig zerstört. Das Kloster sei eine »deutsche Festung«, war den Piloten vor ihrem Einsatz gesagt worden. Ein Irrtum: Tatsächlich befanden sich keine deutschen Soldaten im Kloster, dafür aber etwa 800 Flüchtlinge, alte Männer, Frauen, Kinder – bis zu 300 von ihnen starben. Die deutsche Propaganda sprach von alliierter Kulturlosigkeit und Zerstörungswut, die Alliierten verwiesen auf die unmittelbare Nähe von Kloster und deutschen Stellungen. Doch auch nach der Zerstörung des Klosters dauerte es noch Monate, bis die Schlacht von Monte Cassino entschieden war. Erst am 18. Mai 1944 zogen sich die letzten deutschen Einheiten vom »heiligen Berg« zurück. Der Durchbruch der Alliierten nach Norden war geglückt. Am 4. Juni befreiten die Amerikaner unter dem großen Jubel der Bevölkerung Rom.

Im Unterschied zur Normandie und zum Monte Cassino glich der alliierte Vorstoß über die belgische Grenze bis nach Brüssel hinein mehr einem Triumphzug als einer kriegerischen Unternehmung. In den Städten und Dörfern entlang des Weges stand die belgische Bevölkerung jubelnd Spalier und begrüßte die Befreier mit einem Meer aus Fahnen. Viele britische und amerikanische Soldaten waren nahezu berauscht von ihrem Vormarsch. Das Ende des Krieges schien unmittelbar bevorzustehen. »Weihnachten zu Hause«, hieß die Parole. Doch noch einmal gelang es der deutschen Wehrmacht, den alliierten Vormarsch aufzuhalten. Ein alliierter Großangriff auf den Rhein im September scheiterte spektakulär. 10 000 britische Fallschirmjäger wurden bei dem Versuch, die Brücke von Arnheim zu erobern, eingekesselt. Nur 2000 konnten fliehen, der Rest fiel oder wurde gefangen genommen. Dann, am 16. Dezember 1944, folgte völlig unerwartet der deutsche Gegenangriff: Heimlich hatte Hitler kampfstarke Divisionen von der Ostfront abgezogen und in den Westen verlegt. Die deutsche Ardennenoffensive stürzte die Alliierten in ihre schwerste Krise seit der Landung in der Normandie. Doch als die US-Luftwaffe, nachdem tagelang schlechtes Wetter herrschte, wieder Angriffe flog, wendete sich das Blatt ganz schnell. Die letzte große Schlacht vor der deutschen Grenze ging verloren, widerstrebend musste Hitler den Rückzug befehlen. Die Zei für den alliierten Angriff auf Deutschland selbst war gekommen.

Anfang März 1945 begann der letzte Akt des Krieges im Westen. Alliierte Truppen erreichten auf breiter Front den Rhein. Der Wehrmacht blieb nur noch ein Ausweg: Alle Brücken sprengen und auf dem Ostufer eine neue Front aufbauen. Doch das Glück kam den Alliierten zu Hilfe. Am 7. März 1945 nahm eine amerikanische Vorhut die intakte Rheinbrücke bei Remagen im Handstreich. Hitler tobte, ließ einige Offiziere hinrichten und setzte alle verfügbaren Kräfte gegen die Brücke in Marsch. Aber der Schaden war irreversibel. Die Amerikaner hatten eine erste Bresche in die Rheinfront geschlagen. Zwei Wochen später fiel diese ganz. Mit über einer Million Soldaten setzten die Alliierten bei Wesel über den Niederrhein. »Die Deutschen sind geschlagen. Jetzt haben wir sie. Jetzt sind sie fertig«, jubelte der britische Premierminister Churchill. Was folgte, war der jämmerliche Abgesang von einem Reich, das tausend Jahre währen sollte und nach zwölf zusammenbrach. Nazideutschland versank in einem Meer von Blut und Tränen. Sein monströses Dasein hing allein von jenem ab, der es geschaffen hatte. Ohne ihn, den Kristallisationspunkt böser Emotionen, war es nur ein Geisterschiff. Mit Hitlers Selbstmord am 30. April 1945 endete der Spuk. Seine Nachfolger ergaben sich bedingungslos – auf Gnade oder Ungnade. Die meisten Deutschen erlebten die Kapitulation am 8. Mai mit zwiespältigen Gefühlen. Sie waren erleichtert, dass die Bombenangriffe auf die Städte und Dörfer, die Kämpfe und das Töten an der Front ein Ende hatten. Zugleich aber fühlten sie sich als Zeugen und Opfer eines einzigartigen Zusammenbruchs. Die Stunde der bitteren Wahrheit war gekommen – bitter auch deswegen, weil sich nun das ganze Ausmaß der Verbrechen offenbarte, die von Deutschen begangen worden waren. Befreit hingegen fühlten sich die Opfer und Verfolgten des Naziregimes, vor allem die Menschen, die von den Alliierten in den Wochen zuvor aus den Konzentrationslagern befreit worden waren. Für sie wie für elf Millionen Kriegsgefangene und Zwangsarbeiter war Deutschland bis zuletzt das Land gewesen, das Gefangenschaft, Versklavung und Tod bedeutet hatte.

Was bleibt nun als Bilanz des letzten Kriegsjahres im Westen? Für den Kriegsherrn Hitler war der Krieg nicht nur sein eigentliches Staatsziel, er war auch Selbstzweck, und der Überlebenskampf das Gesetz jeder Existenz: der Wahn des Usurpators, für den es nur ein Entweder-Oder gab – Siegen oder Untergehen. Er fand genügend Generäle, die ihm folgten. Millionen von Soldaten wurden nicht gefragt, ebenso wenig die Zivilbevölkerung. Gleichwohl erscheinen die Deutschen im Rückblick allenfalls als »Befreite wider Willen«. Sie haben sich nicht selbst von Hitler trennen können (und viele auch nicht trennen wollen) und überließen es den Alliierten, Europa und auch die Deutschen vom braunen Terror zu befreien. In Deutschland hat es nach dem Krieg einige Zeit gedauert, bis sich diese Erkenntnis durchsetzte. Zu sehr hatten viele Deutsche zunächst mit ihrem eigenen Schicksal zu kämpfen; für viele war der 8. Mai zudem nicht End- oder Wendepunkt ihrer persönlichen Leidensgeschichte, sondern erst ihr Beginn. Von den über elf Millionen deutschen Soldaten, die sich bei Kriegsende in Lagern der Anti-Hitler-Koalition befanden, geriet die Mehrheit erst nach der Kapitulation in Gefangenschaft. Die letzten von ihnen kehrten 1956 aus sibirischen Lagern heim. Mehr als 14 Millionen Deutsche verloren durch Flucht und Vertreibung ihre Heimat, zwei Millionen von ihnen das Leben.

Noch heute fühlen viele Deutsche beim Gedenken an das Kriegsende einen inneren Zweifel und Zwiespalt. War der 8. Mai ein Tag der Befreiung oder der Niederlage? In seiner Rede zum 40. Jahrestag der Kapitulation hat Bundespräsident Richard von Weizsäcker diese Frage in einer weithin akzeptierten Formel beantwortet: »Der 8. Mai war ein Tag der Befreiung. Er hat uns alle befreit von dem Menschen verachtenden System der nationalsozialistischen Gewaltherrschaft. Niemand wird um dieser Befreiung willen vergessen, welche schweren Leiden für viele Menschen mit dem 8. Mai erst begannen und danach folgten. Aber wir dürfen nicht im Ende des Krieges die Ursache für Flucht, Vertreibung und Unfreiheit sehen. Sie liegt vielmehr in seinem Anfang und im Beginn jener Gewaltherrschaft, die zum Krieg führte.« Der lange Weg zum 8. Mai 1945 begann am 30. Januar 1933.

»Angriff auf die Festung« – die Landung der Alliierten in der Normandie

14 Der längste Tag

Am 6. Juni 1944 begann die größte Operation in der europäischen Kriegsgeschichte: die alliierte Landung in der Normandie. Über 5000 Schiffe, mehr als 40 Heeresdivisionen und die schlagkräftigsten Luftwaffenverbände der Welt traten an, um Frankreich zu befreien und Hitler-Deutschland den Todesstoß zu versetzen. Trotz heftiger Gegenwehr gelang es den Alliierten, an der Kanalküste einen Brückenkopf zu errichten. Nach der Schlacht bei Avranches brach die Front in sich zusammen, der Weg nach Paris war frei.

Der längste Tag

Dienstag, 6. Juni 1944. Die Morgendämmerung tauchte die weite Heckenlandschaft der Normandie in ein düsteres Licht. Graue Wolken hingen tief. An der Küste peitschte der starke Wind das grünliche Wasser des Kanals zu meterhohen Wellen auf. Seit mehreren Stunden schon standen die deutschen Soldaten in ihren Bunkerstellungen in erhöhter Alarmbereitschaft. Ungewöhnlich heftig waren in dieser Nacht die alliierten Bombenangriffe auf die Befestigungsanlagen des Atlantikwalls gewesen. Seit Mitternacht gab es sehr widersprüchliche Meldungen über die Landung von feindlichen Fallschirmjägern. Es lag etwas in der Luft. Ob wohl die lang erwartete Invasion bevorstand? Immer wieder schauten die deutschen Posten auf die See hinaus. Gegen 5.30 Uhr hatte das lange Warten dann ein Ende. Die gewaltigste Armada der Weltgeschichte tauchte aus dem Dunst auf. Die deutschen Soldaten trauten ihren Augen nicht: Vor lauter Schiffen war kein Wasser mehr zu sehen – so etwas konnte es doch gar nicht geben. »Der Horizont war schwarz vor Schiffen«, erinnert sich Heinz Bongart, der die Invasion am Strand von St. Laurent erlebte.

»Keinen Sinn für den historischen Moment« – US-Soldaten in einem Landungsboot

Kurz darauf blitzte es aus der Riesenflotte auf und ein wahrer Feuerorkan ergoss sich auf die Strandlinie. Schlachtschiffe, Kreuzer und Zerstörer begannen, die deutschen Stellungen sturmreif zu schießen. Tonnenschwere Granaten rissen gewaltige Krater in die normannische Erde, zermalmten Stacheldrahtverhaue, Bunkerstellungen und Laufgräben. Die Erde bebte und es war unvorstellbar, dass irgendjemand in diesem Geschosshagel würde überleben können.

Hinter den Kriegsschiffen zeichneten sich die Silhouetten mächtiger Transporter ab, in ihnen zehntausende kampfbereiter Soldaten. Die Armada war von hektischer Betriebsamkeit ergriffen. Sturmboote wurden von riesigen Kränen zu Wasser gelassen, Patrouillenboote flitzten zwischen den großen Landungsschiffen hin und her und in waghalsigen Manövern kletterten voll gepackte Soldaten von Fallreeps in ihre Landungsboote. Die erste Welle brauste nun mit voller Fahrt auf den Strand zu. Die Invasion hatte begonnen!

Doch kaum einer der Soldaten, die zur Befreiung Frankreichs und Europas von der Schreckensherrschaft Hitlers zum Kampf angetre-

Wir mussten die größte Landung unternehmen, die bisher in der Geschichte gegen eine von modernsten Befestigungen starrende Küste durchgeführt worden war, und hinter dieser Küste stand das deutsche Westheer, das seit den finsteren Tagen von 1940 nicht mehr zur Schlacht hatte antreten müssen.

General Dwight D. Eisenhower über die Landung in der Normandie

ten waren, hatte in diesem Augenblick einen Sinn für den historischen Moment. Dicht gedrängt standen die Soldaten in den Sturmbooten. Die schwere See warf sie hin und her. Klatschnass und durchgefroren, waren die meisten seekrank und hofften, nur bald an Land zu kommen, damit die Höllenfahrt endlich ein Ende nehmen würde.

Immer näher schoben sich die Landungsfahrzeuge an die Küste heran. »Utah« und »Omaha« hießen die Strandabschnitte der Amerikaner im Westen der Seine-Bucht. »Gold«, »Juno« und »Sword«, jene der Briten und Kanadier, zwischen Bayeux und Orne-Mündung. Bald hörten die Männer der ersten Sturmwelle nicht nur den Feuerorkan der Schiffsartillerie, sondern auch das dumpfe Dröhnen von Flugzeugmotoren. Über ihren Köpfen bot sich ein atemberaubendes Schauspiel: Aberhunderte von Flugzeugen überflogen die Landungsflotte und stürzten sich auf die deutschen Stellungen. Schwärme von einmotorigen Jagdbombern und zweimotorigen B-26 »Maraudern« griffen immer wieder die Strandlinie an. Über den Wolken flogen die schweren viermotorigen Bomber und warfen ihre todbringende Fracht ab.

»Jemand musste dafür bezahlen« – die Landungstruppen erlitten schwere Verluste

»Eine gewaltige Armada« – die Invasionsflotte auf ihrer Fahrt in Richtung Frankreich

Vielleicht würde es doch eine leichte Landung werden, dachte so mancher. Man hatte die Männer zwar auf einen schweren Kampf vorbereitet, aber nach diesem Bombardement, so ihre Hoffnung, müsste es eigentlich ein Leichtes sein, Hitlers Atlantikwall zu durchbrechen. Als die Männer der 1. und 29. US-Infanteriedivision auf den Landeabschnitt Omaha zuhielten, konnten sie nicht ahnen, dass 329 schwere Bomber ihre Fracht aufgrund der schlechten Sicht hinter den deutschen Stellungen abgeladen hatten. »Die alliierten Flugzeuge haben so viele Bomben abgeworfen, dass man glaubte, ein schwarzer Vorhang rauscht auf die Erde nieder. Aber der ganze Regen schlug im Hinterland ein und wir sind von keiner einzigen Bombe getroffen worden«, erinnert sich Heinz Bongart, der im Widerstandsnest 65 direkt an der Steilküste lag. Noch 1000 Meter bis zur Küste. Die GIs konnten jetzt das in Rauch gehüllte Steilufer erkennen, das sich etwa 50 Meter über den flachen Sandstrand erhob. Kein einziges deutsches Geschütz feuerte, kein Maschinengewehr schoss auf sie. Noch 500 Meter – deutlich waren nun die minenbesetzten Vorstrandhindernisse auszumachen, dahinter lag der breite Sandstrand. Nichts rührte sich. Doch dann, als die kleinen Sturmboote noch 400 Meter entfernt waren, eröffnete die deutsche Artillerie aus allen Rohren das Feuer. Granatwerfer bellten, Pak schoss. Als die Landungsboote endlich den Strand erreicht hatten und ihre Rampen herunterließen, steigerte sich das Feuer noch. Im brusthohen Wasser wateten die mit Munition und Ausrüstung schwer beladenen Männer ohne Deckung langsam an Land und boten dabei ideale Zielscheiben. Maschinengewehrsalven mähten hunderte von GIs nieder. Es war ein Inferno.

Freiheit gibt es nicht umsonst! Jemand musste dafür bezahlen. Und diese Jungs taten es. Für uns. Ich bin ihnen dafür bis heute dankbar. Und ich bin überzeugt, sie hätten es wieder getan, um diese Welt von Hitler zu befreien.

Roy Stevens, US-Soldat

Die Landung in der Normandie, die Operation »Overlord«, hatte die militärischen und politischen Stäbe der Alliierten seit Jahren beschäftigt. Seit Hitler im Juni 1941 die Sowjetunion angegriffen hatte, trug die Rote Armee zunächst die Hauptlast des Krieges. Angesichts der gewaltigen Schlachten in den Weiten Russlands erschien der Wüstenkrieg britischer Truppen in Nordafrika wie ein nebensächliches Geplänkel. Winston Churchill und Franklin D. Roosevelt waren sich dieser Tatsache vollauf bewusst, gaben freilich nur allmählich die Berührungsängste mit dem kommunistischen Regime in Moskau auf. Vorerst wollte man nur Waffen liefern – zu mehr Unterstützung sah man sich nicht in der Lage. Ende Dezember 1941 sprachen sie in Washington zum ersten Mal das Problem der zweiten Front an, wobei Churchill für eine Landung in Nordwestafrika und anschließend in Europa plädierte, während die Amerikaner für eine Landung in Frankreich stimmten. In den folgenden Jahren verschwand das Thema nicht mehr von der Tagesordnung der Beratungen der Großen Drei. Stalin drängte bei jeder sich bietenden Gelegenheit darauf, dass die Westalliierten endlich eine große Landfront im Westen Europas eröffnen müssten. Eigentlich war es dem Diktator immer darum gegangen, dass sich die kapitalistischen Staaten in einem großen Krieg selbst zerfleischen würden, sodass er als lachender Dritter eine leichte Beute würde einbringen können. Doch nun war alles anders gekommen. Die UdSSR befand sich inmitten eines Kampfes auf Leben und Tod mit dem nationalsozialistischen Deutschland, der weite Landstriche verwüstete und jeden Tag abertausende Sowjetbürger das Leben kostete, während die USA und Großbritannien mehr oder minder abseits standen. Es war zu befürchten, das Russland in diesem Kampf ausblutete und stattdessen der Westen als lachender Dritter aus diesem Krieg hervorgehen würde.

Am 19. August 1942 landete zum ersten Mal ein größerer alliierter Truppenverband im deutschbesetzten Frankreich. 6000 kanadische Soldaten sollten den gut befestigten Hafen Dieppe an der Kanalküste erobern und ihn dann im Lauf des Abends wieder räumen. Mit dieser »gewaltsamen Erkundung« sollten die Möglichkeiten einer großen

»Völliger Fehlschlag« – verwundete Kanadier bei Dieppe im August 1942

Die größte aller Unternehmungen.
Winston Churchill über die Landung in der Normandie

Landungsoperation ausgelotet werden. Das Unternehmen mit dem Decknamen »Jubilee« wurde jedoch ein völliger Fehlschlag. In dem schweren Feuer der Deutschen erlitten die kanadischen Truppen schwere Verluste. Nur 1700 Mann gelang es, sich wieder einzuschiffen und nach England zurückzukommen. Die Übrigen waren gefallen oder in deutsche Gefangenschaft geraten. Für Churchill stand nach diesem Fiasko fest, dass es nicht möglich sein würde, noch 1942 in Frankreich zu landen, so wie dies Ende Mai von Roosevelt zugesagt worden war. Stattdessen besetzten Briten und Amerikaner am 8. November 1942 Marokko und Algerien und verjagten Rommels Truppen bis zum Mai 1943 aus Nordafrika. Der Krieg im Mittelmeer verzögerte die große Landung in Frankreich, mit der dem Deutschen Reich ein entscheidender Schlag versetzt werden sollte. Im Juli 1943 setzten die Alliierten zunächst nach Sizilien und im September auch auf das italienische Festland über. Die Deutschen waren dadurch gezwungen,

»Vielfache Materialüberlegenheit« – Spähwagen der Invasionstruppen in einem Lager in Großbritannien

etliche Divisionen von der Ostfront abzuziehen. Doch der erstrebte große Schlag, der rasch das Ende des Krieges bringen sollte, war dies nicht, da die Alliierten im Spätherbst 1943 von der Wehrmacht für mehr als ein halbes Jahr in Mittelitalien aufgehalten wurden.

Auf der Konferenz von Teheran, die Ende November 1943 stattfand, sagten Churchill und Roosevelt Stalin dann endgültig zu, im Mai 1944 in Frankreich zu landen, es zu befreien und anschließend in das Deutsche Reich einzufallen. Der Countdown lief – alle militärischen Aktionen wurden nun auf die Vorbereitung der großen Landung ausgerichtet. Riesige Konvois schafften hunderttausende amerikanischer Soldaten sowie tausende von Panzern und Geschützen nach England. Sie überqueren den Atlantik praktisch unbehelligt. Die »Grauen Wölfe« – die deutschen U-Boote – konnten den gewaltigen Aufmarsch nicht mehr behindern. Die vormaligen Jäger waren seit Mai 1943 selbst zu Gejagten geworden. Der Atlantik war nunmehr wie eine große Autobahn, auf der der Verkehr planmäßig lief. Bald glichen die südlichen Grafschaften Englands einem riesigen Heerlager – übersät von Kasernen, Materialdepots und Munitionslagern.

Den Deutschen waren die Vorbereitungen der Alliierten natürlich nicht entgangen. Es lag schließlich in der militärischen Logik, dass Briten und Amerikaner versuchen würden, die nur schwach verteidigte Flanke Europas anzugreifen, während die Masse der Wehrmacht in Russland gebunden war. Allen voran fürchtete Hitler diese drohende Gefahr aus dem Westen. Bereits am 14. Dezember 1941 hatte er befohlen, dass vom Nordkap bis nach Biarritz ein neuer »Westwall« gebaut werden solle. Norwegen hielt er für stark gefährdet, sodass in den nächsten Jahren insbesondere hier viele schwere Küstenbatterien errichtet wurden. Hitlers Angst war nicht ganz unbegründet. Norwegen war für den deutschen Erzimport besonders wichtig und verbesserte die strategische Position von Luftwaffe und Kriegsmarine in erheblichem Maß. Und Churchill regte 1942 in der Tat an, Truppen nach Norwegen zu schicken und das Land den Deutschen wieder zu entreißen. Der Plan scheiterte freilich am Widerstand Schwedens, ohne dessen Hilfe man die Operation nicht durchführen zu können glaubte. Wenngleich die meisten Befestigungsanlagen zunächst in Norwegen gebaut wurden, galt spätestens nach dem alliierten Raid auf Dieppe mehr und mehr auch Frankreich als gefährdet.

Im August 1942 hatte Hitler angeordnet, dass der neue »Atlantikwall« aus 15 000 Bunkern bestehen sollte. Überall baute die Organisation Todt in den folgenden Jahren mit zwangsverpflichteten einheimischen

Der harte und verlustreiche Kampf der letzten zweieinhalb Jahre gegen den Bolschewismus hat die Masse unserer militärischen Kräfte und Anstrengungen aufs Äußerste beansprucht. ... Die Gefahr im Osten ist geblieben, aber eine größere im Westen zeichnet sich ab: die angelsächsische Landung! ... Gelingt dem Feind hier ein Einbruch in unsere Verteidigung in breiter Front, so sind die Folgen in kurzer Zeit unabsehbar. Alle Anzeichen sprechen dafür, dass der Feind spätestens im Frühjahr, vielleicht aber schon früher zum Angriff gegen die Westfront Europas antreten wird.

Adolf Hitler,
3. November 1943

Arbeitern Bunkeranlagen. Millionen Kubikmeter Beton wurden verbaut. Doch es musste von vornherein ein hoffnungsloses Unterfangen sein, eine 5500 Kilometer lange Küste ausreichend zu sichern. Weder stand hierfür eine ausreichende Zahl an Truppen zur Verfügung, noch war es möglich, genügend Befestigungen zu bauen. Die Frage war somit: Wo würden die Alliierten landen? Wo sollte man die Verteidigungsanstrengungen ballen? Zunächst konzentrierten sich die Deutschen auf den Ausbau der Häfen, die zum vorrangigen Ziel der Invasionstruppen werden mussten. Für einen weiten Vorstoß ins Land benötigten die Angloamerikaner schließlich eine gesicherte Nachschubbasis – und die konnte einzig und allein ein hinreichend großer Hafen bereitstellen. 1943 rückte Frankreich immer stärker in den Mittelpunkt der Invasionserwartungen. Für den Oberbefehlshaber West, Generalfeldmarschall Gerd von Rundstedt, war die gefährdetste Stelle der französischen Küste der Pas de Calais zwischen Boulogne

»Hier kommt keiner durch« – deutsche Panzersperren an den Stränden der Kanalküste

»Mörderische Abwehrfeuer« – eine der gewaltigen deutschen Küstenbatterien

und Dünkirchen. Dort war der Kanal am schmalsten, Landungsboote und Flugzeuge hatten hier den kürzesten Weg zurückzulegen. Außerdem führte vom Pas de Calais aus der schnellste Weg ins Ruhrgebiet – in das industrielle Herz Deutschlands. Auch Feldmarschall Erwin Rommel – im Herbst 1943 übernahm er den Befehl über die Heeresgruppe B, der die Truppen in Nordfrankreich unterstanden – glaubte an eine Landung im Pas de Calais. Schließlich legte auch Hitler den Schwerpunkt der Abwehrbemühungen auf diesen Raum. Im Frühsommer 1944 sollte nämlich aus den dort gelegenen Stellungen das verheerende Feuer der »Vergeltungswaffen« auf London eröffnet werden. Da es gegen die Raketen keine Abwehr zu geben schien, wären die Alliierten, so Hitlers Kalkül, gezwungen, im Pas de Calais zu landen, um die V-Waffen-Stellungen auszuschalten. Genau dort baute man den Atlantikwall also am stärksten aus. Mächtige Küstenbatterien standen hier, die ihre todbringenden Granaten bis nach Südengland feuern konnten. Der Strand war mit Geschützstellungen und Widerstandsnestern gespickt – ein Durchkommen erschien kaum möglich.

> **Unser Täuschungsplan war clever. Wir wiesen mit dem Finger auf den Pas de Calais, den Ort, wo die Landung am einfachsten gewesen wäre, weil dieser Ort England am nächsten liegt.**
>
> Sir Carol Mather,
> Adjutant Montgomerys

Rommel ließ verminte Vorstrandhindernisse errichten, an denen bei Flut angreifende Landungsboote zerschellen sollten. Entschieden sich die Alliierten hingegen, die Invasion bei Ebbe zu starten, müssten sie einen breiten Sandstrand überwinden, wobei sie wie auf dem Präsentierteller dem Feuer der Deutschen ausgesetzt sein würden.

Die Alliierten erkannten rasch den Verteidigungsschwerpunkt der Wehrmacht. Es erschien ihnen kaum ratsam, an diesem gut gesicherten Küstenabschnitt zu landen, zumal es eben auch andere Gründe gab, die gegen den Pas de Calais als Invasionsort sprachen. Die gesamte Nachschublogistik hätte dann auf den kleinen Häfen Dover und Folkestone gelastet, außerdem waren die Strände Wind und Strömung schutzlos ausgeliefert. Bereits im Juli 1943 einigten sich die alliierten Stabschefs daher auf eine Landung in der Normandie. Die Strände waren hier nur schwach verteidigt, bei Westwind schützte die Halbinsel Cotentin die Landungsflotte in der Seine-Bucht. Zudem lag die Normandie zentraler zu den Großhäfen Portsmouth und Southampton an der englischen Südküste, auf die sich die Alliierten vornehmlich stützen wollten.

Im Frühjahr 1944 begannen die Vorbereitungen für die Landung. Immer wieder übten die Truppen die Operation, erprobten das Zusammenspiel von Panzern und Infanterie. Fallschirmjäger trainierten die Einnahme von deutschen Batteriestellungen an originalgetreu nachgebauten Modellen. Nichts sollte dem Zufall überlassen sein. Bitteres Lehrgeld hatten die Alliierten bei den Landungen in Sizilien, Salerno und Anzio zahlen müssen. Immer wieder waren hier grobe Fehler unterlaufen, die zu schweren Verlusten geführt und die Operation gefährdet hatten. Man hatte somit wichtige Erfahrungen gesammelt, eine Unternehmung dieser Größe zu koordinieren und zu verhindern, dass ein Chaos entstand.

Kommandotruppen und Kampfschwimmer erkundeten die Landestrände, Luftaufklärer fotografierten jeden Quadratmeter Küstenlinie und die Résistance versuchte, die deutschen Verteidigungsstellungen auszukundschaften.

> *Als ich zur 29. US-Infanteriedivision kam, wusste ich, welche Aufgabe uns bevorstand. Uns wurde gesagt, dass wir die Speerspitze der Invasion Europas sein würden und dass zwei von drei von uns nicht zurückkommen würden.*
>
> Harold Baumgarten,
> US-Soldat

> *Ich kann mich erinnern, dass ein paar Tage vor Invasionsbeginn ein Aufklärungsflieger von uns drüben in England angeschossen worden ist. Er hat sich noch über den Kanal retten können und ist in unserem Abschnitt runtergekommen. Wir haben ihn aus dem Flugzeug geholt, und er hat uns dann sofort erzählt, dass die englischen Häfen knallvoll liegen, Schiff an Schiff. Und ich muss ehrlich sagen, wir haben ihm das nicht geglaubt. Wir haben gedacht, der Mann ist durch seinen Abschuss irgendwie verstört.*
>
> Hans Heinze,
> deutscher Offizier

»Gefahr einer angelsächsischen Landung« – eine deutsche Streife an der französischen Kanalküste, Frühjahr 1944

Die Alliierten wollten nicht überrascht werden, wenn sie an der Küste der Normandie an Land gingen. Im Frühjahr 1944 begann die alliierte Luftarmada damit, die »Festung Europa« sturmreif zu bomben. Die Küstenbatterien, die Radarstellungen und vor allem die Verschiebebahnhöfe wurden angegriffen. Im Mai 1944 war der Eisenbahnverkehr in Frankreich fast lahm gelegt worden, obwohl die Organisation Todt 18 000 Arbeiter von den Baustellen an der Küste zur Instandsetzung der Schienenwege abzog. Damit fiel die Bahn als Transportmittel für schnelle Truppenverschiebungen praktisch aus. Die deutschen Reserven würden auf den engen Straßen zu den Landeköpfen marschieren müssen.

Der von der britisch-amerikanischen Kriegführung für die Westinvasion gegen den europäischen Kontinent festgesetzte Termin rückt näher. Ohne uns unter die Propheten mischen zu wollen, sind auch wir der Meinung, dass eine solche Aktion das allgemeine Bild des Krieges in verhältnismäßig kurzer Zeit total verändern könnte ... weil damit zum ersten Mal wieder der Westen aktiv in den Kriegsverlauf eintreten würde. Niemand kann voraussagen, mit welchem Erfolg dies geschehen wird.

Joseph Goebbels
im Februar 1944 in
der Wochenzeitung
»Das Reich«

Im Mai 1944 waren die Vorbereitungen der Alliierten abgeschlossen. Jetzt kam es nur noch auf das richtige Wetter an, und die meteorologischen Anforderungen waren hoch: Die Fallschirmjäger brauchten für ihren nächtlichen Absprung Mondlicht, während die Landungstruppen in der Morgendämmerung bei Ebbe mit auflaufendem Wasser angreifen würden. Am 18. Mai besprach General Eisenhower, der Befehlshaber der alliierten Streitkräfte in Europa, mit seinen Beratern die Lage. Zwischen dem 5. und 7. Juni sowie dem 12. und 14. Juni herrschten günstige Mond- und Gezeitenverhältnisse. Eisenhower legte daraufhin den Tag der Invasion auf den 5. Juni 1944 fest. Bereits am 2. Juni 1944 liefen die ersten alliierten Konvois in Richtung Normandie aus. Als zwei Tage später plötzlich das Wetter umschlug, starker Sturm und Regen einsetzte, wurde die ganze Operation abrupt gestoppt, die Schiffe zurückbeordert. Die alliierten Generäle wussten, dass die Landung nur bei ausreichend gutem Wetter gelingen konnte. Chefmeteorologe Group Captain Stagg teilte Eisenhower und seinen Stabschefs am frühen Morgen des 5. Juni mit, dass am Folgetag kurzfristig mit einer Wetterbesserung zu rechnen sei. Daraufhin gab Eisenhower um 3.30 Uhr den endgültigen Angriffsbefehl. Am Morgen des 6. Juni 1944 würden gegen 6.30 Uhr britischer Zeit die amerikanischen und eine Stunde später die britischen Truppen ihren Fuß auf französischen Boden setzen.

Auf der anderen Seite des Kanals waren sich die deutschen Stäbe darin einig, dass in den kommenden Tagen keine Landung zu befürchten sei.

Man hatte die Invasion für den Mai 1944 erwartet – so wie es ursprünglich von den Alliierten auch geplant gewesen war. Bei dem anhaltend schlechten Wetter glaubte man indes, nichts befürchten zu müssen – die kurze Wetterbesserung wurde von den deutschen Meteorologen zwar vorausgesehen, von den höchsten Stäben aber nicht weiter beachtet. So nahm denn das Unheil seinen Lauf. Die deutschen Vorpostenboote liefen in der Nacht zum 6. Juni 1944 wegen des hohen Seegangs nicht aus und Generaloberst Friedrich Dollmann, der Oberbefehlshaber der 7. Armee, hatte für den 6. Juni eine Planübung in seinem Hauptquartier in Rennes angesetzt, zu der alle Divisionskommandeure beordert worden waren. Nicht ahnend, dass sich eine gewaltige feindliche Armada auf seine Streitkräfte zubewegte, wollte er mit seinen Generälen durchsprechen, welche Maßnahmen bei einer feindlichen Luftlandung in der Bretagne zu ergreifen wären. In den entscheidenden Stunden waren die Divisionen im Landeraum also ohne ihre Kommandeure. Selbst Rommel hatte die Schlechtwetterfront ausgenutzt, um einen Kurzurlaub bei seiner Frau in Echterdingen bei Ulm zu machen. Sie hatte am 6. Juni Geburtstag und er wollte den Tag gerne mit ihr verbringen. Es ist schon fast eine geschichtsphilosophische Frage, ob die Abwesenheit so vieler Entscheidungsträger den Lauf der Ereignisse mitbestimmt hat. Sicher ist jedenfalls, dass die Stabschefs in den Hauptquartieren zurückgeblieben waren und die Truppen auch ohne ihre Befehlshaber kämpfen konnten.

> *Meinem Vater war es äußerst unangenehm, dass er nicht im Hauptquartier war. Er hat dann über die Marine geschimpft und gesagt, diese hätte ihm versichert, der Seegang sei so hoch, dass die Alliierten gar nicht kommen könnten. Wie sich dann herausstellte, sind aus diesem Grunde sogar die deutschen Vorpostenschiffe zurückgezogen worden, sodass das Heer die Invasionsflotte als Erstes bemerkte.*
>
> Manfred Rommel,
> Sohn Erwin Rommels

Viel wichtiger war nun die Frage, wie es mit der Verteidigungsfähigkeit des Atlantikwalls an den Küsten der Seine-Bucht bestellt war. Insgesamt hatte die Wehrmacht Anfang Juni 1944 59 Divisionen in Frankreich, Belgien und den Niederlanden versammelt, davon zehn Panzer- und Panzergrenadierdivisionen, die über 1800 gepanzerte Fahrzeuge aller Art verfügten. Dies war auf den ersten Blick eine beachtliche Streitmacht, die für die Alliierten gefährlich werden konnte. Betrachtete man die Verbände allerdings genauer, waren die Spuren des vierten Kriegsjahres nicht zu übersehen. Die Masse der Einheiten waren so genannte bodenständige Divisionen, welche aus älteren Jahrgängen zusammengesetzt worden waren und über keinerlei Fahrzeuge verfügten. Der Mannschaftsbestand rekrutierte

»Nicht allzu viel Kampfgeist« – russische Kosaken eines so genannten Ostbataillons am »Atlantikwall«

sich manchmal zu 30 Prozent aus so genannten Ostbataillonen, das heißt ehemaligen Sowjetbürgern, die sich freiwillig der Wehrmacht angeschlossen hatten. Weil es zu befürchten war, dass sie in Russland zur Roten Armee überlaufen würden, setzte man sie im Westen ein. Selbstverständlich konnte man von Krimtataren, Kalmüken und Kosaken, die in Frankreich für die Deutschen gegen die Amerikaner eingesetzt wurden, nicht allzu viel Kampfgeist erwarten. Die Ausrüstung der meisten Divisionen war veraltet, sie war größtenteils ein Sammelsurium von Beutewaffen. Nur um wenige Einheiten war es

> Monty wusste, dass Rommel uns direkt am Strand mit seinen Panzertruppen attackieren würde. Und darum mussten wir so schnell wie möglich Brückenköpfe landeinwärts errichten. Das bedeutete, dass die Invasion nur mit enormer Truppenstärke funktionieren konnte.
>
> Sir Carol Mather,
> Adjutant Montgomerys

besser gestellt, eine davon war die 352. Infanteriedivision, die den Westteil der Calvados-Küste verteidigte – die GIs, die am Omaha-Beach an Land gingen, sollten dies bitter zu spüren bekommen.

Ein weiteres großes Problem war die Verteilung der Panzerdivisionen. Über diese Frage entbrannte ein heftiger Streit. Er betraf letztlich die generelle Strategie, die zur Abwehr einer Invasion gewählt werden sollte: Rommel war davon überzeugt, dass die einzige Chance, die Landung erfolgreich abzuwehren, darin bestand, den Feind am Strand aufzuhalten und mit einem sofortigen Gegenstoß ins Meer zu werfen. Waren die Alliierten erst einmal gelandet, würden sie ihre gewaltige Materialüberlegenheit entfalten können und die deutschen Truppen zermalmen. Rommel wusste, wovon er sprach. Er hatte in Afrika die alliierte Luftüberlegenheit erlebt und ihm war bewusst, dass dies nur ein Vorspiel dessen gewesen war, was man bei der Invasion zu erwarten hatte. Die kampfstarken Panzerdivisionen wollte er deshalb direkt an der Küste postieren. Rundstedt war jedoch anderer Meinung. Er hatte noch keine Materialschlachten gegen die Alliierten erlebt, kannte den Krieg nur aus der Zeit der großen Siege 1940/41. Er wollte Briten und Amerikaner kommen lassen, um sie dann in einer klassischen Panzerschlacht zu vernichten. Die Panzerdivisionen sollten daher weit von der Küste abgesetzt versammelt werden, von wo man sie nach geraumer Zeit zentral auf die Gegner loslassen konnte. Wie immer entschied

»Ich will Minen« – Feldmarschall Erwin Rommel (Mitte) konnte sich nicht mit all seinen Vorstellungen durchsetzen

Hitler diesen Streit nicht, sondern fand einen Kompromiss: Die Panzerdivisionen wurden weder so weit an der Küste disloziert, wie Rommel dies vorschwebte, noch so weit im Hinterland, wie Rundstedt dies wünschte, sondern in der Mitte. Zudem waren die Unterstellungsverhältnisse denkbar kompliziert, es gab keinen einheitlichen Oberbefehl. Im Ernstfall würde man daher nur mit Verzögerungen reagieren können.

Ich will Minen gegen Menschen, gegen Panzer, gegen Fallschirmjäger; ich will Minen gegen Schiffe und Landungsboote.
Erwin Rommel

Die Desorganisation wirkte sich umso schlimmer aus, als die Abwehr der Landung praktisch ausschließlich auf den Schultern des Heeres ruhte. Luftwaffe und Marine waren derart schwach, dass sie im besten Fall Nadelstiche setzen konnten – mehr war von ihnen nicht zu erwarten. Dabei hatte sich die Marine gerade selbst um ihre wirksamste Waffe gebracht, die die Kampfhandlungen erheblich hätte beeinflussen können. Im Sommer 1943 war ein neuartiger Minenzünder entwickelt worden, der durch die Druckwellen eines Schiffes ausgelöst wurde und gegen den es keine Räummethode gab. Aus Angst, diese »Wunderwaffe« könnte in die Hände des Gegners fallen, wurde ihr offensiver Einsatz an der englischen Küste verboten. Allerdings wurden vor der eigenen Küste auch keine Defensivminensperren geworfen, die einen wirksamen Schutz gegen jede Invasionsflotte dargestellt hätten. Rommel forderte dies mehrfach von der Marine, die es jedoch immer wieder ablehnte. Hitler ordnete schließlich noch Ende Mai an, die streng geheimen Druckdosenminen aus den vorgeschobenen französischen Depots wieder nach Deutschland zurückzubringen. Als die Invasion dann am 6. Juni begann, mussten sie erst mühsam auf den zerbombten Eisenbahnstrecken an die Front gebracht werden, wo sie dann viel zu spät zum Einsatz kamen. Befehlswirrwarr, Organisationschaos und der Irrglaube, dass die Alliierten nur in den Pas de Calais landen könnten, haben die ohnehin spärlichen Chancen der Wehrmacht, die Invasion zurückzuschlagen, auf ein Minimum schrumpfen lassen.

Als am 5. Juni 1944 die Nacht anbrach, herrschte in den deutschen Verteidigungsstellungen die Ruhe vor dem Sturm. Franz Gockel lag in einem Widerstandsnest am Omaha-Beach. Er erinnert sich: »Am 5. Juni war es für uns ein Abend wie viele andere vorher. Nur die Spannung wuchs doch immer mehr. Wir haben in unserem Bunker, soweit wir nicht auf Wache waren, noch zusammengesessen. Es wurde immer wieder diskutiert, kommen sie oder kommen sie nicht? Da wir noch kein elektrisches Licht hatten, saßen wir im Schein von Kerzen

»Kommen sie oder kommen sie nicht?« – deutsche Soldaten in einer MG-Stellung des »Atlantikwalls«

zusammen. Es verbreitete sich eine richtig gemütliche Atmosphäre. Besonders Kameraden, die eine Familie hatten, waren nachdenklich, fragten sich, wie es zu Hause wohl aussah. Einige kamen aus den Städten und ein Kamerad hatte vor einigen Tagen noch die Nachricht bekommen, dass seine Großmutter und seine Schwester bei einem Bombenangriff umgekommen waren. Um die Stimmung etwas zu verbessern, legten wir Schallplatten auf und hörten ›Wenn der weiße Flieder wieder blüht‹ und ›Wenn du einmal ein Herz verschenkst‹.« Müde fielen die Männer um Franz Gockel schließlich ins Bett. »Hoffentlich kommen die Brüder diese Nacht nicht, hoffentlich können wir durchschlafen«, dachten viele.

Es war 0.15 Uhr, als die ersten alliierten Fallschirmjäger in ihren Transportmaschinen auf ein kleines grünes Licht starrten: das Zeichen zum Absprung. Aus nur 300 Metern Höhe sprangen sie in das Dunkel der Nacht und schwebten der Erde entgegen. Es waren Pfadfinder, die Landezonen für die nachfolgenden Fallschirmjäger und Lastensegler markieren

Aus Langeweile haben wir am Abend des 5. Juni auf dem Kirchplatz von Ste. Mère Eglise Kunstradfahren veranstaltet. So gegen elf Uhr haben wir unsere Fahrräder zu einem Schuppen gebracht und sind zurückgekommen. Als wir bei der Kirche waren, kam ein Flugzeug – man konnte deutlich erkennen, dass schwarze Punkte ausstiegen. Wir glaubten, dass dies eine Flugzeugbesatzung sei, die abspringen musste. Plötzlich hörten wir Motorengebrumm, hunderte Flugzeuge überflogen uns und der Himmel war nur noch schwarz von Fallschirmjägern. Wir dachten: Da können wir paar Mann nichts ausrichten, und haben uns rasch nach Ste. Mère Eglise zurückgezogen.

Rudi Escher,
deutscher Soldat

»Es geht los« – US-General Anthony McAuliffe instruiert Piloten, die Landetruppen absetzen sollen

sollten. Doch die bis dahin größte Luftlandeoperation der Geschichte stand unter einem ungünstigen Stern: Die Transportmaschinen hatten Flakfeuer erhalten, waren zu heftigen Ausweichbewegungen gezwungen und fanden in der Nacht ihre Ziele nicht. Die meisten Pfadfinder standen völlig orientierungslos in dem von Hecken durchzogenen Gelände. Sie waren weit verstreut abgesetzt worden und konnten ihren Auftrag nicht erfüllen. Eine Stunde später donnerte dann eine Armada von 2000 Transportflugzeugen über den Kanal, in ihren Bäuchen 18 000 amerikanische und britische Fallschirmjäger.

Zwei amerikanische Luftlandedivisionen wurden auf der Halbinsel Cotentin abgesetzt und sollten das Hinterland des Landeabschnitts »Utah« sichern. Die 6. britische Luftlandedivision sprang an der Orne ab und hatte den Auftrag, die östliche Flanke des Landekopfes gegen deutsche Einheiten zu sperren. Besonders chaotisch verlief die Aktion bei den Amerikanern. Im deutschen Flakfeuer kurvten die Piloten der Dakota-Transporter wie wild hin und her und setzten die Fallschirmjäger in der Aufregung weit verstreut über ein großes Gebiet ab. Die Männer der 82. und 101. US-Airborne-Division sprangen ins Chaos. Wohlweislich hatten die Deutschen die Flüsse Douve und Merderet angestaut und riesige Sumpflandschaften geschaffen. Diese wurden vielen Fallschirmjägern zum Verhängnis. Unzählige ertranken in den Fluten, andere verloren auf den überschwemmten Wiesen ihre schwere Ausrüstung und retteten nur ihr nacktes Leben. Lastensegler krachten in die Hecken und Bäume, versanken in den Überschwemmungsgebieten. Ein Großteil des schweren Materials ging so verloren.

Als wir die Küste der Halbinsel Cotentin überflogen, kamen wir in Flakfeuer. Am Boden schoss alles auf uns, wir konnten hören, wie die Geschosse an unsere Flügel prallten. Je weiter wir ins Landesinnere flogen, desto heftiger wurde der Beschuss. Dann kam endlich das grüne Licht und wir sprangen. Als wir außerhalb des Flugzeugs waren, konnten wir die Leuchtspurgeschosse der Flak erkennen. Es sah aus wie ein Feuerwerk.

Dwayne Burns,
US-Fallschirmjäger

Die Offiziere versuchten, ihre Männer zu sammeln und kampfkräftige Einheiten zu bilden. Ihr Glück war, dass die Verwirrung bei den Deutschen ebenso groß war wie bei den orientierungslos durch die Nacht irrenden Amerikanern. Die Alliierten hatten im Südosten der Halbinsel Cotentin zahlreiche mit Feuerwerkskörpern ausgerüstete Gummipuppen abgeworfen, die im Dunkel der Nacht wild um sich schießende Soldaten nachahmen sollten. In der Tat trugen sie dazu bei, dass aus der ganzen Normandie Meldungen über gelandete Fallschirmjäger in den deutschen Kommandozentralen eingingen und sich die Gegenangriffe verzettelten.

»Am Boden schoss alles auf uns« – amerikanische Lastensegler auf der Halbinsel Cotentin

Im Hauptquartier der 7. Armee gewann der Chef des Stabes, Max Pemsel, freilich ein immer klareres Lagebild. Er versetzte die 7. Armee um 2.15 Uhr in Alarmbereitschaft. Radarstellungen und Horchstationen machten in der Seine-Bucht immer mehr feindliche Schiffe aus. Es konnte keinen Zweifel geben: Dies war die Invasion. Rommels Chef des Stabes, General Hans Speidel, konnte er mit dieser Sicht der Dinge allerdings nicht überzeugen. Er blieb skeptisch, glaubte nicht recht daran, dass man aus den Meldungen bereits schließen konnte, dass die Alliierten in der Normandie landen würden. Speidel wollte erst einmal abwarten, bis sich die Lage weiter klärte. Im Hauptquartier des Oberbefehlshabers West bei Paris sah man die Sache ähnlich. Auch hier wollte man nichts überstürzen, und dies, obwohl mittlerweile zahlreiche Gefangene eingebracht worden waren, die eindeutig belegten, was vor sich ging. Die 91. Luftlandedivision war in schwere Kämpfe mit den amerikanischen Fallschirmjägern verwickelt. Sie war der vom Himmel gefallenen

> **Bisher noch kein Bild gewonnen, ob Ablenkungs- oder Hauptangriff.**
> Lagebeurteilung des OB West am 6. Juni 1944, 9.55 Uhr

Armee zahlenmäßig weit unterlegen, sodass keine Zeit zu verlieren war, um Verstärkungen heranzuführen, die die US-Luftlandetruppen noch angriffen, bevor sie sich zu größeren kampfkräftigeren Gruppen zusammengeschlossen hatten. Doch nichts dergleichen geschah. Der Zweifel der höchsten Stäbe lähmte die Deutschen.

Trotz der chaotisch verlaufenen Landung waren die beiden amerikanischen Luftlandedivisionen anschließend bald in der Lage, starke Kampfgruppen zu bilden und das Hinterland des Landeabschnitts »Utah« abzusichern. In den frühen Morgenstunden eroberten sie den wichtigen Verkehrsknotenpunkt Ste. Mère Eglise. Die Landung der 6. britischen Airborne-Division zwar etwas geordneter verlaufen, doch kam es auch hier zu erheblichen Verlusten. Dennoch gelang es, die strategisch wichtigen Brücken über die Orne einzunehmen und die Küstenbatterie Merville auszuschalten. Als sich die Landungsboote der Küste näherten, war auch die Ostflanke des geplanten Brückenkopfes gesichert. Jetzt kam es vor allem darauf an, ob es den Bodentruppen gelingen würde, die deutschen Verteidigungsstellungen an den Stränden zu überwinden.

Ich wurde nachts um zwölf alarmiert, und ich hatte mir so einen Kilometer hinter der Küste einen Baum ausgesucht, den ich leicht erklettern konnte. Ich setzte das Fernglas an, aber es war völliger Nebel. So gegen halb sechs kam etwas Wind auf. Dann habe ich geglaubt, ich sehe eine Vision. Es waren tausende von Schiffen, die in der Zwischenzeit vor der Küste aufgefahren waren.

Hans Heinze,
deutscher Offizier

Am Strandabschnitt »Utah« lief alles ziemlich planmäßig ab: Die Landungsboote der 4. US-Division, die heftig gegen die raue See anzukämpfen hatten, brausten auf den Strand am Ostufer der Halbinsel Cotentin zu. Sieben Sturmboote sanken bei dem schweren Wellengang, aber der Rest gelangte problemlos ans Ufer. Unterstützt von den Schwimmpanzern, die wie Schildkröten aus dem Wasser krochen, stürmten die Infanteristen über den breiten Strand. Ganz vereinzelt schoss ein Maschinengewehr, einige Granatwerfer- und Artilleriegranaten detonierten. Das übermächtige Abwehrfeuer, das die GIs erwartet hatten, blieb jedoch aus. Kurze Zeit später waren die deutschen Widerstandsnester am Strand überrollt: Das Bombardement aus der Luft und von den Schiffsgeschützen aus hatte volle Wirkung gezeigt und die Verteidigungsstellungen zermalmt. Außerdem wurde dieser Küstenabschnitt von der Wehrmacht nur schwach verteidigt. Im Hinterland erstreckten sich ausgedehnte Überschwemmungsgebiete, die einen schnellen Vorstoß motorisierter Truppen erschwerten. Niemand hatte sich damals vorstellen können, dass die Amerikaner ausgerechnet an dieser Stelle landen würden.

»Alles lief nach Plan« – am Abschnitt »Utah Beach« konnten die US-Truppen schnell Brückenköpfe bilden

»Der Strand als Umschlaglager« – ein amerikanischer Sherman-Panzer verlässt ein Landungsboot

Brigadegeneral Theodore Roosevelt, der Bruder des amerikanischen Präsidenten, war als einziger General schon mit der ersten Welle gelandet. Zufrieden konnte er den Befehl geben, so schnell wie möglich ins Landesinnere vorzustoßen und den Kontakt mit den Fallschirmjägern herzustellen. Bulldozer räumten Gassen durch die Vorstrandhindernisse und in wenigen Stunden war der ganze Strand ein Umschlagslager für Truppen und Nachschubgüter, die Stunde für Stunde die unzähligen Landungsboote ausspuckten. Bis zum Abend waren hier 22 000 Mann und 18 000 Fahrzeuge angelandet worden, die Männer der 4. US-Division weit ins Inland vorgestoßen. An diesem 6. Juni verlor sie nur 197 Männer. Die Landung war hier also geglückt.
Einzig zwei verwegene Küstenbatterien konnten sich noch halten und gaben den Kampf nicht auf: Die Marineküstenbatterie »Marcouf« unter dem 33-jährigen Kapitänleutnant Ohmsen und die Heeresküstenbatterie »Azeville« unter Oberleutnant Kattnig schlugen sich seit fünf Uhr morgens mit der Armada der alliierten Kriegsschiffe herum. Insbesondere die Batterie »Marcouf« war mit ihren drei 21-Zentimeter-Geschützen eine nicht zu unterschätzende Bedrohung für die Invasionsflotte. Entsprechend groß war das Aufgebot, die Geschütze zum Schweigen zu bringen. Das Schlachtschiff »Nevada« und die Kreuzer »Tuscaloosa« und »Quincy« deckten mit ihren gut liegenden Salven immer wieder das Batteriegelände ein. Ohmsen gelang es, einen US-Zerstörer zu versenken, dann erhielten zwei seiner Geschütze Volltreffer. Gegen sieben Uhr griff ein Bataillon Fallschirmjäger seine Batterie an. Der Granatenbeschuss und der Bombenhagel hatten die Nahverteidigungsstellungen eingeebnet. Verzweifelt wehrten sich die Kanoniere mit einem notdürftig instand gesetzten Flakgeschütz. Unter schweren Verlusten kämpften sich die GIs immer näher an die Kampfstände der Deutschen heran. Dann kam Ohmsen die rettende Idee: Die Nachbarbatterie im nahe gelegenen Azeville war jetzt die letzte Hoffnung. Er gab Oberleutnant Kattnig den Befehl: »Feuer auf die eigene Stellung!« Dieser ließ seine 10,5-Zentimeter-Geschütze sprechen – und sofort ließen die verdutzten Amerikaner Waffen und Ausrüstung liegen und machten sich davon. Noch bis zum 10. Juni konnte Ohmsen seine Stellung halten und mit seinem letzten Geschütz immer wieder den mit Material voll gestopften Utah-Strand unter Beschuss nehmen. Dann schlug er sich mit den Überlebenden zu den deutschen Linien durch. Im Vorfeld der Invasion hatte den Amerikanern eine weitere deutsche Bunkerstellung Kopfzerbrechen bereitet: Hoch oben auf einem Plateau an der Steilküste der Pointe du

»Gekämpft für nichts und wieder nichts« – verwundete amerikanische Soldaten an der Pointe du Hoc

Hoc befand sich eine Küstenbatterie, die mit ihren 15-Zentimeter-Geschützen den gesamten Omaha-Beach bestreichen konnte und zur tödlichen Gefahr für die Landungsflotte in diesem Abschnitt zu werden drohte. Seit April 1944 wurde die Batterie heftig bombardiert – doch man konnte nicht sicher gehen, die durch meterdicke Betondecken geschützten Kanonen zum Schweigen gebracht zu haben. Ein Bataillon Ranger sollte die Stellung an der Pointe du Hoc am D-Day stürmen und die Gefahr für den Omaha-Beach ausschalten. Als die Elitesoldaten in den Morgenstunden des 6. Juni am Fuß der Steilküste aus ihren Landungsbooten wateten, schlug ihnen ein mörderisches Abwehrfeuer entgegen. Die wochenlangen Bombardierungen und der Feuerorkan aus den Schiffsgeschützen hatten die Verteidiger nicht ausschalten können. Die Ranger versuchten im Hagel der deutschen Geschosse an Seilen und Leitern die Steilküste emporzuklettern. Immer wieder schnitten Deutsche die Taue ab – die Szenerie glich einem mittelalterlichen Kampf um eine Burgfestung. Schließlich gelang es den Angreifern doch, unter schweren Verlusten die Steilküste zu überwinden und das trichterübersäte Gelände der Batterie »Pointe du Hoc« einzunehmen. Als sie endlich die großen Geschützbunker erreicht hatten, mussten sie zu ihrer großen Überraschung feststellen, dass sie leer waren! Die Deutschen hatten bereits nach dem ersten schweren Luftangriff im April 1944 die Geschütze einige Kilometer landeinwärts verlegt. Hier fand sie ein Spähtrupp wenig später. Für die Landungsflotte waren die Kanonen in dieser Stellung keine große Gefahr – Ernüchterung machte sich breit, hatte die Erstürmung doch so viele Opfer gekostet. Obwohl die Alliierten über eine annähernd perfekt arbeitende Feindaufklärung verfügten, die normalerweise aus Luftbildern, aufgefangenen Funksprüchen und Meldungen der Résistance ein sehr genaues Lagebild erstellte, war auch sie nicht vor Fehlern gefeit. Der Fall von Pointe du Hoc ist hierfür nur ein Beispiel. Auch am Omaha-Beach hatte man zu lange daran geglaubt, dass der Landung keine großen Hindernisse im Weg stehen würden – ein schwerer Irrtum, der sich bitter rächen sollte.

Ursprünglich war die gesamte Calvados-Küste von der Vire bis zur Orne-Mündung von der bodenständigen 716. Infanteriedivision verteidigt worden. Sie war einer der schwächsten Einheiten an der

Die Deutschen standen auf der Klippe und schossen auf uns an den Seilen. Ich war einer der Ersten, die verwundet wurden. Doch als wir oben ankamen, waren da überhaupt keine großen Geschütze. Unser Geheimdienst war falsch informiert, und wir haben uns da hochgekämpft für nichts und wieder nichts.

Leonard Lomell,
US-Ranger an der
Pointe du Hoc

ganzen Kanalküste, die aus älteren Soldaten bestand und nur Beutegeschütze und kaum Fahrzeuge besaß. Die knapp 9000 Mann waren für die alliierten Sturmtruppen kein ernst zu nehmender Gegner. Im März 1944 wurde allerdings die gut ausgerüstete, neu aufgestellte 352. Infanteriedivision an die Küste verlegt. Ihre Soldaten waren kampferfahren, jung und besaßen eine hohe Moral. Die Alliierten hatten erst im letzten Moment erkannt, dass der Verband nicht mehr im Hinterland lag, für eine Änderung des Angriffsplans war es da aber bereits zu spät. General Omar Bradley musste auf die Wirkung des Bombardements aus der Luft und von See her vertrauen – die Navy und die Air Force würden die Verteidigungsstellungen auch dieser neuen Division schon ausschalten. Doch all das, was am Utah-Strand gut gegangen war, lief am Omaha-Beach schief. Die Bomber

»Bomben auf normannische Wiesen« – US-Flugzeuge beim Angriff auf deutsche Stellungen

Das war ein Gemetzel, was wir angerichtet haben, ein richtiges Gemetzel. Sie waren ja nicht in Deckung, wir dagegen schon. Es waren arme Leute da unten am Strand.

Bruno Plota, deutscher Soldat am Abschnitt »Omaha-Beach«

klinkten ihre tödliche Fracht zu spät aus und wühlten nur normannische Wiesen um, statt todbringende deutsche Geschütze und MG-Stellungen auszuschalten. Zu allem Übel wurden auch noch die meisten der Schwimmpanzer viel zu weit vor der Küste ausgesetzt, sodass sie bei dem hohen Seegang leckschlugen und dann wie Steine auf den Meeresgrund sanken. Die erste Welle blieb daher ohne die notwendige Feuerunterstützung und traf auf eine entschlossene Abwehr.

Franz Gockel war in der Nacht von den Alarmrufen eines Kameraden geweckt worden. »Wir haben uns umgedreht«, berichtet er. Man habe den Störer ausgeschimpft: ›Lass uns in Ruhe, wir wollen mal schlafen.‹ Es dauerte nicht lange, bis ein Unteroffizier von uns in den Bunker reinkam und brüllte: ›Jetzt wird es aber ernst!‹ Wir haben seine Aufregung gespürt und erst jetzt begriffen, dass es wirklich ernst wurde.« Doch noch konnten Franz Gockel und seine Kameraden im

»Wir hatten nichts entgegenzusetzen« – eine deutsche Küstenbatterie in den Abwehrkämpfen

Dunkel der Nacht nichts ausmachen. Erst einige Stunden später ging es los. »Es war ein diesiger Morgen und wir sahen vor uns eine Flotte, die wie eine Wand auf uns zukam. Ein schaurig schöner Anblick, einfach überwältigend. Die Schiffe waren aufgefahren wie zu einer Parade. Man dachte: ›Hier kommst du jetzt nicht mehr weg.‹ Unsere Waffen konnten nicht so weit schießen, unsere Flugzeuge kamen nicht. Niemand konnte diese gewaltige Armada aufhalten. Langsam kam sie näher. Als es dann heller wurde und sie unsere Stellungen an der Küste einsehen konnten, fing die Schiffsartillerie an zu schießen. Zu einem Kameraden murmelte ich: ›Mensch, Siegfried, ein Schiff hat ja mehr Geschütze als wir hier in der ganzen Gegend.‹ Wir hatten den Kriegsschiffen nichts entgegenzusetzen. Die Feuerwalze zielte zunächst auf die Sperren am Strand und kam dann langsam auf uns zu. Als sie unsere Stellungen erreichte, dachte ich nur, das überlebst du nicht. Ich habe laut gebetet und mich im Bunker erst mal ganz klein gemacht, um Schutz vor den Splittern zu haben.« Franz Gockel überstand den Beschuss wohlbehalten. »Mit meiner Waffe war noch alles in Ordnung. Ich musste die Patronengurte sauber machen, weil viel Erde und Holzsplitter im Bunker lagen. Immer wieder sprach ich kurze Stoßgebete. Dann kam ein Kamerad herein und rief: ›Pass auf, jetzt kommen sie!‹«

Die haben sich vorgestellt, das wäre ein Spaziergang. Denn wenn erst einmal die Schiffsartillerie und die Bomber dabei wären, dann würde von unserer Seite kaum mehr Gegenwehr kommen. Aber es war ja dann in Wirklichkeit doch etwas anders für sie.

Hans Heinze,
deutscher Offizier

Als die Rampen der Landungsboote herunterklappten, prasselte den amerikanischen Sturmtruppen am Omaha-Beach ein vernichtendes Abwehrfeuer entgegen. Hunderte Soldaten wurden niedergemäht und blieben tot oder verwundet liegen. Franz Lachmann berichtet: »Ich befand mich in einem MG-Stand und konnte gar nicht in das Inferno blicken. Ich habe nur draufgehalten. Als ich einmal über die Brüstung schaute, sah ich nur Leichen, nur Tote. Vom Strand und vom Sand war nichts mehr zu sehen, es war ein einziges Leichenfeld. Es war so grausam, man kann es gar nicht beschreiben.«

Für die überlebenden Amerikaner gab es kaum eine Chance, sich bei dem tödlichen Beschuss zu bewegen. Es herrschte heilloses Durcheinander am Strand, Einheiten waren auseinander gerissen worden, wichtige Ausrüstung war verloren gegangen. Die Pioniere konnten nur wenige Schneisen durch die Vorstrandhindernisse sprengen, um den bei aufkommender Flut nachfolgenden Einheiten den Weg zu bahnen. Am Vormittag sah alles danach aus, als sei die Landung am Omaha-

Unmittelbar vor dem Strand flog das Landungsboot an unserer Steuerbordseite in die Luft – wahrscheinlich war es auf eine Mine gelaufen. Holz, Metall und Körperteile regneten auf uns herab. Als die Rampe heruntergelassen wurde, war dies das Signal für die Maschinengewehre am Strand, auf unser Boot das Feuer zu eröffnen. Glücklicherweise hatte mein Helm von einer Kugel nur eine Delle abbekommen. Ich stand bis zum Hals im vom Blut meiner Kameraden rot gefärbten Wasser, das Gewehr über meinem Kopf. Die Überlebenden aus meinem Boot wateten langsam durch das Wasser, bekamen schließlich trockenen Sand unter ihre Füße und rannten den Strand hoch.

Harold Baumgarten,
US-Soldat am Abschnitt
»Omaha-Beach«

Beach gescheitert. Als Franz Gockel erkannte, dass es den Amerikanern nicht gelingen würde, den Strand zu überwinden, dachte er: »Mensch, wir schaffen es, wir können sie aufhalten, weil keiner bis nach vorne kommt. An die Menschen haben wir nicht gedacht. Wir haben nur gesehen, wir schaffen es doch noch. Jetzt halten wir sie auf.«

Optimistische Nachrichten gingen von den örtlichen Befehlshabern ein, sodass der Kommandeur der 352. Infanteriedivision seine Verstärkungen zu den Brückenköpfen der Briten in Marsch setzte, wo die Lage weit ernster zu sein schien. Das war jedoch ein folgenschwerer Irrtum, wie sich bald herausstellen sollte. Gegen Mittag fuhren amerikanische Zerstörer nämlich dicht an den Strand heran und nahmen die deutschen Widerstandsnester unter direktes Feuer. Beherzt griffen die überlebenden amerikanischen Infanteristen an und es gelang ihnen tatsächlich, an zwei Stellen die deutschen Abwehrstellungen zu durchbrechen. Stellung auf Stellung wurde nun von hinten aufgerollt und am Abend war über die gesamte Länge von Omaha-Beach ein bis zu zwei Kilometer tiefer Brückenkopf gebildet. Doch dieser Erfolg war bitter erkauft worden. An die 1000 Amerikaner

»Ein einziges Leichenfeld« – die Strände wurden für viele US-Soldaten zur tödlichen Falle

»Kein Spaziergang« – amerikanische Sanitäter versorgen einen der zahlreichen Verwundeten

fanden am 6. Juni 1944 auf diesem Fleck französischer Steilküste den Tod. Darüber hinaus sind 2000 weitere zum Teil schwer verwundet worden. Nirgendwo hatten die Vereinigten Staaten bei einer Landungsoperation bislang schwerere Verluste erlitten. Und dennoch hatte sich der Einsatz gelohnt: Bis zum späten Abend waren auf dem schmalen Küstenstreifen 34 000 Soldaten an Land gegangen.

An den drei östlichen Abschnitten verlief die Landung weit besser. Die größten Probleme bereitete den Sturmtruppen das dichte Gewirr von verminten Vorstrandhindernissen. Kampfschwimmer waren kurz vor der ersten Welle gelandet und hatten Breschen in den Irrgarten aus verminten Pfählen und stählernen Dreieckskonstruktionen geschlagen. Im hohen Wellengang drifteten die Landungsboote aber oft ab und zerschellten an den Hindernissen. Nachdem der Strand erreicht war, trafen Briten und Kanadier indes auf keinen zusammengefassten

Widerstand mehr. Nur noch an einigen wenigen Punkten gab es härtere Kämpfe, wie etwa in Le Harmel oder Courseulles. Meist war die Gegenwehr aber nur schwach, zum Teil gab es gar keine mehr. Die 716. Infanteriedivision konnte dem alliierten Ansturm nicht viel entgegensetzen, zumal die Soldaten der Ostbataillone oft die erstbeste Gelegenheit nutzten, um überzulaufen. Den Briten kam ferner zugute, dass sie ein ganzes Arsenal an Spezialpanzern aufgeboten hatten, um den Atlantikwall zu durchbrechen: Dreschflegelpanzer räumten Gassen durch deutsche Minenfelder, andere schalteten mit ihren großkalibrigen Mörsern Bunkerstellungen aus oder legten Brücken über Panzergräben. Die Amerikaner hatten auf solche Panzer verzichtet und dies mit schweren Verlusten erkauft. Hinzu kam, dass auch die deutsche Küstenartillerie in dieser Region nur schwach ausgebaut war. An der ganzen Küste zwischen Vire und Orne-Mündung gab es nur eine Batterie, die überhaupt in der Lage war, Seeziele zu bekämpfen. Die Marineküstenbatterie Longues kämpfte mit ihren vier 15-Zentimeter-Geschützen einen Kampf wie David gegen Goliath. Wie mögen sich die betagten Männer vorgekommen sein, als sie aus ihren Bunkern auf den Klippen westlich Arromanches diese gewaltige Armada sahen! So waren am Ende des »längsten Tages« ihre Geschütze von feindlichen Geschosssplittern durchsiebt und die meisten Kanoniere tot. Sie hatten den Lauf der Dinge nicht aufhalten können.

Die alliierten Invasionsstreitkräfte haben an der französischen Küste zwischen Le Havre und Cherbourg an mindestens zwei Stellen feste Brückenköpfe errichtet und setzen ihren Vormarsch nach dem Landesinneren fort.

Bekanntgabe aus dem Hauptquartier von General Eisenhower am 6. Juni 1944

Den heftigsten Widerstand im britischen Abschnitt gab es im Sektor »Juno«. Das vorbereitende Artilleriefeuer hatte die deutschen Stellungen nur teilweise oder gar nicht zerstört, zahlreiche Sturmboote fielen den vorgelagerten Riffen und Vorstrandhindernissen zum Opfer. Schließlich gelang es der 3. kanadischen Infanteriedivision aber, die Verteidigungslinien zu durchbrechen und rasch ins Landesinnere vorzustoßen.

Die Briten hatten den schwersten Widerstand ursprünglich im Abschnitt »Sword« erwartet und für die erste Welle bis zu 60 Prozent Verluste einkalkuliert. Als der Dudelsackpfeifer William Millin hier an Land watete, schlug ihm und seinen Kameraden heftiges MG-Feuer entgegen, was ihn freilich nicht daran hinderte, dem Angriff seines Regiments eine archaisch anmutende akustische Begleitung zu geben. Es war ein blutiger Kampf, der aber nur kurz dauerte. Auch hier waren die Verteidiger schnell geworfen, und schon bald winkten einige

»Keine Gegenwehr mehr« – schon unmittelbar nach der Landung machen Briten erste Gefangene

Franzosen am Strand vergnügt den britischen Soldaten zu und riefen: »Vive les Anglais!« Im Bereich zwischen »Juno« und »Sword« wehrten sich die Reste der 716. Infanteriedivision freilich so heftig, dass die Vereinigung beider Brückenköpfe vorerst nicht gelang und hier eine gefährliche zehn Kilometer breite Lücke klaffte.

Überall in den östlichen Brückenköpfen konnten die Truppen rasch ins Landesinnere vormarschieren. Sie waren guter Dinge, noch vor Mitternacht Bayeux und vor allem Caen einzunehmen, ganz so wie es der Operationsplan vorsah. Jetzt hing alles von möglichen deutschen Gegenangriffen ab. Wann würden die Panzerdivisionen der Wehrmacht und der Waffen-SS, die im Hinterland auf ihren Einsatz warteten, den britischen und kanadischen Truppen entgegentreten?

Die Unentschlossenheit der obersten deutschen Führungsstellen, was die Reaktion auf die teilweise widersprüchlichen Nachrichten aus der Normandie anbelangte, hielt fast den gesamten 6. Juni über an. Hitler schlief auf dem Berghof, als die ersten alliierten Truppen an Land gingen, und niemand wagte es, ihn zu wecken. Die 21. Panzerdivision – sie stand südöstlich von Caen und konnte innerhalb von zwei Stunden zur Stelle sein – wurde noch in der Nacht alarmiert, ebenso die 12. SS-Panzerdivision, die rund 120 Kilometer von der Küste entfernt auf ihren Einsatz wartete. Doch bei der Heeresgruppe B und beim Oberbefehlshaber West konnte man sich auch nach Beginn der Landungsoperation nicht recht entscheiden, was zu tun sei: War dies nur ein Ablenkungsmanöver oder der erwartete Hauptstoß? Alle waren derart darauf fixiert, dass die Alliierten im Pas de Calais landen würden, dass sie an eine Invasion in der Normandie nicht glauben wollten. Bestärkt wurden sie in diesem fatalen Irrglauben durch geschickte feindliche Täuschungsoperationen. Die Richtlinie hieß: abwarten, bis sich die Lage klärt. Doch den Deutschen lief die Zeit davon – kostbare Zeit, denn die Landungstruppen hatten sich noch nicht formiert und ihre Schwächeperiode noch nicht überwunden. In den ersten Stunden nach den Landungen verlief selbst in den britischen Abschnitten noch vieles chaotisch, hatten sich die Verbände noch nicht geordnet. Doch das Oberkommando der Wehrmacht ließ die bereits in Marsch gesetzte 12. SS-Panzerdivision morgens um sieben Uhr wieder anhalten. Erst gegen 14.00 Uhr wurde

Mit einem völlig unbeschwerten Lächeln und in der Haltung eines Mannes, der endlich die lang erwartete Gelegenheit zur Abrechnung mit seinem Gegner gefunden hat, näherte er sich den Karten und ließ dabei in einem ungewöhnlich starken österreichischen Dialekt zunächst nur die Worte fallen: »Also – anganga is.«

Walter Warlimont über Hitlers Reaktion auf die alliierte Landung in der Normandie

sie für den Einsatz freigegeben, viel zu spät, um an diesem Tag noch die Front zu erreichen. So hing alles an der 21. Panzerdivision, die dem Geschehen am nächsten war und die bereits am Vormittag in Kämpfe mit Luftlandetruppen verwickelt wurde. Stunde um Stunde verging, ohne dass die Führung irgendeinen klaren Befehl gab. Erst am Nachmittag rollten die Panzer los, um den britischen Brückenkopf einzudrücken. Panzergrenadiere der Division schafften es, die noch dünnen Linien zu durchbrechen und bis zur Küste durchzustoßen. In

»Ohne klare Befehle« – deutsche Panzer rollen an die Front

Luc-sur-Mer starrten sie gebannt auf die mächtige Invasionsflotte und warteten auf ihre Panzer. Diese kamen allerdings nicht. Britische Panzerabwehrkanonen hatten sich auf strategisch wichtigen Höhen vor Caen eingenistet und den Angriff des Panzerregiments der 21. Panzerdivision zusammengeschossen. In der Nacht mussten sich dann auch die Grenadiere von der Küste zurückziehen – der erste deutsche Gegenangriff war gescheitert, weil er viel zu spät angesetzt worden war. Einzig konnte man verbuchen, dass auch der britische Vormarsch auf Caen zunächst gestoppt war. Die nächsten Tage würden zeigen, wer schneller in der Lage sein würde, Nachschub und Truppen an die Front zu bringen, um auf dem Schlachtfeld der Normandie die Oberhand zu behalten. Als sich der 6. Juni 1944 dem Ende zuneigte, standen bereits alle Chancen gegen die Deutschen. Hitler gab am Abend dieses denkwürdigen Tages den Befehl: »Hier gibt es kein Ausweichen und Operieren, hier gilt es zu stehen, zu halten oder zu sterben.«

Hochtrabende Worte vermochten dem ungleichen Kampf freilich keine Wendung mehr zu geben. Bereits in den ersten Tagen nach der

»Halten oder sterben« – SS-Panzergrenadiere sollten die britischen Einheiten aufhalten

Landung zeigte sich, dass die Wehrmacht nicht in der Lage war, den ständigen Strom von Nachschubgütern über den Kanal auch nur annähernd zu stören. Wo war die Marine, wo war die Luftwaffe, dachten viele Landser, die sich einer täglich größer werdenden Übermacht zu erwehren hatten. Auf dem Wasser konnte man den Alliierten im fünften Kriegsjahr fast nichts mehr entgegensetzen: Eine Hand voll Torpedoboote, Schnellboote und U-Boote versuchte in todesmutigen Einsätzen immer wieder, feindliche Transporter zu attackieren. Doch meist wurden sie schon nach dem Verlassen des Hafens von alliierten Schiffen und Flugzeugen unter Beschuss genommen – von Glück konnte reden, wer überhaupt in die Nähe des Dampferwegs von Südengland in die Seine-Bucht gelangte. Ein paar verwegene Kommandanten schafften es tatsächlich, einige Schiffe zu versenken – auf die Kämpfe an Land hatte dies freilich keinerlei Auswirkungen.

In ihrer Ohnmacht griff die Kriegsmarine schließlich zu ganz abenteuerlichen Kampfmitteln: Einmanntorpedos, die »Neger« genannt wurden. sollten nun den ersehnten Erfolg bringen. Die Operationen mit diesen technisch nicht ausgereiften Geräten glichen regelrechten Kamikazeeinsätzen: Nur wenige der Männer kehrten von ihnen zurück. Erfolge gab es kaum – lediglich der Oberfähnrich Potthast schaffte es am 7. Juli durch einen Zufall, den polnischen Kreuzer »Dragoon« zu versenken. Der Luftwaffe erging es nicht viel besser: Die 500 Flugzeuge der Luftflotte 3 hatten gegen eine 20-fache Übermacht anzukämpfen, sie wurden bereits nach dem Start in Luftkämpfe verwickelt und abgeschossen. Am 6. Juni 1944 flog die deutsche Luftwaffe ganze 319 Einsätze, die Alliierten brachten es im Vergleich auf knapp 15 000! Die Luftwaffenführung hatte seit langem den Fall »Drohende Gefahr West« vorbereitet. Bei einer feindlichen Invasion in Frankreich wollte man schlagartig die kampfstarken Jagdverbände aus dem Reich in den Westen verlegen und den eigenen Truppen Luftsicherung geben. Doch die Operation wurde einer der größten Fehlschläge der Luftwaffe: Überall in Frankreich hatten die Alliierten die vorgeschobenen Feldflugplätze zerbombt, und bei den widrigen Wetterbedingungen verflogen sich zahlreiche der schlecht ausgebildeten jungen Piloten und machten Bruchlandungen. Die Landser waren bei ihrem Abwehrkampf

Am 6. Juni morgens rief General Speidel bei uns zu Hause an und teilte meinem Vater mit, dass eine große Unruhe an der Küste sei, man höre Maschinengewehrfeuer, aber man wisse noch nicht genau, ob die Invasion stattgefunden hätte. Mein Vater entschied sich, noch abzuwarten. Nach einer Stunde rief Speidel erneut an, und da hieß es: »Jawohl, sie sind gelandet.« Mein Vater ist daraufhin sofort abgereist.

Manfred Rommel,
Sohn Erwin Rommels

also gleichsam ohne Dach. Einzig in den Nächten überflogen deutsche Bomberverbände die Seine-Bucht und warfen Minen ab, die den Schiffsverkehr zwar behinderten, nicht aber unterbinden konnten.

Für die Alliierten blieb die Frage des Nachschubs aber dennoch ein Problem. Sie waren ganz bewusst an Küstenabschnitten abseits der gut gesicherten großen Häfen Cherbourg und Le Havre gelandet. Die gesamte Versorgung ihrer hoch technisierten Armee musste also über die Strände abgewickelt werden. Um dieses Nadelöhr zu umgehen, hatte man sich etwas ganz Besonderes einfallen lassen: Wenn keine leistungsfähigen Häfen an der Calvados-Küste vorhanden waren, dann würde man eben welche bauen! In Windeseile entstanden vor Arromanches und Vierville künstliche Häfen, die so genannten »Mulberries«. Ausgediente Schiffe wurden als riesige Wellenbrecher vor der Küste versenkt, vorgefertigte Pontons über den Kanal geschleppt und zu Kaimauern zusammengefügt. Es dauerte nicht lange und die ersten Frachter konnten in den beiden Mulberries entladen werden. Viel stärker als die Deutschen behinderte das Wetter den steten Fluss an Menschen und Material. Zwischen dem 19. und 23. Juni fegte ein orkanartiger Sturm durch den Ärmelkanal, der den Nachschubverkehr sozusagen zum Erliegen brachte. Und damit nicht genug: Die Mulberries waren der Gewalt der haushohen Brecher nicht gewachsen. Stück für Stück wurden die kunstvollen Konstruktionen vom Meer zerschlagen. Der Mulberry am Omaha-Beach wurde irreparabel zerstört, jener in Arromanches sehr schwer beschädigt. Auch die Eroberung von Cherbourg – am 30. Juni stellten die letzten Widerstandsnester den Kampf ein – brachte keine wirkliche Erleichterung: Der Hafenkommandant, Fregattenkapitän Witt, hatte die Kaianlagen in die Luft jagen und die Einfahrten verblocken lassen, bevor er dann in Gefangenschaft ging. Für die Kämpfe in der Normandie sollte Cherbourg nun keine Rolle mehr spielen. Bis Ende August 1944 musste die Masse des alliierten

> ***In der vergangenen Nacht hat der Feind seinen seit langem vorbereiteten und von uns erwarteten Angriff auf Westeuropa begonnen. Eingeleitet durch schwere Luftangriffe auf unsere Küstenbefestigungen, setzte er an mehreren Stellen der nordfranzösischen Küste zwischen Le Havre und Cherbourg Luftlandetruppen ab und landete gleichzeitig, unterstützt durch starke Seestreitkräfte, auch von See her. In dem angegriffenen Küstenstreifen sind erbitterte Kämpfe im Gang.***
>
> Bekanntgabe des Oberkommandos der Wehrmacht am 6. Juni 1944

> ***Ich erwarte von Ihnen, dass Sie den Kampf führen wie einst Gneisenau die Verteidigung Kolbergs.***
>
> Adolf Hitler am 21. Juni 1944 an den Festungskommandanten von Cherbourg, General v. Schlieben

»Künstliche Häfen« – über die so genannten »Mulberries« wickelten die Alliierten ihren Nachschub ab

Nachschubs über die Strände abgewickelt werden. Dass Munition, Betriebsstoff und Verpflegung dennoch niemals knapp wurden, ist wahrhaft eine logistische Meisterleistung gewesen.

Ganz anders gestaltete sich die Lage bei den Deutschen: Hunderte von alliierten Jagdbombern suchten jeden Tag die Landstraßen der Normandie nach deutschen Nachschubkolonnen ab und stürzten sich auf alles, was sich bewegte. Die Panzer-Lehr-Division verlor auf ihrem 180 Kilometer langen Marsch an die Front allein 180 Fahrzeuge. Außerdem machte sich jetzt auch die Résistance bemerkbar. Schlagartig flackerte überall in Frankreich der Widerstand auf, zahllose Brücken, Gleisanlagen und Telefonmasten wurden gesprengt. Gewiss waren diese Aktionen nicht kriegsentscheidend, aber sie behinderten die Bewegungen hinter der Front spürbar. Entsprechend hart waren auch die Reaktionen. Auch Frankreich erlebte nun die Schrecken des Partisanenkriegs – unter dem vor allem die unbeteiligte Zivilbevölkerung zu leiden hatte. Teile der SS-Division »Das Reich«

Sie haben uns nicht gesehen. Wir haben Jagd auf Menschen gemacht. Wir haben Soldaten erschossen, in Lastwagen, in Kolonnen, in Zügen. Sie können sich nicht vorstellen, was Bordkanonen anrichten, wenn sie in Menschenmengen feuern. Ich habe noch heute Alpträume.

Charles Mohrle, Pilot eines US-Jagdflugzeugs

»Alptraumhafte Erfahrung« – ein von alliierten Jagdbombern zerstörtes deutsches Fahrzeug

verfielen hierbei in einen exzessartigen Rausch. In Oradour tötete eine Kompanie 642 Einwohner – Männer, Frauen und Kinder –, sodass selbst die übergeordnete Dienststelle scharf protestierte. Es sei von der Truppe in unverantwortlicher Weise geplündert, geschändet und zerstört worden. »Dieses schamlose Verhalten spricht dem alten Ruf des ehrlich und sauber kämpfenden deutschen Soldaten Hohn«, hieß es in einem Abschlussbericht. Rundstedt und Rommel wollten von Anfang an in einem mächtigen Panzerangriff den alliierten Brückenkopf spalten und zerschlagen. Doch die großen Verzögerungen beim Antransport der Panzerdivisionen und die fast schon krankhafte Fixierung auf eine immer noch für möglich gehaltene zweite Landung im Pas de Calais verhinderten, dass jemals ein solch kraftvoller Gegenstoß unternommen werden konnte. Die Einheiten mussten in vorderster Front eingesetzt werden, sobald sie in der Normandie eingetroffen waren. Alle Angriffe, die man mit sehr viel Mühe und Not trotzdem durchführen konnte, blieben im undurchdringlichen Abwehrfeuer der Schiffsartillerie liegen. Und hier offenbarte sich etwas, was bereits bei den Landungen in Salerno und Anzio deutlich geworden war: Die Deutschen konnten machen, was sie wollten, gegen die todbringenden Salven der Schlachtschiffe und Kreuzer, die vor der Calvados-Küste kreuzten, waren auch ihre Tiger- und Panther-Panzer machtlos.

Am 11. Juni 1944 hatten sich nach schweren Kämpfen die Landeköpfe vereint und eine

Wir müssen alle überhaupt nur verfügbaren oder entbehrlichen Kräfte und Kriegsmittel so heranführen, dass wenigstens in der Normandie eine Front entsteht, die zusammenhängt und vom Feind nicht ohne weiteres durchbrochen werden kann. Ich muss darauf hinweisen, dass bei diesem Missverhältnis an Material eine Lage entstehen könnte, die zu grundsätzlichen Entschlüssen zwingt. Das wäre der Fall, wenn es dem Feinde etwa gelänge, mit starken Panzerkräften, unterstützt durch weit überlegene Luftwaffen, einen wirklichen Durchbruch nach Süden zu erzielen.

Feldmarschall Gerd
von Rundstedt am
11. Juni 1944

einheitliche Frontlinie war entstanden. Die Halbinsel Cotentin fiel mit dem Hafen Cherbourg zwei Wochen später. Bald ging es aber nur noch schrittweise vorwärts, verbissen verteidigten die Deutschen jeden Meter Boden. Insbesondere im Abschnitt der Amerikaner, im Westen der Normandie, behinderte die wild wuchernde Heckenlandschaft ein schnelles Vorwärtskommen. Die Amerikaner mussten hier leidvoll erfahren, dass viele deutsche Einheiten erbitterten Widerstand leisteten. Die US-Panzer konnten sich nicht voll entfalten und wurden ein leichtes Opfer für die Panzerfaust. Am Ausgang des Kampfes konnte es freilich auch hier keinen Zweifel geben – es war lediglich die Frage, wie lange die Amerikaner aufgehalten werden würden. Auf deutscher Seite

»Erbitterter Widerstand« – die Heckenlandschaft der Normandie bot den Verteidigern ideale Voraussetzungen

waren die Verluste in dem hartnäckigen Kampf gegen einen übermächtigen Gegner enorm. Rolf de Boeser erinnert sich: »Ich habe manchmal im Graben gelegen und Ameisen oder Käfer betrachtet. Da dachte ich, die Käfer, die können sich in die Erde eingraben, verschwinden von der Bildfläche. Wir können das nicht. Unser ganzes Regiment ist aufgerieben worden, von den Kameraden war kaum einer mehr da. Wenn wieder einer von ihnen fiel, war es, als ob ein Bruder stirbt. Man war zusammen in Ausbildung gewesen, man hatte Freud und Leid geteilt. Als es morgens hell wurde, haben wir immer gedacht, wer ist der Nächste? Und ich habe ehrlich gedacht, wenn du jetzt eine Handgranate nimmst und hältst sie dir an den Kopf, dann hast du es hinter dir.«

Die Truppen aller Wehrmachtteile schlagen sich mit größter Verbissenheit und äußerster Einsatzbereitschaft trotz des ungeheuren Materialaufwandes des Feindes.

Feldmarschall
Erwin Rommel
am 11. Juni 1944

Der Kampfschwerpunkt in der Normandie lag indes im Osten, bei Caen. Eigentlich hatte der Union Jack schon am 6. Juni auf dem

Kirchturm wehen sollen, beherzte deutsche Gegenangriffe machten den Briten aber einen Strich durch die Rechnung. Feldmarschall Montgomery gedachte einfach, mit seiner Materialüberlegenheit die deutschen Verteidiger gleichsam zu zerquetschen. Doch die Feuerwalzen von hunderten von Geschützen und die Bombenteppiche von ebenso vielen schweren Bombern brachten keine entscheidenden Erfolge. Nirgends konnte die deutsche Front aufgerissen werden, überall trafen die eigenen Vorstöße auf heftigen deutschen Widerstand und sahen sich wütenden Gegenangriffen ausgesetzt. Doch die Alliierten konnten ihre Verluste – bis Ende Juli 1944 rund 120 000 Mann – problemlos ersetzen. Die deutschen Divisionen hingegen

»Die Deutschen zerquetschen« – britische Truppen beim Vormarsch ins Landesinnere

Es wird gehalten und wenn kein Aushilfsmittel unsere Lage grundsätzlich verbessert, muss anständig auf dem Schlachtfeld gestorben werden!

Feldmarschall Hans Günther von Kluge zu seinen Offizieren Mitte Juli 1944

bekamen keinen Ersatz. Sie brannten bis zur Schlacke aus, waren bald nur noch ein Schatten ihrer selbst. 117 000 Mann waren bis zum 22. Juli auf deutscher Seite gefallen, verwundet oder in Gefangenschaft geraten – jeden Tag 1500. Rommel wusste, dass die Front nicht mehr lange gehalten werden konnte. So schrieb er am 15. Juli 1944 in seiner Lagebetrachtung: »Die Truppe kämpft allerorts heldenmütig, jedoch der ungleiche Kampf neigt dem Ende entgegen. Es ist m. E. nötig, die (politischen) Folgerungen aus dieser Lage zu ziehen.« Das »politisch« strich er auf Anraten seiner Stabsoffiziere noch aus dem Bericht, um Hitler nicht unnötig zu provozieren. Diese Formulierung verdeutlicht freilich, dass Rommel einsah, dass der Krieg nun endgültig verloren war. Zwei Tage später wurde er bei einem Tieffliegerangriff schwer verwundet, wenige Tage später fiel Caen endgültig in britische Hand. Der Vormarsch konnte hier mit letzter Kraft noch einmal zum Stehen gebracht werden. Während die besten

»Nur noch ein Schatten ihrer selbst« – deutsche Soldaten und Offiziere ergeben sich den Briten bei Falaise

»Gleichsam zermalmt« – eine alliierte Militärkolonne passiert das zerstörte St. Lo

deutschen Divisionen Caen verteidigten, gelang es den Amerikanern weiter im Westen bei St. Lo, die deutschen Linien zu durchbrechen: 1500 viermotorige Bomber hatten einen vernichtenden Bombenteppich niedergehen lassen, der alle Verteidigungsstellungen zermalmte. Amerikanische Panzer stießen nun rasch ins Landesinnere vor. Dies war die Wende im Kampf um die Normandie.

Am 31. Juli 1944 hatten die US-Truppen Avranches besetzt. Jetzt gab es kein Halten mehr: Die Front brach zusammen, fluchtartig strömten die abgekämpften Verbände nach Osten. Im Kessel von Falaise machten die Alliierten zwei Wochen später 50 000 Gefangene und eilten nun unaufhaltsam vorwärts – in Richtung Seine und Paris.

»Paris ist frei« – deutsche Soldaten ergeben sich in Paris den Aufständischen

»Brennt Paris?«, fragte Hitler seine Entourage im August 1944. Während die Alliierten unaufhaltsam auf die französische Hauptstadt zumarschierten, erhob sich die Pariser Résistance gegen die verhasste Besatzungsmacht. Kampflos wollte Hitler seine Beute unter keinen Umständen hergeben. Er befahl, die Stadt in Trümmer zu legen. Der Kampf um Paris endete mit der Kapitulation der Deutschen – und der Befreiung der Franzosen.

Der Kampf um Paris

Eine gefährliche Spannung lag in der Luft. Bereits Anfang August 1944 bemerkte der deutsche Soldat Bernhard Blache, dass in Paris vereinzelt die französische Trikolore gehisst wurde. Das hatte während der vergangenen vier Jahre deutscher Besatzung kein Franzose gewagt. Irgendetwas braute sich da zusammen. Am 19. August erhielt Blache den Befehl, aus einem Depot am Platz der Republik Lebensmittel zu holen. Zur Sicherung des Konvois fuhr vorneweg ein Pkw, auf jedem Kotflügel saß ein Soldat mit einer Maschinenpistole. Ein Laster mit zehn Mann Besatzung fuhr hinterher. »Als wir in der Nähe der Kathedrale Nôtre Dame eine Brücke der Seineinsel überquerten, prasselte auf einmal ein Kugelhagel auf uns ein«, erzählt Blache. »Die beiden Männer auf dem Pkw wurden sofort getroffen und fielen herunter. Auch der Fahrer unseres Lkws war verletzt, wir fuhren gegen einen Baum und ich brüllte nur noch ›Alles runter‹.« Doch wo sollten sie Deckung suchen? Ein Soldat, der aus einer Seitenstraße angerannt kam und mit einer Pistole in Richtung Polizeipräfektur schoss, sackte tödlich getroffen zusammen. »Das Feuer kam von Widerstandskämpfern, die sich in den Gebäuden verschanzt hatten«, berichtet Blache, der in diesem Moment fieberhaft überlegte, wie er sich und seine Kameraden aus der Schusslinie bringen konnte. »Der eine hatte einen Bauchschuss, der rief immer ›Bernhard, Bernhard, hilf mir doch‹.« Blache gelang es, vorbeifahrende Wagen anzuhalten und die verwundeten Soldaten aufzuladen. Mit einem Karabiner in der linken und einer entschärften Handgranate in der rechten Hand gelang auch ihm anschließend die Flucht von der umkämpften Seineinsel.

An diesem heißen Augusttag begann der Kampf um Paris. Während die Alliierten im Westen Frankreichs gegen Hitlers Armeen kämpften, gingen in Paris die Menschen auf die Barrikaden. Doch die Besatzer waren militärisch in der Übermacht und holten zum Gegenschlag aus. Dabei ging Blache eine Information nicht aus dem Kopf, die man sich hinter vorgehaltener Hand zuflüsterte. »›Brennt Paris?‹, das soll ja ein Ausspruch Hitlers gewesen sein«, erinnert sich der Feldwebel. »Weil Paris militärisch nicht zu verteidigen war, wollte Hitler, dass es zerstört wird. Dass alle großen Bauten gesprengt werden.« Die Vorbereitungen zur Sprengung der schönsten Gebäude, Brücken und Wahrzeichen von Paris waren zu diesem Zeitpunkt angeblich längst schon getroffen.

Abwegig war diese Befürchtung keineswegs. Nach der Zerstörung Rotterdams, Coventrys und Belgrads sollte Hitler noch im Sommer 1944 Warschau dem Erdboden gleichmachen und unersetzliche Kunstwerke zerstören lassen. Dabei stand die sowjetische Armee zu dem Zeitpunkt bereits vor den Toren der polnischen Hauptstadt und waren die Deutschen ohnehin auf dem Rückzug.

War Paris nicht schön? Aber Berlin muss viel schöner werden. Ich habe mir oft überlegt, ob man Paris nicht zerstören müsste. Aber wenn wir fertig sind, ist es nur noch ein Schatten dagegen. Warum dann zerstören?

Adolf Hitler zu Albert Speer am 23. Juni 1940 nach der Besichtigung von Paris

Symbolisch hatte Paris für den Kriegsherrn eine viel größere Bedeutung. Als deutsche Truppen nach einem Blitzkrieg Frankreich überrollt hatten und am 14. Juni 1940 triumphierend in Paris einmarschiert waren, hatte Hitler es sich nicht nehmen lassen, seine neueste Eroberung zu besichtigen. Auf einer Rundfahrt begutachtete er die Große Oper, fuhr über die Champs Elysées zum Eiffelturm, verharrte am Grab Napoleons im Invalidendom und bewunderte die eindrucksvolle Kulisse der Place de la Concorde. »Es war der Traum meines Lebens, Paris sehen zu dürfen«, sagte er laut den Erinnerungen seines Begleiters Albert Speer, »ich kann nicht sagen, wie glücklich ich bin, dass er sich heute erfüllt hat.« Der Diktator wusste: Wem Paris gehörte, dem gehörte ganz Frankreich.

»Der Traum, Paris sehen zu dürfen« – Hitler am 23. Juni 1940 in der besetzten französischen Hauptstadt

Und Frankreichs Niederlage war Hitlers größter Triumph. Endlich sah der Gefreite des Ersten Weltkriegs die »Schmach von Versailles« gerächt und das Unrecht wieder gutgemacht, das der »Erbfeind« den Deutschen angetan hatte. Zugleich besiegelte dieser Sieg seinen Ruf als »größter Feldherr aller Zeiten«. Selbst Generäle, welche zuvor an seinen militärischen Fähigkeiten gezweifelt hatten, standen nun hinter ihm. Er schien endgültig die Hegemonie über Kontinentaleuropa errungen zu haben. Hitler war auf dem Höhepunkt seiner Macht. Kampflos würde er Paris, Grundstein seiner Selbstüberschätzung, nicht aufgeben.

Die nächsten vier Jahre stand dies auch gar nicht zur Debatte. Frankreichs neuer Regierungschef, der greise Marschall Philippe Pétain, schloss im Juni 1940 Waffenstillstand mit dem Deutschen Reich. Während die Deutschen den Norden des Landes und Paris besetzten,

Es gab auf jeden Fall eine bestimmte Anzahl von Leuten, die enorm von der Besatzung profitiert haben. Es gab Leute, die erhebliche Vermögen angehäuft haben. Sei es, weil sie Lieferverträge für Deutschland hatten, sei es, weil sie einiges Geld verdienten auf dem schwarzen Markt.

Raymond Aubrac,
Widerstandskämpfer

Die »Botschaften« Marschall Pétains liefen Sturm gegen alles, was in meinen Augen Wert hatte, und vor allem gegen die Freiheit.

Simone de Beauvoir

regierte Pétain von dem alten Kurort Vichy aus den »freien« Süden des Landes. Frankreich musste die gesamten Besatzungskosten tragen, Kriegsgerät und Rohstoffe abliefern, zudem wurden mehr als eine Million Kriegsgefangene ins Reich transportiert, um in der Rüstungsindustrie und in der Landwirtschaft zu arbeiten. Ziel war die Ausplünderung des Landes zugunsten der deutschen Kriegswirtschaft. Der 84-jährige Pétain hatte im Ersten Weltkrieg als »Sieger von Verdun« Heldenruhm erworben und zehrte noch immer von diesem Nimbus. Nun führte er ein autoritäres Regime – und setzte auf Kollaboration mit Hitler.

Die meisten Franzosen sahen in ihm einen Rettungsanker, der trotz der Präsenz des Feindes ein erträgliches Überleben versprach. Nur vereinzelt regte sich bei ihnen Unmut: »Ich war unglücklich, dass mein Land besetzt war. Aber der erste Feind war für mich Pétain!«, erinnert sich Lucie Aubrac, die sich wenig später dem Widerstand anschloss. »Weil Pétain ein Feigling war, der sich auf

»Die Flamme des Widerstands wird nicht verlöschen« – Charles de Gaulle während einer BBC-Radioansprache

Kollaboration einließ und unsere Werte Freiheit, Gleichheit, Brüderlichkeit missachtete. Es gab keine Wahlen mehr. Wir waren Untertanen. Wie zu Zeiten der absoluten Monarchie!«

Die Regimegegner waren nicht allein. Einen Tag nach der Kapitulation, am 18. Juni, rief ein französischer General seine Landsleute über den britischen Radiosender BBC zum Widerstand auf: »Muss die Hoffnung verschwinden? Ist die Niederlage endgültig? Nein!«, donnerte es über den Äther. »Was auch immer geschieht, die Flamme des französischen Widerstands soll nicht erlöschen, und sie wird nicht erlöschen.« Charles de Gaulle sollte sich mit dieser flammenden Rede einen Platz in der Geschichte Frankreichs sichern. Doch sein Aufruf an die Franzosen verhallte zunächst fast ungehört. Noch kannte kaum jemand den ehemaligen Brigadegeneral, der nur wenige Tage der vorherigen französischen Regierung angehört hatte. In letzter Minute hatte er sich ins Londoner Exil gerettet und sofort damit begonnen, die Befreiung Frankreichs vorzubereiten. Churchill erkannte ihn zwar am 28. Juni als »Chef der Freien Franzosen« an, betrachtete ihn aber keinesfalls als Staatsoberhaupt. Auch die Franzosen waren zunächst skeptisch: »Wir in der Résistance hatten kein großes Vertrauen in die Militärs. Erst später wurde de Gaulle für uns eine Symbolfigur«, sagt der Widerstandskämpfer Raymond Aubrac. An Selbstbewusstsein und Energie mangelte es dem schlaksigen General nicht. Er gründete kurzerhand ein französisches Nationalkomitee, wählte das lothringische Kreuz zum Symbol für den Befreiungskampf und versuchte eine französische Exilarmee aufzubauen. Er erließ Gesetze und Dekrete, verfasste Proklamationen und verhandelte mit den Alliierten, als sei er ein gleichrangiger Partner, was diese zutiefst irritierte. De Gaulle musste noch jahrelang um seine Anerkennung kämpfen.

Nähmen wir das Vichy-Regime hin, wären wir keine Menschen: Mit den Kollaborateuren ist kein Kompromiss möglich.

Jean-Paul Sartre

In Frankreich hatten sich seine Landsleute vom ersten Schock über die Niederlage erholt und begannen sich mit den Besatzern zu arrangieren. Dabei beschränkte sich die Kollaboration mit den Siegern nicht nur auf die Vichy-Regierung, sie zog sich durch die ganze Gesellschaft. Am offensichtlichsten war die Zusammenarbeit der einheimischen Faschisten mit den Invasoren. Bis zu 400 000 Franzosen traten in deutsche Militärverbände ein – darunter die Waffen-SS – oder schlossen sich französischen Faschisten-Gruppen an. Bei rund 40 Millionen Franzosen stellten sie allerdings eine Minderheit dar. Durch die Kollaborationspolitik der Vichy-Regierung waren jedoch bis zu neun

»Pétain war ein Feigling« – der Ministerpräsident der Vichy-Regierung mit Hermann Göring, Ende 1941

Millionen Bürokraten, ob sie es wollten oder nicht, zu Handlangern der Deutschen geworden, und die Franzosen arbeiteten am Ausbau der deutschen Verteidigungsanlagen am Atlantik, produzierten Rüstungsgüter oder lieferten Nahrungsmittel nach Deutschland.

In Paris kehrte bald wieder der Alltag ein, mit dem Unterschied, dass nun die deutsche Siegermacht das Stadtbild beherrschte. Vom Eiffelturm wehte die Hakenkreuzfahne, ein Banner am Gebäude der Nationalversammlung verkündete »Deutschland siegt an allen Fronten«. Deutsche Schilder verwiesen auf deutsche Behörden, überall auf den Straßen von Paris mischten sich die grauen Uniformen der deutschen Soldaten und Nachrichtenhelferinnen unter die Zivilkleidung der Passanten. »Der Opernplatz war nicht mehr

Die Franzosen waren uns gegenüber ziemlich zurückhaltend. Aber es gab auch sehr freundliche. Aber natürlich waren sie nicht erfreut, dass die Deutschen da waren.

Bernhard Blache, deutscher Soldat

der Opernplatz von Paris. Er hieß jetzt ›Platz der Kommandantur‹«, entrüstet sich der Widerstandskämpfer Maurice Kriegel-Valrimont noch heute. »Jeden Tag zog eine Militärkapelle die Champs Elysées hinunter. Paris war nicht mehr Paris.« Hitler hatte jedoch überhaupt kein Interesse daran, die Franzosen in Panik zu versetzen. Die Soldaten hatten strikte Order, sich korrekt zu verhalten, und Propagandachef Joseph Goebbels ließ überall in der besetzten Zone ein Plakat aushängen, auf dem ein lächelnder blonder Soldat mit einem Kind auf dem Arm um Vertrauen warb.

Für die deutschen Soldaten war es ohnehin ein Geschenk, im friedlichen und lebenslustigen Paris sein zu dürfen. Staunend zogen sie als Touristen in Uniform durch die Stadt, bewunderten Eiffelturm, Arc de Triomphe, Sacré Cœur und den Louvre. Anfangs waren es auch weniger die Franzosen als die Disziplin in der deutschen Garnison, die dem Militärbefehlshaber Sorgen machte. Vor allem nach Beginn des Russlandfeldzugs am 22. Juni 1941 genossen die deutschen Besatzer jeden Augenblick fern von der Ostfront. »Der Heldenklau, der ging ja überall um, die haben die Einheiten nach Tauglichen für die Ostfront kontrolliert«, erinnert sich Ernst Pogodsky, damals Funker beim

Zunächst müssen wir uns von den Bilderbogenvorstellungen frei machen: Nein, die Deutschen liefen nicht mit der Waffe in der Faust durch die Straßen; nein, sie zwangen nicht die Zivilisten, ihnen auszuweichen, vor ihnen von den Gehsteigen hinunterzugehen; in der Métro boten sie ihren Platz alten Frauen an, ließen sich gerne von Kindern rühren und tätschelten ihnen die Wange ... Vier Jahre hindurch haben wir gelebt, und die Deutschen lebten auch mitten unter uns, untergetaucht im gleichförmigen Leben der großen Stadt ... Dennoch gab es einen Feind – und zwar den hassenswertesten –, aber der hatte kein Gesicht.

Jean-Paul Sartre,
»Paris unter deutscher
Besatzung, 1944-1945«

»Paris war nicht mehr Paris« – deutsche Parolen am Gebäude der französischen Nationalversammlung

Wir waren derart schockiert und vor den Kopf gestoßen. Gewiss, die Deutschen haben später entsetzliche Maßnahmen getroffen, aber die ersten Schritte, wie das berüchtigte Dekret gegen die Juden, hat die damalige französische Regierung unter eigener Verantwortung unternommen.

Jacques Lazarus, Soldat, der nach sechs Jahren Dienst aus der Armee entlassen wurde, weil er Jude war

Luftnachrichtendienst. Pogodsky beschloss, seine Zeit in vollen Zügen zu genießen. »Es gab Soldatenheime, in denen man essen konnte, es gab Kinos, wir konnten in jedes Theater gehen. Als dann das Geld nicht immer reichte, haben wir damit begonnen, kleine Schwarzmarktgeschäfte zu machen. Ich hatte ungefähr 35 Leute in Deutschland, die ich am laufenden Band beliefert habe.« Ob Fleisch, Obst, Wein, Seidenstrümpfe oder Parfum – alles, was in Frankreich noch zu organisieren war, war in Deutschland schon längst Mangelware. Pogodsky mietete sich ein Hotelzimmer in der Nähe seiner Dienststelle an, ließ sich Maßanzüge schneidern und spazierte in Zivil durch das nächtliche Paris. »Wir hatten kofferweise Geld. Mein Kumpel, der war immer ein bisschen leichtsinnig, der hat viel getrunken und in manchen Cafés die Kapelle für sich spielen lassen. Da

»Wie Gott in Frankreich« – deutsche Soldaten versorgten die Heimat mit begehrten Artikeln

»Unrühmlicher Eifer von französischen Kollaborateuren« – jüdische Männer in Drancy vor ihrer Deportation

fragten dann Kameraden von uns: Wo hat er denn so viel Geld her? Dann habe ich gesagt, der hat einen reichen Onkel ... Wir lebten wie Gott in Frankreich«, erinnert sich Pogodsky und lächelt verschmitzt. Doch in Paris war nicht nur eitel Sonnenschein. Hinter der friedlichen Fassade lauerten Verfolgung und Tod. Dabei legte das Vichy-Regime einen unrühmlichen Eifer an den Tag. Noch vor der deutschen Besatzung erließ es in vorauseilendem Gehorsam antijüdische Gesetze. Juden wurden ab sofort vom öffentlichen Dienst und von bestimmten Berufen ausgeschlossen, enteignet und in ihren Rechten beschnitten. Bis August 1941 waren zahlreiche Konzentrationslager entstanden, unter anderem das Auffanglager Drancy bei Paris. Am 27. März 1942 rollte der erste Deportationszug mit Juden von Drancy nach Auschwitz. In Frankreich gab es zu dieser Zeit schätzungsweise 330 000 Juden, die Hälfte davon waren Einwanderer, die zum Teil vor Hitlers Schergen hierher geflohen waren. Als die SS unter Hauptsturmführer Dannecker und SS-Führer General Carl Oberg ab Mai 1942 mit der systematischen Judenverfolgung begann, konnte sie sich auf die Unterstützung antijüdischer Polizeikräfte und Institutionen

Das Elend und die Verzweiflung hier sind unbeschreiblich. Wir werden hier behandelt wie in einem Militärgefängnis. Dreck wie in einer Kohlengrube, Strohsäcke voller Läuse und Flöhe. Grauenhafte Überbelegung. 86 Frauen, 6 Wasserhähne, man hat keine Zeit, sich zu waschen. Ich kann nur alle 16 Stunden auf die Toilette gehen.

Brief einer Inhaftierten in Drancy an ihre Tochter

verlassen. Die erste Judenrazzia, »la grande rafle«, begann am Abend des 16. Juli 1942. In dieser Nacht wurden 12 000 ausländische Juden in ihren Wohnungen verhaftet, im »Vélodrôme d'Hiver«, einer Radrennbahn, unter menschenunwürdigen Bedingungen zusammengepfercht und schließlich über Drancy nach Auschwitz transportiert. Die Verhaftungen übernahmen französische Gendarmen, der Transport in die Sammellager erfolgte in französischen Bussen.

Peter Gingold war 1933 mit seiner Familie aus Deutschland geflohen und in einer jüdischen Widerstandsgruppe aktiv, als die deutschen Besatzer ihn in den Untergrund zwangen. Er hatte sich falsche Papiere besorgt und lebte illegal in Paris. Sein Bruder war jedoch als Jude registriert. »Als sie versuchten, alle zu verhaften, habe ich meinem Bruder gesagt, nimm meine Kennkarte, da steht kein J darauf, dann kannst du dich frei bewegen. Er war ein Jahr älter als ich und wir sahen uns ähnlich. Ich sagte ihm: ›Du kannst mein illegales Quartier in Paris beziehen, ich übernachte in einem Hotel.‹ Er bezieht mein Quartier und wird am Morgen um fünf Uhr früh abgeholt. Später hat sich herausgestellt, dieses Quartier hatte ein Jude angemietet, den haben sie gesucht und statt dessen meinen Bruder verhaftet. Er kam nach Auschwitz.« Peter Gingold ist unfähig, seine Tränen zurückzuhalten, als er diese Geschichte noch einmal in der Erinnerung durchlebt. »Normalerweise hätte ich dort übernachtet. Er hat mein Leben gerettet, er ist für mich in den Tod gegangen. Etwas, was mir mein ganzes Leben anhängt und ich nie vergessen kann.« Insgesamt wurden rund 76 000 Juden von Drancy aus in Hitlers Vernichtungslager deportiert. Eine traurige Bilanz französischer Kollaboration.

In Paris regierte zunehmend der Terror. Widerstandskämpfer, die in die Fänge der Gestapo gerieten, wurden gefoltert und hingerichtet. Als ein deutscher Wehrmachtsangehöriger am 21. August 1941 in einer Métro-Station von kommunistischen Jugendlichen erschossen wurde, reagierte der damalige Stadtkommandant von Paris mit einem grausamen Erlass: Mehrere tausend bereits inhaftierte Franzosen, vor allem Kommunisten, wurden kurzerhand zu »Geiseln« erklärt. Sie wurden nach und nach als »Sühnemaßnahme« für Anschläge auf deutsche Soldaten erschossen, wobei die Anzahl »der Schwere der Straftat« entsprach. Im gleichen Jahr wurden für Attentate auf zwei hohe Wehrmachtsbeamte 98 Geiseln hingerichtet. Bald führte die Gestapo

> *Als alle im Vélodrôme d'Hiver eingesperrt worden sind, hat sich kein französischer Polizist geweigert mitzumachen. Am Schluss war ein Teil von ihnen im Widerstand, aber zu spät.*
>
> Alfred Grosser, jüdischer Emigrant und im französischen Widerstand

»Geisellisten«, auf denen vor allem Kommunisten, Juden, Immigranten, Spanienkämpfer, Gewerkschafter und – wenn man ihrer nicht habhaft werden konnte – ihre nächsten männlichen Angehörigen aufgeführt waren. Die Namen all derer, die hingerichtet wurden, wurden zur Abschreckung öffentlich ausgehängt. Allein auf dem Mont Valérien, einem Fort im Osten von Paris, wurden bei Massenhinrichtungen mehr als 4000 Franzosen erschossen. Bald wurden auch tausende Widerstandskämpfer in die Vernichtungslager im Osten deportiert. Die Franzosen waren über die Verhaftungswellen irritiert, manche sogar entsetzt. Doch die Mehrheit verschloss die Augen vor dem Geschehen. Erst als bald jede französische Familie unter der Besatzungsmacht zu leiden hatte, erwachte ungebremster Zorn. Lebensmittel waren inzwischen rationiert, es fehlte an allen Ecken und Enden. Der Unmut wuchs, als ab September 1942 hunderttausende junger Männer zur Zwangsarbeit im Reich verpflichtet wurden. Um sich dem Zugriff zu entziehen, flüchteten viele von ihnen in die Arme der Résistance. Als dann die alliierten Truppen im November 1942 in der Operation »Torch« in den französischen Besitzungen Nordafrikas landeten und damit im Westen die Gegenoffensive

Diese Maßnahmen waren eindeutig gegen die Täterkreise und ihre jüdisch-kommunistischen Hintermänner gerichtet. Nicht französische Geiseln wurden erschossen, sondern »Individuen, die im Solde der Feinde Deutschlands Frankreich ins Unglück stürzen wollen und darauf ausgehen, die Verständigung zwischen Deutschland und Frankreich zu sabotieren«.

Hans Speidel,
Stabschef beim Militärbefehlshaber Frankreich,
am 25. Dezember 1941

Der Führer hat befohlen, dass künftig für jedes Attentat – abgesehen von der Erschießung einer Anzahl geeigneter Personen – 500 Kommunisten und Juden dem Reichsführer-SS und Chef der Deutschen Polizei zur Deportation nach dem Osten zu übergeben sind.

Erlass des Militärbefehlshabers Frankreich
vom 10. April 1942

»Sühnemaßnahmen« – Erschießung einer französischen Geisel durch Wehrmachtssoldaten, Mai 1942

starteten, besetzten die deutschen Truppen als Gegenreaktion am 11. November 1942 die freie Zone Frankreichs. Pétain protestierte, trat aber nicht zurück. Bald ging auch den letzten Zweiflern auf, dass Vichy nichts weiter war als einer von Hitlers Satellitenstaaten.

Derweil war Charles de Gaulle im fernen England indigniert. Die Alliierten hatten ihn über »Torch« nicht einmal in Kenntnis gesetzt. Inzwischen war es dem »Operettengeneral«, wie Goebbels ihn bezeichnete, gelungen, einige französische Kolonien hinter sich zu versammeln. Freifranzösische Truppen kämpften Seite an Seite mit den Alliierten. Nach der Landung in Nordafrika verlegte de Gaulle nun kurzerhand seine Exilregierung nach Algier, also auf französischen Boden. Die USA sahen aber immer noch in Vichy die rechtmäßige Regierung Frankreichs. »Die Amerikaner mochten General de Gaulle nicht. Sie unterstellten ihm diktatorische Neigungen. Was sie ihm vorwarfen, war, dass er keinen demokratischen Rückhalt hatte«, meint Widerstandskämpfer Robert Chambeiron. In der Heimat hatte sich mittlerweile ein Dutzend Widerstandsgruppen unterschiedlichster Couleur gebildet. De Gaulle setzte alles daran, sie unter seiner Führung zu einigen. Am 27. Mai 1943 gelang das schier Undenkbare. In Frankreich wurde ein »Résistance-Parlament« gegründet, in dem Widerstandsorganisationen, Parteien und Gewerkschaften gemeinsam repräsentiert waren. Für den ehrgeizigen General war dies der Durchbruch: »Die Amerikaner erkannten, dass das kämpfende Frankreich hinter de Gaulle stand«, bestätigt Chambeiron. Nun holte de Gaulle zu einem weiteren genialen Schachzug aus: Er gründete in Algier die »Provisorische Regierung der Französischen Republik«. Von da an hatte er nur noch ein großes Ziel vor Augen: seinen Einzug in Paris als Chef eines befreiten und souveränen Frankreichs. Dazu allerdings brauchte er die geballte Militärmacht der Alliierten.

Am 6. Juni 1944 wurde ihm dieser Wunsch erfüllt: Die Alliierten landeten in der Normandie. Hitlers Alptraum war wahr geworden: Die »zweite Front« im Rücken des verzweifelt ringenden deutschen Ostheers markierte einen dramatischen Wendepunkt im Kampf um die »Festung Europa«. Die deutsche Kriegsführung befand sich nun endgültig an allen Fronten in der Defensive. Der ungeheuren See- und

Ich halte es für unratsam, de Gaulle irgendeine Information zu geben.

Roosevelt vor der Landung in Nordafrika im November 1942

Die Bewegung de Gaulles nimmt doch größeren Umfang an, als man zuerst glauben wollte. Wir müssen da doch etwas aufpassen und dürfen die Angelegenheit nicht allzu sehr bagatellisieren.

Joseph Goebbels

Luftüberlegenheit der Alliierten hatte Hitler nichts mehr entgegenzusetzen. Sein Plan, »den Feind durch Gegenangriff ins Meer zurückzuwerfen«, war gescheitert. Einige Wochen schwankte die Waage des Schicksals. Dann wurde die deutsche Front Ende Juli bei Avranches durchbrochen, und die deutschen Armeen fluteten aus Frankreich zurück. Kapitulation kam für den Kriegsherrn aber nicht in Frage: »Deutschland wird entweder Weltmacht oder überhaupt nicht sein«, war sein Credo, das er schon in »Mein Kampf« verewigt hatte. Was würde jetzt aus Paris werden?

Die Schlacht um Frankreich hat begonnen. In der Nation, im französischen Reich, in den Armeen gibt es nur noch einen einzigen Willen, eine einzige Hoffnung. Hinter der dunklen Wolke unseres Blutes und unserer Tränen geht wieder die Sonne unserer Grandeur auf!

Charles de Gaulle am 6. Juni 1944 in einer Rundfunkansprache

Hitler hatte erst vor kurzem einen Teil der Pariser Führungsriege ausgetauscht. Als Claus Graf Schenk von Stauffenberg am 20. Juli 1944 im Führerhauptquartier »Wolfsschanze« die Bombe gegen Hitler zündete, hatte auch der Widerstand in Paris um den Militärbefehlshaber in Frankreich, Carl-Heinrich von Stülpnagel, den Putsch gewagt. Unter Mithilfe des Stadtkommandanten von Groß-Paris, Hans von Boineburg, wurden 1200 Angehörige von SS, SD und Gestapo in Paris verhaftet, bevor das Scheitern des Staatsstreichs zu den Verschwörern durchdrang. Stülpnagel wurde als »Verräter« erhängt, Boineburg abberufen. Zum neuen Stadtkommandanten ernannte Hitler am 7. August

»Eine ungeheure Blutmühle« – US-Soldaten kämpfen den Weg nach Paris frei

den schlachterprobten General der Infanterie Dietrich von Choltitz. Der Sachse hatte sich bei der Belagerung von Sewastopol Heldenruhm erworben und galt als führertreuer Hardliner. »Er war damals 50 Jahre alt, klein von Statur, dabei rundlich«, erinnert sich Dankwart Graf von Arnim, Ordonnanzoffizier des Stadtkommandanten von Paris, an die erste Begegnung: »Schnarrende Stimme, etwas sächsisch-schlesisch sprechend, Monokel im Auge, auf dem eher runden Kopf ein winziger Scheitel, fast genau in der Mitte. Er sprach schnell, bestimmt, bewegte sich – wie oft dickliche Menschen – mit unerwarteter Behendigkeit und bot in Auftreten und ›Gehabe‹ das Bild eines Durchgreifers. Das war der Eindruck der ersten Stunde, als ich ihn, noch umgeben von vielen Offizieren unseres Stabes, kennen lernte. Doch bald wusste ich, dass dieser Auftritt einstudiert war.«

Tatsächlich hatte ein kurzfristiger Einsatz an der Invasionsfront von Choltitzs' Glauben an den »Endsieg« ins Wanken gebracht. Er nannte ihn »eine schlimme Zeit«, eine »ungeheure Blutmühle«, wie er sie »noch nie in elf Kriegsjahren erlebt« hatte, und schreibt später in seinen Memoiren, dass der Antrittsbesuch bei Hitler sein Vertrauen zusätzlich schwer erschüttert hatte: »Ich sah einen alten, gebeugten, aufgeschwemmten Mann mit grauem, schütterem, nach oben stehendem Haar, einen zitternden, körperlich erledigten Menschen ... Hitler kam schließlich auf den 20. Juli zu sprechen. Ich erlebte den furchtbaren Ausbruch einer hasserfüllten Seele. Er schrie mir zu, dass er froh sei, nun die gesamte Opposition mit einem Schlage gefasst zu haben, und dass er sie zertreten würde. Er redete in blutrünstigen, exaltierten Ausdrücken zu mir, bei denen ihm buchstäblich der Geifer aus dem Mund lief ... Ich sah es, ich hatte einen Wahnsinniggewordenen vor mir. Das ganze Unglück meines Volkes stand vor mir auf ... Das Bewusstsein, dass der Bestand des Volkes in der Hand eines Verrücktgewordenen lag, der die Lage überhaupt nicht mehr übersah.«

Der Auftrag des neuen Stadtkommandanten schien auf den ersten Blick überschaubar. Er sollte in Paris Ruhe und Ordnung aufrechterhalten, alle überflüssigen Dienststellen entfernen, kampffähige Männer an die Front schicken und die Stadt gegen Aufstandsbewegungen, Terror- und Sabotageakte schützen. Doch von Choltitz war beunruhigt. Hitler hatte ihn zum »Kommandierenden General und Wehrmachtsbefehlshaber« ernannt und ihm »die Rechte eines Kommandanten einer angegriffenen Stadt« übertragen. Von Choltitz zog daraus seine Schlüsse: »Wenn hier Paris schon als angegriffene Festung betrachtet, wenn Vorsorge für den Abzug aller nicht kampfwichtigen

»Den Gegner von der Stadt fernhalten« – deutsche Panzer rollen durch Paris

Dienststellen getroffen wurde, dann konnte das nur heißen, dass Hitler nicht mehr im Ernst damit rechnete, die vor Paris kämpfenden Armeen würden den Gegner von der Stadt fernhalten.« Unter den Militärs schien über das Schicksal von Paris Unklarheit zu herrschen. Der Oberbefehlshaber West, Generalfeldmarschall von Kluge, rechnete nicht damit, dass die Alliierten schwerpunktmäßig auf Paris vorstoßen würden. Er befahl, die Verteidigungsanstrengungen auf den »Sperrgürtel« westlich von Paris zu konzentrieren. Die 20 000 im Raum Paris verfügbaren Soldaten wurden daraufhin westlich der Stadt eingesetzt. Im Grunde rechnete jedoch keiner in den höheren Stäben damit, dass diese Verteidigungsstellungen einem Angriff standhalten würden. Man war sich nicht einmal darüber im Klaren, ob Paris überhaupt verteidigt werden sollte. Von Choltitz traf am 9. August 1944 in Paris ein und bezog sein Hauptquartier im edlen Hotel Meurice gegenüber dem Louvre. Bald wurde ihm klar, dass seine Aufgabe nicht leicht sein würde. In der Stadt gärte die Unruhe, Paris stand kurz vor einer Hungersnot. Überfälle auf Posten und einzelne deutsche Soldaten häuften sich. Wehrmachtssoldaten wurden angehalten, nur noch in Gruppen auf die Straße zu gehen. Rudolf Mayer, der damals Fernschreiber im Marineministerium in Paris war, bekam die Wut der Franzosen am eigenen Leib zu spüren: »Eines Tages wurden wir mit zwei Bussen mit je 20 Personen von unserer Unterkunft zum Ministerium gefahren. Auf dem Weg dorthin hat man uns überfallen, zwei, drei Personen haben Handgranaten durch die Fenster geworfen. Die sind im Bus explodiert und entwickelten eine große Splitterwirkung. Es hat viele Verletzte gegeben, ein Obermaat war sofort tot, dem ist eine in den Schoß gefallen.«

Die Résistance war inzwischen auf ungefähr 250 000 Mann angewachsen, davon waren allerdings nur 100 000 bewaffnet. Sie waren, meist über heimliche Fallschirmabwürfe, von England aus mit Waffen ausgestattet worden. Nach der Invasion nahm der Partisanenkampf in ganz Frankreich an Schärfe zu. Es wurden Attentate auf Wehrmachtsangehörige und Kollaborateure, Sabotageakte an Bahnlinien, an Fern-

Im kleinen Kreis und hinter vorgehaltener Hand wurde gesagt: Choltitz kann Paris nicht verteidigen. Er muss versuchen, mit den Untergrundkämpfern eine klare Linie zu bekommen, um zu verhindern, dass in Paris unnötig gekämpft wird.

Alfred Schneider, Soldat im Stab des OB West

Alles, was französisch ist, atmet Hass gegen die hitleristischen Hinrichtungskommandos und ihre gemeinen Henker. Alles, was französisch ist, kämpft oder brennt darauf, für die Befreiung und Wiederherstellung des Vaterlandes zu kämpfen.

Maurice Thorez, französischer Kommunist, am 18. Mai 1944 in einer Radioansprache aus Moskau

»Die Stunde der Erhebung ist gekommen« – die Résistance verstärkte den Kampf gegen die Besatzer

sprechleitungen und in Industriebetrieben verübt. Darauf antworteten die deutschen Truppen mit grausamen Vergeltungsschlägen. Dörfer wie Mussidan und Argenton-sur-Creuse wurden von einer rachsüchtigen Soldateska heimgesucht. Blutiger Höhepunkt des Rachefeldzugs war die Ermordung von 642 Bewohnern der Ortschaft Oradour-sur-Glane durch Soldaten der SS-Division »Das Reich«.

Auch im kleinen Städtchen Troissereux nördlich von Paris kam es zu einem regelrechten Massaker. Nach der Invasion war hier eine deutsche Luftwaffenkompanie stationiert worden. Sie hatte den Auftrag, die Amerikaner aufzuhalten und »Terroristen« zu bekämpfen. Besatzer und Besetzte hatten zu einem friedlichen Auskommen gefunden – bis zur Nacht des 15. August. »Wir wurden gegen halb vier Uhr morgens wach, weil wir Schüsse auf der Straße gehört hatten«, erinnert sich Maurice Groux, Bewohner von Troissereux. »Aber wir sagten uns, die Deutschen machen eben irgendwelche Manöver.« Doch er täuschte sich. Die Nerven der deutschen Soldaten waren bis zum Zerreißen gespannt. Die Alliierten standen bereits kurz vor Chartres, nur 90 Kilometer von Paris entfernt. Den

In der Stadt fehlt es immer mehr an Strom, Licht und Gas. Wir leben inmitten einer neuartigen Belagerung. Der Angriff richtet sich nicht so sehr gegen die Werke und Vorratslager als gegen die Verkehrs- und Energieadern, wie es dem Kriege zwischen Arbeitern entspricht. Anschläge unterstützen die Wirkung der großen Angriffe.

Ernst Jünger, Tagebucheintrag vom 17. Mai 1944

»Das scheußlichste Verbrechen der Waffen-SS« – Oradour-sur-Glane nach der Zerstörung

Franzosen gegenüber herrschten Angst und Misstrauen. »Aus dem Haus des Bürgermeisters wurde in der Nacht geschossen. Danach war der Teufel los«, erinnert sich Kurt Feuersenger, Soldat bei der Luftwaffenkompanie. »Die zwei, die beschossen worden waren, haben Alarm gegeben. Dann sind die beim Bürgermeister rein, haben ihn hinuntergeführt auf den Hof und direkt hingerichtet mit einem Kopfschuss, dann haben sie seine Frau und die Tochter erschossen. Danach wurden alle männlichen Dorfbewohner auf den Hof des Bürgermeisters getrieben.« Unter den Männern befand sich auch Maurice Groux, damals 20 Jahre alt: »Sie haben uns in einer Reihe aufgestellt, die Hände auf den Rücken, Maschinengewehre vor uns. Ich dachte sofort: Jetzt hat unsere letzte Stunde geschlagen. Ich werde meine Frau und mein Kind nie mehr wieder sehen. Es ist vorbei.« Nach Auskunft von Feuersenger beschloss der Bataillonskommandeur, alle Männer, bei denen man auch nur eine leere Patronenhülse gefunden hatte, als »Terroristen« zu liquidieren. »Die wurden hingestellt und dann hieß es, ›ein Mann freiwillig‹. Dann hat sich ein Unteroffizier gemeldet und der hat die dann alle – trrrrrt – mit der Maschinenpistole hingerichtet. Das war schlimm.« Kurt Feuersenger war damals fast noch ein Kind und lediglich Zeuge des Geschehens. Die Erinnerungen an das schreckliche Massaker von Troissereux verfolgen ihn bis heute. »Das ist einem auch als 17-Jährigem klar, dass das nicht rechtens ist«, sagt er. Insgesamt starben 19 Dorfbewohner. Wie sich später herausstellte, hatte kein Einziger von ihnen der Résistance angehört.

Seit der Landung der Alliierten drang die Pariser Résistance auf eine bewaffnete Volkserhebung und wartete nur noch auf das Signal zum Losschlagen. Ein Aufstand war ganz im Sinne de Gaulles. Er hatte nach fast vier Jahren Exil am 14. Juni wieder französischen Boden betreten und brannte darauf, Paris zu befreien. Der General wollte, dass sich die Franzosen an der Befreiung ihres Landes beteiligten. Für ihn war das nicht nur eine Frage der Ehre, sondern auch notwendig, um den Wiederaufstieg Frankreichs zur Großmacht zu ermöglichen. Die Amerikaner planten, in Paris eine alliierte Militärregierung einzurichten. Das wollte er jedoch auf jeden Fall verhindern. Zusammen mit den Alliierten waren reguläre französische Truppen in der Normandie gelandet. De Gaulles Plan sah vor, dass sie sich zusammen mit der Widerstandsarmee, den »Forces Françaises de l'Interieur« (FFI), zu einer Armee vereinten und an der Seite der Alliierten kämpften. Die 2. Französische Panzerdivision

Ich wurde eines Tages konfrontiert mit Plakaten in deutscher und französischer Sprache. Es waren Vollzugsmeldungen über die Exekution von französischen Widerstandskämpfern, die als Terroristen bezeichnet wurden. Diese haben mich tief getroffen. Es begann ein Prozess des Nachdenkens über diese Frage, wie ich mich verhalten sollte, ob ich das mittragen könnte. Es konnte ja jeden Tag auf mich zurückschlagen, denn unter anderem gab es einen Befehl, dass Exekutionskommandos aus allen Teilen der Wehrmacht zusammengestellt werden konnten. Es hätte mich auch treffen können, dass ich eines Tages vor einer Gruppe von Franzosen gestanden hätte, die für ihre Freiheit kämpften, und ich hätte sie niederschießen müssen. Dieser Gedanke war für mich unerträglich.

Kurt Hälker,
Marinefernschreiber in
Paris, lief zum
Widerstand über

»Das kämpfende Frankreich steht hinter mit« – Charles de Gaulle am 14. Juni 1944

unter General Leclerc sollte den Weg nach Paris öffnen. Sobald Leclerc vor den Toren von Paris eintreffen würde, sollte die Résistance im Inneren der Stadt zu den Waffen greifen. Aber auf keinen Fall früher! Die Reaktion der Deutschen war unberechenbar, unter keinen Umständen wollte de Gaulle die Zerstörung von Paris riskieren.

Das sahen die Widerstandskämpfer in Paris allerdings anders. Hier hatte die Widerstandsgruppe »Franc Tireurs et Partisans«, die vor allem aus Gewerkschaftsmitgliedern und Kommunisten bestand, das Sagen. Sie waren der schlagkräftige Kern der bewaffneten Pariser Résistance. Ihr Kommandeur, der Kommunist Rol-Tanguy, hatte sich schon bei den »Internationalen Brigaden« in Spanien als Kämpfer bewährt und war gleichzeitig Chef der regionalen FFI. Sie wollten sich lieber früher als später zum Aufstand erheben. Dabei ging es nicht zuletzt um die Frage, wer im befreiten Frankreich künftig das Sagen haben würde. De Gaulle war sich dieser Gefahr bewusst. »Sie wollten Nutzen ziehen aus dem Überschwang der Gefühle, vielleicht auch aus den anarchischen Zuständen, die der Kampf in der Hauptstadt mit sich bringen mochte, und das Steuer in die Hand bekommen, bevor mir dies gelänge«, schreibt er in seinen Memoiren. Die Kämpfer von einst weisen diesen Vorwurf heute entrüstet zurück.

Stadtkommandant von Choltitz ahnte, dass die Lage in Paris zu eskalieren begann. Das erste Warnsignal war der Streik, in den die französische Polizei am 15. August trat. Bald darauf schlossen sich auch die Eisenbahner und die Métro an. Die Vichy-Regierung verließ in diesen Augusttagen das sinkende Schiff. Marschall Pétain wurde nach Deutschland in Sicherheit gebracht, sein Ministerpräsident Pierre Laval übergab am 17. August die Regierungsgeschäfte in Paris an Untergebene und floh. Nach Hitlers Einwilligung hatten die meisten Stäbe, darunter die des Oberbefehlshabers West, der Marinegruppe West, der Luftflotte 3 und des Militärbefehlshabers in Frankreich, die Stadt bereits verlassen. Margret Jänecke, Nachrichtenhelferin in der Propagandaabteilung, erinnert sich an den unrühmlichen Abzug der einst so stolzen Besatzer: »Ich bin in den letzten 14 Tagen als fast Einzige noch in der Abteilung verblieben. Man hatte uns angeordnet, Akten zu verbrennen. Die Herren waren spätestens am 10. August alle schon weg. Und zwar vielfach mit großen Transportern, mit Lampen und Möbeln und Radios und allem, was überhaupt nur zu denken war. Mitsamt ihren Freundinnen«, entrüstet sie sich noch heute. SS-Standartenführer Knochen hatte sich bereits Anfang August mitsamt allen SS-Verbänden und Polizeieinheiten aus Paris verzogen.

»Sie sind Hals über Kopf geflüchtet« – zurückgebliebenes Gerät in einer deutschen Kaserne

Fieberhaft überlegte von Choltitz, wie er nun vorgehen sollte. »Der Krieg war rettungslos verloren«, schreibt er in seinen Memoiren. »Sollte ich nun in dem inneren Stadtkern von Paris alle Truppen zusammenziehen, die beweglichen Kräfte an den Straßenkreuzungen, in den Parks sich zur Verteidigung einrichten lassen? ... Ich hätte auf diese Weise über 20 000 bis 30 000 Soldaten verfügt, hätte mir Fliegerunterstützung sichern können. Und so wäre bei rücksichtslosem Vorgehen gegen innere Unruhen ein längeres Aushalten in den Trümmern der inneren Stadt durchaus möglich gewesen.« Doch von Choltitz fand, dass ein solches Vorgehen die Lage »militärisch nicht mehr ändern konnte«. »So entschloss ich mich, die Ruhe in der Stadt mit schwachen Kräften aufrechtzuerhalten, den Kampf aber, soweit von einem solchen bei dem geschilderten Kräfteverhältnis die Rede sein konnte, außerhalb der Stadt zu führen.«

Nachdem von Choltitz den Hauptteil seiner Truppen in den äußeren Sperring gelegt hatte, boten die in der Stadt verbliebenen Verteidiger ein desolates Bild: zwei Bataillone mit Panzerspähwagen, verstärkt

Die Planung war, die lebenswichtigen Funktionen der Stadt zu besetzen und abzusichern ... Wie sich herausstellte, war das ein Himmelfahrtskommando: Unsere Truppen sind leider Nacht für Nacht in Straßensperren reingerannt, wurden von den Fenstern aus mit Handgranaten beworfen und mit Maschinengewehren zusammengeschossen, da waren innerhalb von drei Tagen die ganzen Kompanien weg.

Gerhard Schmidt, deutscher Soldat im »Alarmbataillon« Paris

durch einige Panzer, darunter antiquierte Modelle aus der Vorkriegszeit. Insgesamt waren es um die 5000 Soldaten. Hinzu kamen vier »Alarmbataillone«, die sich aus eilig in Uniformen gesteckten Verwaltungsbeamten zusammensetzen: »Tintensoldaten«, die den Auftrag hatten, unterschiedliche Gebäude, die bei Gefahr zu »Stützpunkten« umfunktioniert werden sollten, zu verteidigen. Die FFI dagegen verfügte in Paris über 20 000, wenn auch äußerst spärlich bewaffnete, Kämpfer. Solange nicht genügend Verstärkung eintraf, wollte von Choltitz versuchen, die spannungsgeladene Atmosphäre zu entschärfen. Um Stärke zu demonstrieren, griff er zu einer List: Er ließ all die Truppen, derer er habhaft werden konnte, über die Champs Elysées marschieren. Gleichzeitig drohte er dem Präsidenten des Stadtrats aus vollem Hals, »dass ich mehrere SS-Regimenter zur Verfügung habe« und »mich vor der Masse der mir verfügbaren Panzer gar nicht retten könne« und »dass ich entschlossen sei, sie im Falle von Unruhen rücksichtslos einzusetzen«.

Der Bluff verfehlte seine Wirkung nicht. Als sich die Résistance-Führung am 17. August in Paris traf, um über den Aufstand zu ent-

»Demütigung der Franzosen« – deutsche Wachparade auf den Champs Elysées

scheiden, entbrannte ein heftiger Streit zwischen Kommunisten und Gaullisten. »Die Kritiker sagten: Wir haben nicht genügend Kräfte, die Deutschen sind viel zu stark, gibt es da nicht ein Ungleichgewicht?«, berichtet Robert Chambeiron. »Manche warnten: ›Es wird furchtbare Zerstörungen geben, lohnt sich das denn?‹ Die Befürworter des Aufstands wiederum erwiderten: Kann man denn von den Franzosen im ganzen Land verlangen, zu kämpfen, und Paris kämpft nicht? Unter dem Vorwand, dass man die Zerstörung von Nôtre Dame riskiert! – Die Mehrheit war für den Aufstand.«

Am Samstag, den 19. August explodierte das Pulverfass Paris. FFI-Chef Henri Rol-Tanguy verkündete den Beginn des Aufstands und rief die Untergrundkämpfer zu den Waffen. Den Anfang machten widerständische französische Polizisten mit dem Sturm auf ihre Präfektur. »Wir waren einige hundert«, erzählt der Polizist Jacques Vallet, »mit Leitern, um durch die Fenster der Polizeipräfektur einsteigen zu können. Aber als man uns kommen sah, da haben sie uns die Tore weit geöffnet.« Die Aufständischen drangen in das Gebäude ein und ersetzten den Vichy-Präfekten durch einen Vertrauten de Gaulles. Wenig später wehte auf dem Dach die Trikolore. Nun versorgten sich die Aufständischen aus dem Depot mit Gewehren, Revolvern und Granaten und deckten deutsche Soldaten, die sich näherten, mit Schüssen ein. Das mächtige Bauwerk gegenüber der Kirche von Nôtre Dame sollte zum Symbol der dramatischen Kämpfe werden.

In der ganzen Stadt besetzten die Kämpfer der FFI in den folgenden Stunden öffentliche Gebäude – Rathäuser, Ämter, Versorgungseinrichtungen – und setzten Gaullisten an die Spitzenpositionen. Die deutschen Soldaten waren zunächst überrascht und verunsichert. Auf den Kampf gegen eine Stadt-Guerilla waren sie nicht vorbereitet. »Die verschanzen sich irgendwo und schießen aus Fenstern oder Dachfenstern«, erzählt Feldwebel Bernhard Blache. »Es gibt nichts Schlimmeres als einen Straßenkampf, wenn Sie von beiden Seiten Feuer kriegen und überhaupt nicht wissen, wo es eigentlich herkommt.« Derweil wurden dieselben Pariser, die noch im April Marschall Pétain zugejubelt hatten, vom Geist der Revolution erfasst. Plötzlich waren hunderte, tausende auf den Straßen, rissen das Pflaster auf, kippten Wagen um, fällten Bäume und schleppten irgendwelche Gegenstände aus ihren Häusern, um Barrikaden und Panzersperren zu errichten. »Eine Kompanie, die

Die Deutschen wurden vollkommen kalt erwischt und überrascht. Und schnell war klar, was das bedeutete: Die Angst wechselte die Seiten.

Maurice Kriegel-Valrimont, Kämpfer der Résistance

»Symbol dramatischer Kämpfe« – Angehörige der Widerstandsbewegung FFI in der Polizeipräfektur

gegen Mittag abrücken wollte, ist gar nicht mehr aus Paris rausgekommen«, berichtet Blache. »Die sind in eine Straßensperre geraten. Dann flogen die Molotowcocktails von oben auf die Fahrzeuge. Die konnten die großen Fahrzeuge auch nicht mehr wenden. Da gab's viele Tote und Verwundete. Die Fahrzeuge sind alle explodiert. Alle verbrannt. Das war ein Chaos.« In den nächsten Stunden begannen die deutschen Verbände, sich in ihren Stützpunkten einzuigeln: unter anderem im Marineministerium am Place de la Concorde, im Hotel Meurice, der Ecole Militaire und im Palais Luxembourg.

Wutschnaubend ging General von Choltitz in seinem Büro auf und ab. »Wenn das so weitergeht, dann muss ich mit Härte durchgreifen«, sagte er zu seinem Besucher, dem schwedischen Generalkonsul Raoul Nordling. Von seinem Fenster im Hotel Meurice hatte von Choltitz einen ausgezeichneten Blick auf die Gärten der Tuilerien, den Louvre, den imposanten Place de la Concorde, die Prachtmeile Champs Elysées und den Triumphbogen. Er blickte auf das Panorama und sagte nachdenklich: »Paris ist eine schöne Stadt.« Dann zeigte er sich verhandlungsbereit. Erst wenige Tage zuvor hatte er dem Ersuchen Nordlings zugestimmt, alle politischen Gefangenen freizulassen. Nun bot er auf Anraten des Konsuls der Résistance eine Art Waffenstillstand an. Noch lautete sein Auftrag lediglich, Paris gegen »Aufstandsbewegung, Terror- und Sabotageakte« zu sichern. Von Choltitz spielte sowohl der Résistance als auch seinen Vorgesetzten gegenüber mit verdeckten Karten. Einerseits wollte er den FFI den Schwarzen Peter zuschieben

»Vom Geist der Revolution erfasst« – Pariser Bürger errichten eine Barikade

und den Anschein erwecken, als läge das Schicksal von Paris in ihrer Hand. Außerdem hoffte er, dass die Frage eines Waffenstillstands die Résistance spalten und ihre Schlagkraft unterminieren würde. Seinen Vorgesetzten gegenüber wollte er den starken Mann markieren, der fest entschlossen sei, die ihm erteilten Aufträge auszuführen.

Doch von Choltitz' Rechnung ging nicht auf. Die Résistance-Führung lehnte ab. »Die Deutschen wollten doch nur vom Waffenstillstand profitieren, damit sie in Ruhe ihre Truppen durch Paris führen konnten«, entrüstet sich Robert Chambeiron noch heute. »Wir wollten wieder die Herren im eigenen Land sein. Das war der eigentliche Sinn des Kampfes.« Nur wenige Stunden schwiegen in Paris die Waffen, dann gingen die Kämpfe mit unverminderter Härte weiter. Die Hoffnung des Stadtkommandanten, Paris könne noch zur offenen Stadt erklärt werden, zerschlug sich, als Hitler am 20. August dem Oberbefehlshaber West befahl, »den Kampf um und in Paris ohne Rücksicht auf die Zerstörung der Stadt zu führen«. Nun konnte von Choltitz nur noch auf militärische Verstärkung hoffen. Die kam dann auch, allerdings nicht in der erhofften Stärke. Angesichts der bedrohlichen Lage der Heeresgruppe B konnte deren Oberbefehlshaber, Feldmarschall Model, lediglich eine Pionier- und Artillerieeinheit sowie eine Sturmschützbrigade mit 20 Kampfwagen nach Paris schicken.

Inzwischen wurde die Situation für die Aufständischen gefährlich. Nach blutigen Kämpfen war es deutschen Truppen gelungen, den Widerstandskämpfern das Rathaus von Neuilly zu entreißen. Auch die Verteidiger der Präfektur saßen in der Falle. Panzer hatten das Gebäude umzingelt. »Es war wie der Kampf David gegen Goliath«, erinnert sich der Polizist Vallet. »Einer von uns schoss mit einem Maschinengewehr auf einen der Panzer. Wir haben gesehen, wie der sein Geschützrohr drehte, aber wir waren 20 Leute in dem Raum und konnten nicht mehr alle durch die Tür raus. So habe ich mich hinter der Heizung versteckt und mir einen Sessel über den Kopf gestülpt. Die Panzergranate ist genau in die Decke über mir eingeschlagen.« Allmählich wurde die Munition knapp, die Verzweiflung wuchs. Ein Verteidiger in der Präfektur schickte telefonisch einen Hilferuf an die Zentrale der Résistance. »Er sagte, die Deutschen stehen vor der Tür und schießen auf uns, die Lage ist kritisch, wenn es noch schlimmer wird, können wir uns nicht mehr wehren«, berichtet Jean Morin. »Wenn das so weitergeht, ist das jetzt vielleicht das letzte Mal, dass ich mit Ihnen spreche.«

Die Aufständischen beherrschten zwar das Straßenbild und sorgten für erhebliche Unruhen, auf Dauer jedoch konnten 20 000 schlecht bewaffnete Untergrundkämpfer, 600 Barrikaden und auch tausende motivierter Zivilisten gegen die militärisch überlegenen Deutschen nichts ausrichten. Diese hatten sich in ihren zu Festungen umgebauten Stützpunkten verschanzt und waren für die FFI-Kämpfer dadurch nahezu unangreifbar. Zudem war die Reaktion der Deutschen unberechenbar, man fürchtete blutige Vergeltungsmaßnahmen. Genährt wurden diese Befürchtungen durch eine hohe Rauchwolke, die aus dem stattlichen Grand Palais aufstieg und über der Stadt waberte. Schon zu Beginn des Aufstands hatte ein Sprengpanzer das Gebäude gerammt und die dort verschanzten Résistance-Anhänger zum Aufgeben gezwungen. Beängstigende Gerüchte machten daher von Anfang an die Runde. »Eine ältere, sichtlich übermüdete Frau, die ihr Fahrrad vor sich herschob, rief uns zu: ›Beim ersten Schuss bombardieren die Deutschen Paris, die Kanonen sind aufgefahren. Bitte weitersagen‹«, erinnerte sich die Schriftstellerin Simone de Beauvoir.

Alle Hoffnungen auf Hilfe konzentrierten sich nun auf die herannahenden Alliierten. Am 19. August hatten die Amerikaner bei La Roche-Guyon, nur 75 Kilometer vor Paris, das Hauptquartier der Heeresgruppe B erreicht und verfolgten nun den angeschlagenen Gegner über die Seine. Zu diesem Zeitpunkt war die Division des französischen Generals Leclerc, unter amerikanischem Oberkommando, bis in die Region von Argentan vorgedrungen. Die französischen Soldaten waren

»Brennt Paris?« – immer wieder standen Rauchwolken über der Stadt

Deutsche Heckenschützen feuern an der Place de la Concorde auf französische Zivilisten

Die Angst packte mich wieder. Warum kamen die alliierten Truppen noch immer nicht? Würden die Deutschen Paris nicht doch noch bombardieren? Was würde morgen sein?

Simone de Beauvoir,
»In den besten Jahren«

Man hat mir eine Karte gegeben, die ich noch am gleichen Abend General Leclerc gezeigt habe. Diese Karte wies die geplanten Truppenbewegungen der Amerikaner auf. Demnach mieden sie Paris und stießen auf der einen Seite die Küste entlang nach Anvers und Belgien vor. Die andere Stoßrichtung führte südlich von Paris nach Strasbourg. Man sah also ganz deutlich auf dieser Karte, dass sämtliche Bewegungen, Kämpfe und Manöver darauf hinzielten, Paris zu umgehen.

Jean Compagnon,
Offizier der
Armee Leclerc

in fiebriger Vorfreude auf ihren Einmarsch in Paris: »Die Aussicht, die Hauptstadt Frankreichs zu befreien, war für uns ein unglaublicher Glücksfall«, erinnert sich Soldat Marcel Christen mit leuchtenden Augen. »Wir waren sehr ungeduldig, nach Paris zu kommen, und hätten alles getan, um als Erste da zu sein.«

Doch plötzlich erhielt General Leclerc das Signal zum Halten. Zu seinem Entsetzen erfuhr er: Paris sollte gar nicht befreit werden! Zumindest noch nicht. Die alliierten Streitkräfte betrachteten Paris als lästiges Hindernis auf ihrem Weg an den Rhein. Kämpfe in den Straßen von Paris würden zu viele Kräfte binden und zu hohen Verlusten führen, so lautete die Befürchtung. Zudem hätten die Amerikaner anschließend die Pflicht, die schon fast ausgehungerte Stadt mit Lebensmitteln und Treibstoff zu versorgen, die sie dringend für einen schnellen Vormarsch benötigten. »Wir wollten auf keinen Fall in Paris kämpfen«, erinnert sich Chet Hansen, der im Stab von US-General Bradley war. »Straßenkämpfe sind eine hässliche Angelegenheit. Ich glaube, dass weder die Deutschen noch die Amerikaner diese wunderschönen Gebäude von Paris zerstört sehen wollten.« Der Plan war, Paris nördlich und südlich zu umgehen und frühestens im Oktober, vielleicht sogar erst Weihnachten zu befreien.

Verzweifelt schickte die Pariser Résistance-Führung Boten hinter die feindlichen Linien, um die alliierten Truppen zum Einmarsch nach Paris zu bewegen. Auch de Gaulle forderte am 21. August indigniert den alliierten Oberbefehlshaber Eisenhower auf, Truppen nach Paris zu schicken, allen voran die Division Leclerc. Frankreichs selbst ernannter Staatschef drohte sogar, »die Angelegenheit sei von so großer nationaler Bedeutung«, dass er andernfalls »auf eigene Faust handeln und selber mit der 2. Panzerdivision nach Paris rollen würde«. Leclerc war des Wartens überdrüssig und schickte am darauf folgenden Tag entgegen der Befehle seiner US-Vorgesetzten ein Vorkommando nach Paris. Schließlich gaben die Amerikaner, der französisch-amerikanischen Freundschaft zuliebe, nach. »Wie es scheint, sind wir gezwungen, in Paris einzumarschieren«,

»Ungeduldig, nach Paris zu kommen« – General Philippe Leclerc (vorn links)

meinte Eisenhower am 22. August. Obwohl die Amerikaner zu diesem Zeitpunkt näher an der französischen Hauptstadt standen, ließen sie den Franzosen beim Einzug in Paris den Vortritt.

Derweil war von Choltitz weiterhin bemüht, eine Eskalation zu vermeiden. Dabei wollte er unter keinen Umständen den Anschein erwecken, er befolge Hitlers Befehle nicht. Im Grunde vollführte der Kommandant einen Seiltanz: Zum einen musste er die Folgen jeglicher Befehle auf die Lage in Paris einkalkulieren, zum anderen ging es ihm um das Schicksal seiner Truppen, seiner eigenen Person und letztlich seiner Familie. Über seiner Frau und seinen drei Kindern schwebte das Damoklesschwert der »Sippenhaft«, sollte sich der Stadtkommandant in Hitlers Augen einer Verfehlung schuldig machen. Bereits am 15. August war aus dem Führerhauptquartier der Befehl eingegangen, sämtliche Brücken von Paris zu zerstören. Ein eilends entsandtes Pionierbataillon brachte zwar Sprengladungen an, doch von Choltitz zögerte die Sprengung immer wieder hinaus. Als die Wehrmachtsführung am 21. August nachfragte, ob der Auftrag ausgeführt worden sei, meldete er zurück, er sei dazu nicht in der Lage, außerdem würde ein solches Unternehmen nur die »Bevölkerung in das feindliche Lager treiben«. Im Nachhinein schrieb er, er habe einerseits die Straßen für zurückmarschierende Truppen offen halten, andererseits aber auch »die Zivilbevölkerung und ihre wundervolle Stadt« schonen wollen.

Es steht außer Frage, dass er den weichen Weg suchte und die Schonung von Menschenleben zu seinem ersten Gebot machte.

Dankwart Graf von Arnim über von Choltitz

»Gezwungen, nach Paris zu marschieren« – General Eisenhower (rechts) gab de Gaulles Drängen nach, Truppen in die französische Hauptstadt zu schicken

Am 23. August erhielt dann von Choltitz über das Oberkommando der Wehrmacht einen von Hitler unterschriebenen Befehl, der ihm den Atem verschlug. Wieder drängte der oberste Kriegsherr darauf, Paris um jeden Preis zu halten. Bei »ersten Anzeichen von Aufruhr« solle mit »schärfsten Mitteln« wie der »Sprengung von Häuserblocks, öffentlichen Exekutierungen« geantwortet werden, hetzte der Diktator. »Die Seinebrücken sind zur Sprengung vorzubereiten. Paris darf nicht oder nur als Trümmerfeld in die Hand des Feindes fallen.« Von Choltitz schreibt im Nachhinein, er habe sich geschämt, als er diesen

Befehl las. Zum einen habe er ihn unter militärischen Gesichtspunkten für unsachlich gehalten, da ihm keine nennenswerten Truppen zur Verfügung gestanden hätten. Zum anderen sei ihm nochmals der Wahnsinn seines »Führers« bewusst geworden. Von Choltitz telefonierte mit dem Chef des Stabes der Heeresgruppe in Frankreich, Generalleutnant Speidel, mit dem sich laut von Choltitz folgendes Gespräch entspann: »›Vielen Dank für den schönen Befehl.‹ – ›Welchen Befehl, Herr General?‹ – ›Nun, den Trümmerfeld-Befehl. Ich darf Ihnen sagen, was ich angeordnet habe. Ich habe drei Tonnen Sprengstoff in die Nôtre Dame bringen lassen, zwei Tonnen in den Invalidendom, eine Tonne in die Deputiertenkammer. Ich bin gerade dabei, den Arc de Triomphe zu sprengen wegen des Schussfeldes.‹ Ich höre Speidel am anderen Ende der Leitung tief einatmen. ›Es ist Ihnen doch hoffentlich recht, lieber Speidel?‹ Speidel erwiderte zögernd: ›Ja-jawohl, Herr General ...‹ – ›Ja, Sie haben es doch befohlen!‹ Darauf die empörte Gegenrede Speidels: ›Das haben wir nicht befohlen, das hat der Führer befohlen!‹ Mir wird ganz rot vor den Augen und ich schreie ins Telefon: ›Erlauben Sie mir bitte, Sie haben den Befehl weitergegeben und vor der Geschichte tragen Sie die Verantwortung!‹ Ich lasse mich auf keine Kontroversen ein und fahre fort: ›Ich will Ihnen weiter sagen, was ich veranlasst habe. Die Madeleine und die Oper nehmen wir zusammen dran.‹ Und dann sticht mich der Hafer und ich sage: ›Und den Eiffelturm sprenge ich so, dass er als Drahthindernis vor den zerstörten Brücken liegt.‹ Da ist nun Speidel klar, dass das Gespräch nicht ganz ernst gemeint ist.«
Der Stadtkommandant befolgte Hitlers Sprengbefehl nicht. Lediglich die Fernmeldezentrale in der Rue Saint-Amand, in der die Leitungen sämtlicher Dienststellen in Westfrankreich zusammenliefen, wurde am 24. August in die Luft gejagt. Bernhard Blache hatte auf Befehl auch die Ortsvermittlung in der Nähe des Invalidendoms vermint, war aber sehr erleichtert, als die Aktion abgeblasen wurde. »Da wäre wahrscheinlich der ganze Invalidendom mit hochgegangen.« Die Chance, Paris doch noch zu verlassen und im Osten der Stadt eine neue Verteidigungslinie aufzubauen, war mit dem »Trümmerfeldbefehl« endgültig vertan. Von Choltitz blieb nichts anderes übrig, als bis zum bitteren Ende auf seinem Posten auszuharren. Für den »Helden von Sewastopol« war dies eine Frage der Ehre. Er setzte es sich zum Ziel, zumindest so lange zu kämpfen, bis reguläre Truppen die Stadt erreicht hatten. Zu diesem Zweck entsandte er sogar eine Delegation zu de Gaulle, die nach dessen Erinnerung die Aufgabe hatte, »das amerikanische Oberkommando zum raschen Eingreifen regulärer Truppen zu bewegen«. Auf keinen

Fall wollte sich von Choltitz in die Hände der FFI begeben. Er befürchtete, dass sich der geballte Volkszorn gegen seine Männer entladen würde. Wie sich herausstellen sollte, war die Sorge berechtigt.

Die Aufständischen in der Polizeipräfektur hatten schon fast jede Hoffnung verloren, als sie die Motoren eines einzelnen Flugzeugs hörten, das über der Stadt kreiste. Dann flatterten auf einmal Flugblätter zu Boden. »Haltet durch, wir kommen!« Es war eine Nachricht von General Leclerc. Jubelnde Franzosen säumten den Weg der Division, umringten die Panzer und küssten die Soldaten. Kritisch bemerkten die Amerikaner, sie wollten nicht warten, bis die Franzosen nach Paris »getanzt« seien. Marcus Dillard, Soldat der 4. US-Infanterie-Division, die auch nach Paris marschierte, sagte abschätzig: »Dauernd hielten sie an, ließen sich umarmen und küssen, tranken Wein oder telefonierten mit ihren Freunden in Paris: ›Hallo wir kommen.‹ So kämpft man doch nicht.« Am 24. August begann der Angriff von zwei alliierten Divisionen auf den äußeren Sperrgürtel der Stadt. Leclerc stieß dabei wider Erwarten auf heftigen deutschen Widerstand. In den folgenden Tagen verlor die 2. Französische Panzerdivision 35 Kampfpanzer und über 100 Kraftfahrzeuge, 300 Soldaten starben.

Das werfe ich de Gaulle vor, dass er in seiner großen Rede am Hôtel de Ville, August 1944, gesagt hat: »Paris hat sich allein befreit mit der Unterstützung des französischen Volkes.« Aber dass es zur selben Zeit Amerikaner und Briten in Frankreich gegeben hat, hat er verschwiegen.

Alfred Grosser

Am Abend des 24. August 1944 drang die Vorausabteilung der Division Leclerc von Süden her in das Herz von Paris vor. Dicht hinter ihnen folgten die Amerikaner. Die Aufständischen in der Polizeipräfektur waren gerettet. »Das war wirklich ein unvergesslicher Augenblick«, erinnert sich der Polizist Jacques Vallet. »Ich habe geweint, wir alle haben geweint.« An diesem Abend kam von Choltitz mit seinem engeren Stab im Vorzimmer seiner Sekretärin zu einem Glas Champagner zusammen, als mit einem Mal in der warmen Pariser Augustnacht die Glocken ertönten. Er telefonierte mit der Heeresgruppe und verabschiedete sich mit den Worten: »Dies wird wohl mein letzter Anruf sein.«

Derweil wurde rund um die deutschen Stützpunkte erbittert gekämpft. Bernhard Blache hatte sich kurz vor dem Einmarsch der Alliierten zur mächtigen Ecole Militaire, der Militärschule am Marsfeld, durchgeschlagen. »Da war der Major Müller, der hat uns gleich eingeteilt zur Verteidigung des Gebäudes. Was völlig sinnlos war. Ich hatte lediglich einen Karabiner, zwei Handgranaten und eine Pistole. Er hat gebrüllt: ›Laut Führerbefehl werden wir uns verteidigen bis

»Nach Paris getanzt« – Einwohner der Seinemetropole begrüßen die ersten französischen Panzer

zum letzten Blutstropfen!‹ Das war lächerlich«, erinnert sich Blache. Am Morgen des 25. August schlugen mit einem Mal Granaten in das Gebäude ein, zwei Panzerspähwagen zerschossen mit ihren Kanonen das Eingangstor. Daraufhin fuhr mindestens ein Dutzend Panzer auf. »Dann hieß es auf einmal ›Feuer einstellen!‹« Blache ließ seine Waffen fallen und trat mit erhobenen Händen hinaus auf die Straße. »Da war so ein großer Soldat, der schoss dauernd mit der Pistole in die Luft und schrie ›Hitler kaputt, Hitler kaputt‹. Auf dem Platz vor der Ecole Militaire hatte sich eine Menschenmenge angesammelt. Die Glocken läuteten und alle grölten. Wir wurden zusammengetrieben, es waren auch viele von den FFI-Leuten dabei. Die meisten von ihnen hatten Pistolen oder Maschinengewehre in der Hand. Da wusste ich, was auf uns zukommt. Als sie anfingen rumzuknallen, habe ich mich sofort hingeworfen und tot gestellt. Ich hörte die Schreie der Verwundeten und immer wieder ›bumm, bumm‹, Pistolenschüsse. Dann gingen sie von einem zum anderen und verpassten ihnen Kopfschüsse.« Bernhard Blache wurde ins Bein getroffen, als er plötzlich von Rotkreuzhelfern gepackt und in Sicherheit gebracht wurde. »Jedem Pariser seinen Boche!«, hatte die Zeitung *Humanité* in riesigen Schlagzeilen die sowieso schon aufgeheizte Stimmung ge-

»Aufgeheizte Stimmung« – viele Wehrmachtssoldaten bekamen den aufgestauten Hass der Franzosen zu spüren

schürt. In den ersten Stunden nach der Befreiung kam es tatsächlich zu zahlreichen Übergriffen, vereinzelt auch zu Exekutionen von Gefangenen. Die Regel waren sie allerdings nicht.

Gegen Mittag des 25. August war das Hotel Meurice nicht mehr zu halten. »Panzer beschossen das Hotel und setzten die Führungsfahrzeuge, die in den Bogengängen standen, in Brand. Als Infanterie folgten die Kämpfer des Widerstands den Panzern. Das Hotel füllte sich mit Rauch«, erinnert sich von Choltitz. Kurz darauf ergab er sich den hereinstürmenden französischen Truppen. Am Nachmittag unterzeichnete der Stadtkommandant von Groß-Paris in der Polizeipräfektur die Übergabe. Zusammen mit General Leclerc setzte auch der Résistance-Chef Rol-Tanguy seinen Namen unter die Kapitulationserklärung, womit – sehr zum Ärger de Gaulles – die Rolle der kommunistischen Partisanen bei der Befreiung dokumentiert wurde. Zur gleichen Zeit, als längst alles zu spät war, ging in Frankreich ein irrsinniger Befehl aus der Wolfsschanze ein: »Sturmmörser und Sturmpanzer« sollten den »Aufstandsherd« einengen, und die aufständischen Stadtteile sollten unter Einsatz der Luftwaffe, sprich dem »Abwurf von Spreng- und Brand-Munition vernichtet« werden. Vor Wut schäumend soll Hitler im fernen Rastenburg gefragt haben: »Brennt Paris?« Sein Befehl wurde zum Glück ignoriert.

»Hitlers Zerstörungsbefehl missachtet« – von Choltitz unterzeichnet den Waffenstillstand

»Ein großartiges Gefühl« – die begeisterte Pariser Bevölkerung nach der Befreiung der Stadt

Von Choltitz wurde in einem Panzerspähwagen mitten durch Paris zu Leclercs Hauptquartier im Bahnhof Montparnasse gefahren, wo auch de Gaulle inzwischen eingetroffen war. Die Menschen tobten vor Begeisterung, als sie ihn erkannten. Von Choltitz fühlte sich von der johlenden Menge bedrängt und berichtet, der Wagen sei von Heckenschützen beschossen worden. Er erlitt in der Aufregung einen Herzanfall. Erschöpft entwarf der Kommandant in Montparnasse schließlich den Befehl an seine Truppen, den Widerstand einzustellen. 12 000 deutsche Soldaten – unter ihnen Dietrich von Choltitz – wurden Kriegsgefangene. Der Kampf um Paris war zu Ende.

Unter tosendem Beifall hielt de Gaulle vom ersten Stock des Rathauses eine Rede, die den Mythos begründete, Paris habe sich selbst vom Nazi-Joch befreit: »Paris gedemütigt, Paris gebrochen, Paris gemartert, aber Paris befreit! Befreit durch sich selbst, befreit durch sein Volk, mit der Hilfe ganz Frankreichs, will sagen: des wahren Frankreichs, des ewigen Frankreichs!« Die Rolle der Alliierten bei der Befreiung erwähnte er geflissentlich nicht. Tags darauf zog er unter dem Jubel einer riesigen Menschenmenge über die Champs Elysées. »Ah, ein Meer!«, schreibt de Gaulle. »In allen Fenstern dicht gedrängte Gruppen, umgeben von Fahnen ... So weit mein Auge reicht: eine einzige brandende Menge,

»Paris ist befreit« – General de Gaulle schreitet seine Truppenverbände ab

in der Sonne, unter der Trikolore.« Für den ehrgeizigen General war es der Tag seines Triumphs. Sein Machtanspruch war in den Augen der Franzosen und der ganzen Welt endgültig bestätigt.

Doch der Tag des großen Triumphs war zugleich die Stunde der Vergeltung. Nach all den Verhaftungen, Deportationen, Folterungen, Erschießungen und Repressalien war die Stimmung in Frankreich hochexplosiv. Es begann eine der blutigsten Säuberungsaktionen der französischen Geschichte. Überall im Land kam es zu spontanen Racheakten. Sowohl notorische Kollaborateure als auch Staatsbeamte – vom obersten Präfekten bis zum einfachen Polizisten – wurden von der Menge aufgegriffen. Einige der Verhafteten wurden von der Menge gelyncht, andere standrechtlich erschossen. Für viele bedeuteten schon Denunziationen oder Verwechslungen das Todesurteil. Die Gesamtbilanz der »Epuration«, der französischen Form der Entnazifizierung, schwankt zwischen 4000 und 100 000 Todesopfern. Spontan zusammengestellte Volksgerichte verhängten über 100 000 Urteile, die auf Hinrichtung, Gefängnis oder die Aberkennung von bürgerlichen Rechten lauteten. Erst Monate später sollte es der Regierung schließlich gelingen, diesen Zustand der Rechtsunsicherheit zu beenden.

Besonders abstoßend war die Abrechnung mit den Frauen, denen Beziehungen mit deutschen Soldaten nachgesagt wurden. Mit kahl geschorenem Kopf, manchmal splitternackt, mit aufgemalten oder eingebrannten Hakenkreuzen wurden Tausende durch die Straßen getrieben und dem öffentlichen Hohn und Spott preisgegeben. »Verabscheuungswürdige Akte von mittelalterlichem Sadimus«, nannte der Philosoph Jean-Paul Sartre die Abstrafungsrituale. In manchen Fällen wurden den Frauen Verrat oder Denunziationen zur Last gelegt. Indem man die Wehrlosen der »horizontalen Kollaboration« beschuldigte und an den Pranger stellte, wurde vielfach freilich eher von der eigenen Feigheit während der Naziherrschaft abgelenkt. Madeleine war 19 Jahre alt, als sie sich in Aix-les-Bains in den deutschen Soldaten Siegfried Wolf verliebte. Die beiden wurden ein Paar. Trotz Krieg und Besatzung genoss Madeleine ihr Liebesglück. Als sie schwanger wurde, machte sich Siegfried Sorgen: »Wir werden den Krieg verlieren, ich werde in Gefangenschaft gehen, was wird dann aus dir?« Aber Madeleine blickte hoffnungsvoll in die Zukunft. Doch als man sie nach der Befreiung im harmlosen Gespräch mit einigen deutschen Soldaten erblickte, wurde sie verhaftet und vor das Rathaus des nächsten Ortes geschleift. Unter Schlägen wurde sie eine Treppe hinaufgeführt und auf einen

»Mittelalterlicher Sadismus« – der Volkszorn tobte sich vor allem an Frauen aus, die sich mit deutschen Männern eingelassen hatten

Stuhl gesetzt. Auf dem Platz unter ihr johlte die versammelte Bevölkerung. »Sie standen da, mit vor Hass verzerrten Gesichtern, grölten und überhäuften mich mit wüsten Beschimpfungen. Dann haben sie uns geschoren. Ich hatte lange braune Haare. Ich sah, wie sie nach und nach fielen. Als sie mich zu Ende geschoren hatten, nahm einer eine Hand voll meiner Haare und warf sie mir ins Gesicht. Er sagte: Da, nimm, ein Souvenir!« Die Demütigung von damals quält Madeleine noch heute. Und ein ungewisses Schuldgefühl, das sie nicht loslässt. »Ich war im dritten Monat schwanger mit Elisabeth. Ich habe mir gesagt: Na gut, du warst mit Siegfried Wolf zusammen. Immerhin bist du Französin, vielleicht hast du falsch gehandelt. Heute musst du dafür bezahlen.« Nach dieser Misshandlung verließ Madeleine voll Scham mit einer Perücke auf dem Kopf ihr Elternhaus. Sie brachte ihr Kind allein zur Welt. Als Siegfried aus der Gefangenschaft entlassen wurde, fuhr Madeleine zu ihm nach Deutschland. Die beiden heirateten. Als die Ehe einige Jahre später scheiterte, kehrte Madeleine nach Frankreich zurück.

Auch für Philippe Kohn war die Befreiung kein Tag ungetrübter Freude. In Drancy durften 1386 Internierte die Befreiung des Lagers erleben. »Für uns kam sie einige Tage zu spät«, sagt Philippe Kohn. Die Familie Kohn fuhr am 17. August mit dem letzten Deportationszug aus Drancy ab. In den frühen Morgenstunden des 20. August 1944 zwängten sich Philippe und seine Schwester Rose-Marie durch die Fenster-

»Die Befreiung kam zu spät« – Antoinette, Philippe, Rose-Marie und Georges-André Kohn (von rechts)

öffnung und sprangen zusammen mit 25 weiteren Häftlingen vom fahrenden Zug. Der Rest der Familie blieb zurück. »In diesem Moment erfasste mich eine große Trauer«, erzählt Philippe Kohn. »Ich sah den Waggon wegfahren. Mir graut noch heute, wenn ich die roten Rücklichter eines Zuges sehe, denn in dieser Nacht fuhr der Zug mit meiner gesamten Familie davon, es war die Trennung auf ewig. Denn ich wusste, dass ich sie niemals wiedersehen würde.« Philippes Mutter und seine Schwester Antoinette kamen im KZ Bergen-Belsen ums Leben, die Großmutter starb in Auschwitz. Den Jüngsten, Georges-André, erwartete ein besonders grausames Schicksal. Der 12-Jährige kam zunächst nach Auschwitz, wurde aber dann zusammen mit anderen Kindern in das KZ Neuengamme nach Hamburg gebracht. Dort wurde er mit Tuberkulose-Experimenten gequält, bis er sich vor Schwäche nicht mehr auf den Beinen halten konnte. Am 20. April 1945, kurz bevor die Engländer Hamburg befreiten, wurden die 20 Kinder im Keller eines Schulgebäudes erst betäubt und anschließend erhängt. Nur der Vater, Armand Kohn, kehrte nach Ende des Krieges aus Buchenwald nach Paris zurück.

Wir in Drancy wussten, dass die alliierten Truppen vorrückten, dass die Befreiung nah war. Deshalb waren wir bestürzt, als unsere Familie für die Deportation auserkoren wurde. Mein kleiner Bruder weinte, meine Schwestern waren sehr traurig. Für uns war es ein fürchterlicher Leidensweg, eine sehr große Enttäuschung, ein Drama.

Philippe Kohn

So mischten sich Leid und Trauer, Wut und Hass unter den Jubel über die Befreiung. Doch die positiven Erinnerungen überwiegen. »Wir haben uns angesehen, ohne ein Wort zu sagen. Aber nach alldem, was wir durchgestanden hatten, stand in unseren Augen klar geschrieben: Es hätte sich gelohnt, hierfür zu sterben. Das war großartig«, sagt Kriegel-Valrimont. »Es war der schönste Tag meines Lebens«, erinnert sich der deutsche Emigrant Peter Gingold mit leuchtenden Augen. »Das Gefühl, selbst für die Befreiung gekämpft zu haben, war großartig. Das war eine Erfahrung, die das deutsche Volk eben nicht hatte.«

»Ein militärisches Ziel« – das durch Bomben zerstörte Benediktinerkloster Monte Cassino

Die Hölle von Monte Cassino

Ende 1943 kam der alliierte Vormarsch im südlichen Italien zum Stoppen. Zentraler Bestandteil des deutschen Verteidigungskonzepts war der Monte Cassino, auf dessen Gipfel sich ein Benediktinerkloster befand. Am 15. Februar 1944 griffen amerikanische Flugzeuge die Abtei an. Es war das schwerste und umstrittenste Bombardement auf ein einzelnes Gebäude während des Zweiten Weltkriegs.

Die Hölle von Monte Cassino

Am 15. Februar 1944, früh um 5.30 Uhr, brannten in der Krypta des Benediktinerklosters Monte Cassino die Kerzen, wie an jedem Morgen. Und wie gewohnt versammelten sich die Mönche zum Stundengebet. So wie die Regel des Heiligen Benedikt es vorsah. Im Jahr 529 hatte der Ordensvater hier den Grundstein für eine Abtei gelegt und damit wurde zugleich ein neues Kapitel der Kirchengeschichte aufgeschlagen. Monte Cassino, auf dem Gipfel des gleichnamigen Berges 140 Kilometer südlich vor den Toren Roms, wurde zu einer der wichtigsten Kulturstätten des Abendlandes.

Auch an diesem Tag klang das Gebet wie der Ruf aus einer fremden Welt. Denn um die imposante Anlage mit der Basilika und den fünf Klostergebäuden tobte schon seit Wochen eine mörderische Schlacht. »Da oben herrscht Frieden und hier unten ist Krieg«, so dachten damals viele Soldaten. Auch Helmut Rönnefarth, der seinerzeit deutscher Bataillonskommandeur an der Cassino-Front war.

Rönnefahrt und seine Kameraden wussten ganz genau, dass sie eine der wichtigsten strategischen Positionen auf dem italienischen

»Mutter aller Klöster« – Monte Cassino war eines der geistigen Zentren des Abendlands

»Dann kam der Krieg immer näher« – italienische Zivilisten fliehen aus Cassino

Kriegsschauplatz zu halten hatten. Denn die Schlacht um den Monte Cassino war gleich bedeutend mit dem Kampf um Rom. Das Liri-Tal am Fuße des Klosterbergs war die Pforte zur italienischen Hauptstadt. Hier entlang verlief die einzige breite Straße in Richtung Nordwesten. Deutschen Soldaten war es gelungen, seit Oktober 1943 ihre Stellungen in diesem Gebiet zur wichtigsten Bastion gegen die Westalliierten auszubauen, die von Süden her anrückten.

Die Abtei Monte Cassino durfte von keinem Angehörigen der Wehrmacht betreten werden. Albert Kesselring, der deutsche Oberbefehlshaber in Italien, hatte im Dezember 1943 ausdrücklich verboten, das Benediktinerkloster mit in die Verteidigungsstellungen einzubeziehen. Ebenso hatten die Alliierten dem Vatikan zugesichert, dass die Abtei unbehelligt bleibe, wenn sie nicht vom Gegner militärisch genutzt werde.

In der Abtei befanden sich an jenem 15. Februar der Abt und elf Mönche. 70 Benediktiner hatten den heiligen Berg zu diesem Zeitpunkt bereits verlassen. Stattdessen hatten dort etwa 800 Flüchtlinge aus der näheren Umgebung – Frauen, Alte und Kinder – Zuflucht gefunden, sie waren im festen Glauben, die heilige Stätte biete Schutz vor dem erbarmungslosen Krieg.

Doch dann kam jener Schicksalstag. An diesem Morgen des 15. Februar – zeitgleich zum Stundengebet der Mönche – wurde 150 Kilometer östlich von Monte Cassino ein folgenschwerer Befehl ausgegeben. Piloten des 96. US-Bomber-Geschwaders, in einer Höhle nahe der Stadt Foggia, erhielten den Auftrag für einen größeren Luftangriff in der Nähe. Das Angriffsziel sei ein riesiges altes Kloster. Die Deutschen hätten es »zur Schlüsselstellung gemacht und mit schweren Geschützen bestückt«. In den vergangenen Tagen seien, so wurde gesagt, »über 2000 amerikanische Jungs« wegen dieser heiligen Stätte gestorben. Sie müsse zerstört werden, »mit allem, was darin ist«, denn es seien »nur Deutsche«, die sich dort verschanzen würden.

»Stellung halten um jeden Preis« – deutsche Fallschirmjäger bei Monte Cassino

Entsprachen diese Informationen den Tatsachen? War Monte Cassino am Ende doch von der Wehrmacht besetzt worden? Waren etwa alle Versprechen, die Abtei zu schonen, einfach ignoriert und beiseite geschoben worden? Solche Fragen stellten sich die Piloten jedoch nicht. »Man hatte zu uns gesagt, Monte Cassino sei ein Stützpunkt von den Deutschen, also war es ein militärisches Ziel«, erinnert sich Bradford Evans, der den Einsatz an diesem Tag leitete.

Die US-Luftwaffe sollte den Bodentruppen vor Ort aus der Klemme helfen. Schon seit drei Wochen hatten unter anderem französische, britische und US-Einheiten versucht, die Höhen nahe der Ortschaft Cassino zu stürmen. Tausende von Soldaten waren dabei ums Leben gekommen. Nun sollten die 12. und die 15. US-Luftflotte das imposante Bauwerk auf dem Gipfel des 520 Meter hohen Monte Cassino mitsamt den deutschen Stellungen in seiner Umgebung ausradieren.

Die Bomber aus Foggia taten sich mit Geschwadern zusammen, die von Sizilien und aus Nordafrika angeflogen kamen. Die Sicht war klar, die winterlichen Stürme der vergangenen Tage hatten sich endlich gelegt. Zunächst nahm eine Armada aus 144 »Fliegenden Festungen« vom Typ B-17 Kurs auf den heiligen Berg. Kurz vor 9.30 Uhr erreichten die Bomber das Liri-Tal. Zeitzeugen berichten, wie der »Himmel mit einem Mal vollkommen schwarz wurde – Flugzeuge kamen, so viele, dass sie das Licht der Sonne verdunkelten«. Die Mönche in der Krypta hatten gerade mit dem dritten Stundengebet begonnen, andächtig hörten ihnen die Flüchtlinge zu. Noch übertönten die gregorianischen Choräle die Geräusche, die draußen immer deutlicher zu vernehmen waren: das laute Brummen der Flugzeugmotoren.

Um Punkt 9.30 Uhr entriegelten die Flugzeugbesatzungen die Bombenschächte. Aus fünf Kilometern Höhe beobachtete der »Leadbomber«-Pilot Bradford Evans, wie die tödliche Fracht in die Tiefe stürzte. Er konnte zu diesem Zeitpunkt nicht ahnen, dass sich viele Zivilisten in dem Klosterkomplex befanden. Das hatte man ihm nicht mitgeteilt.

Wir sahen, wie die Bomben trafen, und konnten nur noch den schwarzen Rauch erkennen. Es war eine fürchterliche Zerstörung von Kunst, Kultur und Religion. Aber mit der Mentalität von Soldaten empfanden wir das als eine große Show.

Morris Courrington, US-Soldat

Pro nobis Christum exora, Bitte für uns bei Christus: Diese Worte hallten durch die Gewölbe der Krypta, als die ersten Spreng- und Brandbomben in dem alten Gemäuer einschlugen. Die Bomber, die in zwei Wellen kamen, trafen die Abtei mit erstaunlicher Genauigkeit. Niemals zuvor oder danach griff eine so große Luftstreitmacht im Zweiten Weltkrieg ein einzelnes Bauwerk an. Ungefähr 600 Tonnen Spreng- und Brandbomben verwandelten in den kommenden Stunden das älteste abendländische Kloster in einen Trümmerhaufen. Dabei starben an die 250 Zivilisten. Kein einziger deutscher Soldat wurde verwundet.

Was war geschehen? Die NS-Propaganda gab sich entrüstet, sprach von einem Beispiel wahlloser Zerstörungswut und Kulturlosigkeit der Alliierten. Die Westmächte beharrten darauf, das Kloster sei eine

»Plötzlich war der Himmel schwarz« – das Kloster wird bombardiert

militärische Stellung gewesen. Eines stand aber fest: Wer auch immer für die Bombardierung der Abtei verantwortlich war, er würde sich vor der Welt zu rechtfertigen haben. Und so blieb das Thema auch nach Ende des Krieges jahrzehntelang umstritten.

Monte Cassino war die Wiege monastischer Kultur in Europa, die bedeutendste Abtei des Abendlands. Von hier aus ging der Leitspruch des Ordensgründers »ora et labora«, »bete und arbeite«, um die Welt. Es ist der Hort von beeindruckenden Kulturschätze, ein architektonisches Monument der Weltkultur, reich an Gemälden und Kunstwerken, mit einer einzigartigen historischen Bibliothek. Dreimal war das Benediktinerkloster bereits zerstört worden: 581 von den Langobarden, 884 von den Sarazenen, 1349 durch ein Erdbeben. Dreimal war das Kloster wieder errichtet worden. Doch der Legende nach soll der Heilige Benedikt auch eine vierte Zerstörung prophezeit haben. Die

Das Kloster lag auf dem Berg. Aber nach dem Bombenangriff war der Berg immer noch da. Man hatte nichts gewonnen. Die deutschen Truppen konnten das Tal immer noch beobachten.

Alfred Dietrick,
US-Soldat

Verwüstung am 15. Februar 1944 war schlimmer als alles, was die Abtei zuvor erlitten hatte. Bis auf die frühmittelalterliche Krypta war das Kloster bis auf die Grundmauern zerstört. Bestürzt nahm man diesen

»Dem Kriegsgeschehen zum Opfer gefallen« – Torbogen im zerstörten Monte Cassino

ausserordentlichen Verlust auf: »Monte Cassino hatte das Pax-Wappen. Und nun war dieses Kloster, das dem Frieden besonders zugewandt war, auf völlig unsinnige Weise dem Kriegsgeschehen zum Opfer gefallen – das war eine bittere Erfahrung«, konstatiert Augustin Kardinal Mayer, der als Benediktinerpater das Werk der Vernichtung von Rom aus mitverfolgt hatte. Viele Fragen bewegten damals die Menschen: Was hatte die Alliierten bewogen, diesen Schritt zu tun? Wer gab den Befehl zur Zerstörung? Welche Rolle spielte das Kloster tatsächlich in der deutschen Verteidigung? Wurde es möglicherweise doch für Kriegszwecke missbraucht?

Die Zerstörung von Monte Cassino war eine Folge der Verzweiflung: Die Alliierten konnten sich fünf Monate lang nicht bewegen. Dann griffen Alexander und Churchill ein und gaben den Befehl, das Kloster zu zerstören.

Bernardo D'Onorio, heute Abt von Monte Cassino

Unumstritten ist: Die Bombardierung des Klosters Monte Cassino war Ausdruck eines Kriegsverlaufs, der sich schließlich auch in Südeuropa immer weiter zugespitzt hatte. Der Angriff der Alliierten auf Italien begann schon ein halbes Jahr vor der völligen Zerstörung des Klosters. Am 10. Juli 1943 waren die britische 8. Armee und die 7. US-Armee an den Küsten Siziliens gelandet. Die Operation »Husky« gelang: Die alliierten Soldaten trafen nur auf geringen Widerstand. Die Italiener legten fast ausnahmslos die Waffen nieder, die Deutschen verließen die Großinsel und zogen sich Mitte August auf das italienische Festland zurück, um der Einschließung zu entgehen.

Hitler hatte in der Folge seinen alten Weggefährten Mussolini um ein Treffen gebeten. In der Kleinstadt Feltre (Veneto) eröffnete der deutsche Diktator dem Duce seine Absichten: Mussolini sollte Truppen in Süditalien konzentrieren, die Wehrmacht würde dies in Nord- und Mittelitalien einschließlich Rom tun – was bedeutete, dass sie dort praktisch die Kontrolle ausüben konnte. Der Partner der Achse wagte dem deutschen Kriegsherrn nicht zu widersprechen. Bald darauf trat am 24. Juli 1943 in Rom der »Faschistische Großrat« zusammen. Auch führende Köpfe aus dem Umfeld Mussolinis wollten, dass der Duce abdankte. Das geschah. König Victor Emanuel III. übernahm wieder das Oberkommando über die Streitkräfte und ließ Mussolini nach seiner Demission verhaften. Eine neue Regierungsbildung wurde Feldmarschall Pietro Badoglio überantwortet.

Hitlers Antwort ließ nicht lange auf sich warten: Nur Stunden nach der Entmachtung seines Kampfgefährten befahl der deutsche Diktator, den vorbereiteten »Alarich-Plan« in die Tat umzusetzen, benannt nach dem Westgoten-König, der im 5. Jahrhundert im Römischen Reich einfiel:

»Operation Husky« – die erfolgreiche Landung der Alliierten in Sizilien am 10. Juli 1943

Deutsche Soldaten sollten es ihm nun gleichtun und Nord- und Mittelitalien besetzen. Hitler tobte, rief, als er davon erfuhr, sofort den Fall der »Achse« aus und ließ die italienischen Streitkräfte entwaffen. Die Regierung Badoglio unterzeichnete am 3. September einen Waffenstillstand mit den Westalliierten. Diese geheime Aktion bedeutete das Ende des deutsch-italienischen »Stahlpakts«. Die Soldaten der einst verbündeten Wehrmacht wurden für die Mehrheit der Italiener zu »Besatzern«, aus den Alliierten wurden die »Befreier«.

Hitler tobte. Am 12. September 1943 gelang es, Mussolini aus seiner Gefangenschaft auf dem Gran Sasso zu befreien. Rom war inzwischen besetzt, der König und die Regierung Badoglio flohen zu den Alliierten. Mussolini bildete nun ein Gegenregime von Hitlers Gnaden. Der noch

»Faktisch von Berlin regiert« – deutsche Soldaten vor der Engelsburg in Rom, September 1943

»Nur eine Farce« – Benito Mussolini (Mitte) nach seiner Befreiung aus der Haft auf dem Gran Sasso

nicht von den Alliierten besetzte Teil Italiens wurde faktisch von Berlin aus regiert. NS-Wochenschauen zelebrierten die Erneuerung des alten Bundes mit dem Duce, doch letztlich war das eine Farce.

Manche Italiener meldeten sich freiwillig, um sich den alliierten Truppen anzuschließen – wie Luigi Poli. »Die Westmächte waren für uns Befreier, die Beschützer der Demokratie in Italien und in Europa. Auch bereiteten sie den Verbrechen eine Ende«, sagt der ehemalige Soldat. Hitler würde auch im Land des früheren Bündnispartners nicht vor Mord und Terror zurückschrecken, das sollte nicht nur das Schicksal der Juden in den besetzten Gebieten zeigen.

Am Morgen des 3. September 1943 war die britische 8. Armee in der Straße von Messina an der Spitze des italienischen Stiefels gelandet. Sechs Tage später folgte die frisch aufgestellte 5. US-Armee im Golf von Salerno, knapp 50 Kilometer südlich von Neapel. Die neue Front sollte Hitler-Deutschland in die Zange nehmen, seine Truppen binden. Man müsse die Festung Europa »in den weichen Unterleib treffen«, hatte Winston Churchill, der britische Kriegs-Premier, verlangt.

Die schwer zu verteidigende, lang gezogene Küste Italiens erschien für Landeoperationen ideal. Aber Churchill verfolgte noch weiter gesteckte Ziele: Der Mittelmeerraum sollte auch nach dem Ende des Krieges für Großbritannien kontrollierbar bleiben, schon allein aus dem Grund, um den kurzen Weg zu den Kolonien durch den Suez-Kanal zu sichern. Die Absicht des Premierministers war, von

Wir Fallschirmjäger waren gedrillt: Wir halten unsere Stellung um jeden Preis. Da brauchten keine Sprüche von Hitler zu kommen, dass wir diese nicht aufgeben dürften. Das war einfach so. Wir gaben eine einmal eroberte Stellung nicht auf.

Johannes Klein,
Fallschirmjäger-Offizier

Italien aus eine weitere Front auf dem Balkan zu eröffnen. Dieser Plan zielte nicht nur gegen den Diktator in Berlin, auch galt es den Bündnispartner in Moskau in Schach zu halten: London misstraute Stalin, durchschaute früher als Washington, dass der Kremlchef alles tun würde, um den sowjetischen Machtbereich in Europa so weit wie möglich auszudehnen. Die Kontrolle über den Balkan konnte für die Westalliierten die Chance sein, Stalin in Mitteleuropa zu stoppen.

US-Generalstabschef George Marshall hatte aber ganz anderes im Sinn. Während seine Truppen im Pazifik mit dem japanischen Aggressor beschäftigt waren, zielte er in Europa auf einen schnellen Durchmarsch über Frankreich nach Berlin ab. Washington war zudem daran gelegen, dass die Sowjetunion in den Krieg gegen Japan eintrat, und wollte bei Stalin kein Misstrauen durch ein Vorrücken in Südosteuropa erregen. Churchill stand dadurch unter Druck, hieß es doch, Rom müsse noch 1943 erreicht werden. Würde der Vormarsch in Italien allzu sehr ins Stocken geraten, musste der britische Premier befürchten, dass die Amerikaner diesen Schauplatz links liegen lassen würden. Britische und amerikanische Stoßtruppen vereinigten sich am 19. September in Apulien, in der Nähe von Auletta. Auf alliierter Seite hatte der Brite Sir Harold Alexander den Oberbefehl über die Landesstreitkräfte. Ihm unterstellt waren General Mark Clark, der die 5. US-Armee kommandierte, und – als die Schlacht um Monte Cassino begann – General Oliver Leese, der Montgomerys Nachfolger als Kommandeur der britischen 8. Armee war. Zur Seite standen ihnen Truppen der Franzosen, Algerier, Marokkaner, Inder, Polen und Neuseeländer – es war eine multinationale Streitmacht.

Für Hitler hatte die Stadt Rom nicht nur eine symbolische Bedeutung. Er gab daher die Parole aus, das Deutsche Reich werde in Italien verteidigt. Rommels Plan, die Abwehrlinie gegen die Alliierten erst in Norditalien aufzubauen, wurde verworfen. Der »Wüstenfuchs« befehligte den nördlichen Teil des Stiefels, Feldmarschall Kesselring den südlichen. Im November 1943 erhielt Kesselring das Kommando über die gesamte Front in Italien. Seine Strategie war, schrittweise zurückzuweichen bis zur Mitte des Stiefels.

Die 10. deutsche Armee unter General Heinrich-Gottfried von Vietinghoff verwickelte die Alliierten immer wieder in verlustreiche Rückzugsgefechte. Dabei kam ihr die Beschaffenheit des Geländes zugute: Der Stiefel ist 1000 Kilometer lang, aber nur 160 Kilometer breit. Über die gesamte Länge verläuft fast mittig das Rückgrat der Halbinsel: das Apennin-Gebirge – an manchen Stellen ist es mehr als 2000 Meter

»Das Kloster bleibt unbehelligt« = der deutsche Oberbefehlshaber Albert Kesselring (vorn links) Ende 1943

hoch. Immer wieder bricht das Gebirge nach Westen und Osten ab, oft reichen seine Ausläufer bis an die Küsten heran. Die Straßen in dieser Region sind noch heute schmal und kurvig. Für Panzerverbände ist das Gebiet unwegsam, für die Verteidigung ist es jedoch ideal: Von »oben« nahmen die Deutschen die anrückenden Alliierten immer wieder unter Beschuss. Im November 1943 erhielten die Deutschen schließlich Schützenhilfe von einem überraschenden Verbündeten: dem italienischen Winter. Tagelange Wolkenbrüche und eisige Kälte setzten den alliierten Soldaten zu, viele Fahrzeuge, Panzer und Geschütze blieben im Schlamm stecken.

Kesselring nutzte die Verzögerung und befahl den Ausbau einer Verteidigungslinie 140 Kilometer südlich von Rom, quer durch das Land, zwischen der Adria und dem Golf von Gaeta: Die Gustav-Linie sollte eine Verteidigungsstellung wie aus dem Lehrbuch werden. Und die italienischen Lehrbücher kannten seit Generationen von Offiziersanwärtern vor allem einen Ort, an dem feindlichen Armeen der Weg nach Norden abgeschnitten werden konnte: Cassino. Hier war die Apennin-Halbinsel derart schmal und gebirgig wie sonst nirgendwo. In der fast geschlossenen Bergkette gab es nur ein Tor, durch das schwere Truppen zur Hauptstadt durchbrechen konnten: das Liri-Tal. Bei Cassino stieß es senkrecht auf das Tal des Rapido. Hinter der Stadt mit ihren 25 000 Einwohnern ragte der Monte Cassino wie ein Keil in die Landschaft. Und oben auf der Spitze des Berges thronte das Kloster. Doon Campbell, damals britischer Kriegsberichterstatter, hatte das Gelände in Augenschein genommen: »Trotz meiner Erfahrungen auf sechs Kriegsschauplätzen in aller Welt hatte ich noch nie etwas gesehen, das so spektakulär, so schwindelerregend, so dramatisch war wie diese schier uneinnehmbare Position von Monte Cassino.«

Uns war erzählt worden, wir müssen den Italienern, die selbst zu schwach seien, zu Hilfe kommen. Diese haben auf Sizilien das alliierte Landeunternehmen nicht abwehren können, und das würde jetzt so weitergehen.

Wilhelm Prinz, deutscher Soldat

Kesselring ließ die 150 Kilometer lange Gustav-Linie mit festen Stellungen ausbauen. Natürliche Höhlen wurden ausgenutzt, künstliche in die Berge gesprengt. Es gab Unterstände aus Stahl und Beton, kleinste Ein-Mann-Bunker, durch Felsvorsprünge und Netze getarnte MG-Nester, die mit Drahtverhauen, Stolperdrähten und Sandsäcken gesichert waren, sowie Minenfelder. Die Stellungen sollten ein optimales Schussfeld besitzen. Mancherorts gingen die Verteidigungsanlagen 16 Kilometer in die Tiefe. All das sollte den Alliierten den Vormarsch erschweren. Besonders gut vorbereitet waren die deutschen Truppen

»Verteidigungsstellung wie aus dem Lehrbuch« – eine Geschützstellung der so genannten Gustav-Linie

bei Cassino. Hier lag das XIV. Panzerkorps, das General Fridolin von Senger und Etterlin befehligte. Dazu zählten auch Teile der 1. Fallschirmjäger-Division, eine sehr erfahrene Elitetruppe, die den Klosterberg verteidigen sollte. Ihr Auftrag war eindeutig: Die gesamte Front musste gehalten werden. Wenn Cassino falle, dann würde Rom ebenfalls fallen. Hitler hatte persönlich die Entscheidung gefällt, den Berg in die Verteidigungsstrategie einzubeziehen – wenn auch die Abtei dabei ausgespart bleiben sollte.

War es vor diesem Hintergrund eine Illusion anzunehmen, das Kloster aus der Schusslinie heraushalten zu können? Mit Sicherheit wollte Berlin vor dem Vatikan und der Weltöffentlichkeit nicht als Zerstörer eines Kulturmonuments dastehen. Und Tatsache ist, dass General von Senger und Etterlin eine 300-Meter-Sperrzone um das Kloster angeordnet hatte. Kesselring versicherte wiederholt dem Vatikan, die Benediktineranlage nicht besetzen zu wollen. Feldjäger bewachten den Eingang; nicht einmal verwundete Soldaten sollten hineingelassen werden. Doch konnten diese Anordnungen die Abtei schützen? Würde die geweihte Stätte wirklich außer Acht gelassen werden, wenn unmittelbar außerhalb ihrer Mauern eine verheerende Schlacht tobte?

> *Unter Vermittlung von Pius XII. wurde ein Abkommen mit der Wehrmacht getroffen, dass sich im Umkreis von 300 Metern kein deutscher Soldat dem Kloster nähern dürfe.*
> Augustin Kardinal Mayer, Benediktinerpater

»Einzigartiges Kleinod« – Kunstschätze aus dem Kloster Monte Cassino werden geborgen

Darüber gab es Zweifel, von Anfang an. Ein Oberstleutnant aus Wien, Julius Schlegel, ahnte Düsteres und wurde schon im Herbst 1943 aktiv, um wenigstens die wichtigsten Kulturschätze, Dokumente und Werke der Kirchenväter aus der Abtei zu evakuieren. Am 14. Oktober bat er um eine Audienz bei Gregorio Diamare, dem 80-jährigen Erzabt von Monte Cassino. Die 5. US-Armee kämpfte zu diesem Zeitpunkt um Capua, eine Stadt, etwa 50 Kilometer entfernt. Schlegel redete eindringlich auf Diamare ein. Zwei Mönche, die Deutsch sprachen, übersetzten seine Worte. Der Abt aber wollte die Bedrohung nicht wahrhaben. »Er vertraute darauf, dass es niemand wagen würde, dieses einzigartige Kleinod von Kunst, Kultur, Frömmigkeit, Ausstrahlung anzutasten«, sagt der Benediktiner Augustin Kardinal Mayer.

Schlegel ließ Diamare zwei Tage Bedenkzeit. Schließlich gab der Abt sein Einverständnis: Auf Lastwagen der Wehrmacht wurden die Kunstwerke und wertvollen Schriften abtransportiert. Zunächst gelangten sie ins Nachschublager der Luftwaffen-Division »Hermann Göring« in Colle Fereto bei Spoleto. Im Dezember wurden sie nach Rom transportiert, ein Teil lagerte – nach einer von der NS-Wochenschau gefeierten Übergabezeremonie – in der Engelsburg. Die anderen Gegenstände wurden Anfang Januar, nach einer publikumswirksamen Übergabe auf der Piazza Venezia, in den Vatikan gebracht.

1998 bedankte sich die Stadt Cassino mit einer Ehrenplakette bei den Söhnen Julius Schlegels. Immer wieder wird darauf hingewiesen, dass es sich hier um ein besonderes Beispiel der Rettung von Kunst im Krieg gehandelt habe. Doch nicht nur das. Es wurde auch geraubt. So fanden sich nach dem Krieg unter anderem 13 Gemälde aus dem Benediktinerkloster in einem Stollen des Salzbergwerks Altaussee, wo Hitler und Göring ihre Kunstsammlungen eingelagert hatten. Dennoch, viele Kulturgüter Monte Cassinos konnten durch die Initiative einiger Männer vor der Zerstörung bewahrt werden. Für manche Bewohner von Cassino war der Abtransport der klösterlichen Kunstwerke ein bedrohliches Zeichen. »Was konnte das schon heißen, wenn sie die Schätze wegbrachten? Das bedeutete doch, dass keiner mehr für die Sicherheit von Monte Cassino bürgen konnte«, so Antonio Ferraro über seine damaligen Überlegungen.

Die militärische Kraftprobe rückte immer näher: Am 15. Januar 1944 erreichte die 5. US-Armee das Rapido-Tal – gezeichnet von heftigen Gefechten, ausgelaugt vom schnellen Vor-

Hier hielten sich auch Familien mit Kindern auf. Zu diesem Zeitpunkt haben sogar vier oder fünf Frauen ihre Säuglinge zur Welt gebracht.

Bernardo D'Onorio,
heute Abt von
Monte Cassino

marsch. In Sichtweite vor ihnen lag die Nationalstraße 6, der »Highway« zur Befreiung Roms. Doch die gut geschützten deutschen Stellungen am Monte Cassino machten den Weg unpassierbar. Der alliierte Italien-Feldzug geriet ins Stocken. Die Eroberung des Klosterbergs erforderte entweder einen Frontalangriff oder eine weiträumige Umfassung. Beide Varianten bedeuteten einen gewaltigen militärischen Akt. Für die Soldaten des II. US-Korps und des französischen Expeditionskorps bedeutete das: angreifen ohne Ruhepause. Am 20. Januar 1944 wollten die ersten US-Truppen den Rapido durchqueren, um einen Brückenkopf für den späteren Durchbruch im Tal zu bilden. Unzureichende Vorbereitung, Minenfelder und gezieltes deutsches Feuer ließen den Angriff zum Debakel werden. In 48 Stunden verloren die US-Verbände mehr als 1600 Mann. Der 18 Meter breite, reißende und eiskalte Fluss erwies sich als unüberwindbar.

Vier Tage später scheiterten algerische und marokkanische Truppen unter dem Kommando des französischen Generals Alphonse Juin bei dem Versuch, Monte Cassino im Norden zu umfassen: Die Panzer blieben im Schlamm stecken, waren manövrierunfähig und wurden so zur leichten Beute für deutsche Pak-Granaten sowie für geballte Ladungen. Im Gebirge versagten die Nachschubfahrzeuge. Mit Maultieren

»Vor der Zerstörung bewahrt« – die Kunstwerke aus Monte Cassino treffen in Rom ein

»Das Kloster im Blickfeld« – ein amerikanischer Beobachter beim Vormarsch nach Cassino

»Der Angriff wurde zum Debakel« – ein liegen gebliebener US-Panzer vor Cassino

musste die Munition transportiert werden. Im Felsgestein ließen sich keine Schützengräben ausheben. Die alliierten Infanteristen rannten schutzlos gegen die Verteidiger an. Ununterbrochen detonierten Handgranaten, eine Hauptwaffe im Gebirgskrieg. Strömender Regen und eiskalter Wind verschlimmerten das Los der Soldaten.

Blutig endete auch ein Frontalangriff der Amerikaner auf die Stadt Cassino. Eine Angriffswelle folgte der nächsten, doch alle wurden vom deutschen MG-Feuer niedergemäht. Die USA konnten ihre Materialüberlegenheit, ihre Panzer und schweren Waffen, kaum zur Geltung bringen. Jeder Meter Boden kostete hunderte von Soldaten das Leben. Die Schlacht gestaltete sich zunehmend zu einem Stellungskrieg, den manche an Verdun erinnerte. Auch die Deutschen verzeichneten hohe Verluste, vor allem das heftige Trommelfeuer hatte ihnen heftig zugesetzt. Die Westmächte verfügten über die Lufthoheit, ständig griffen Tiefflieger an. Kesselring musste immer mehr Reserveeinheiten in die Schlacht führen, um den Durchbruch zu verhindern.

Als die alliierten Truppen völlig erschöpft waren – manche Regimenter hatten nur noch die Stärke von Kompanien –, da wurde die Offensive gestoppt und es kam zur Ablösung. Die neuen Einheiten der 4. indischen und der 2. neuseeländischen Infanteriedivision mussten ihre Kameraden halb erfroren und verhungert mit Tragbahren aus ihren Stellungen holen. Verbissen hatten sie gekämpft – und dennoch vergebens. Die Schlacht um Monte Cassino war ein Erfolg für die Deutschen, jedoch hatten sie teuer dafür bezahlt. Der Klos-

Es war wie Selbstmord. Die Deutschen hatten so ein gutes Schussfeld, dass unsere Männer, die es bis ans andere Ufer schafften, sich an ihre Deckung klammerten. Sie konnten sich nicht bewegen – die Maschinengewehre und Mörser hielten sie unten. Es war wirklich furchtbar. Clark bekam danach noch viel zu hören, weil er uns über den Fluss geschickt hatte und dabei so viele Männer verlor.

Gene Jameson,
US-Soldat

»Vergebens gekämpft« – auch die so genannten »Gurkas« aus Nepal konnten keinen Durchbruch erzielen

terberg blieb in der Hand der Fallschirmjäger. In dieser so genannten ersten Schlacht, die bis zum 12. Februar andauerte, verloren die Alliierten 14 375 Soldaten, die Deutschen 6444. Die Verbitterung in den alliierten Truppen wuchs. Morris Courrington, Soldat der 36. US-Infanteriedivision, erinnert sich: »Wir rechneten mit Verlusten, klar, aber doch nicht in dieser Höhe. Wir haben es viermal, fünfmal vergeblich versucht, unsere Männer nach oben zu bringen.«

Inzwischen aber gab es einen weiteren italienischen Kriegsschauplatz, der für das Schicksal des heiligen Berges besondere Bedeutung gewinnen sollte. Bei Anzio, 100 Kilometer nordöstlich der Gustav-Linie und südlich von Rom an der Küste gelegen, sollte das VI. US-Korps landen, den deutschen Verbänden in den Rücken fallen und anschließend Rom befreien. Die Operation »Shingle« konnte die Wende im Italien-Krieg bedeuten. Darauf hoffte wenigstens Winston Churchill. Eile war geboten, denn die Landefahrzeuge wurden dringend in Großbritannien benötigt, um die Invasion in der Normandie vorzubereiten. Das Unternehmen Anzio musste spätestens am 22. Januar 1944 stattfinden. Damit die Landung gelang, sollte der Druck der Angreifer bei Monte Cassino zunächst verstärkt werden. Nach geglückter Landung galt es, das Hinterland der Gustav-Linie von Norden her aufzurollen. Das wiederum hätte die Cassino-Front entlastet. Konnte das Kloster den Krieg vielleicht doch noch unbeschadet überstehen?

Ich hatte wahnsinnige Angst vor den Minen am Strand. Ich dachte immer nur daran, dass ich vielleicht auf eine treten könnte und dadurch schwer verwundet würde oder gar Schlimmeres. Zum Glück gab es aber dort, wo wir landeten, keine Minen.

Alfred Dietrick,
US-Soldat

Der Plan bei Anzio ging nicht auf. Es gelang den alliierten Truppen immerhin, dort zu landen, aber der Vormarsch konnte nicht in Gang gesetzt werden – weder in Richtung Norden, nach Rom, noch in Richtung Süden. US-General John Lucas ließ zunächst den Landekopf absichern: Eingraben statt Marschieren lautete sein Befehl, obwohl der deutsche Widerstand am Anfang ziemlich schwach war. Churchill tobte, das Unternehmen Anzio war immerhin sein Vorschlag gewesen. Bei einem Treffen zu Weihnachten 1943 hatte er dieses Vorhaben den Generälen Alexander und Eisenhower unterbreitet.

Einen Monat nach der Landung bei Anzio wurde Lucas von General Lucius Truscott abgelöst. Schon nach einem Tag hatte sich die Wehrmacht auf die neue Lage eingestellt. Hitler befahl, »die Warze von

»Die Cassino-Front entlasten« – die Landung der Alliierten bei Anzio

Wir hatten erfahren, dass die Amerikaner nachts gelandet waren. Da im Hinterland keine deutsche Front bestand, wurden wir dort hingebracht, um die US-Soldaten zunächst aufzuhalten, bis sich eine neue Front bildete, damit sie nicht von heute auf morgen nach Rom marschieren konnten.

Franz Schulz, deutscher Fallschirmjäger-Offizier

Anzio zum Verschwinden« zu bringen. Kesselring gelang es, innerhalb von 48 Stunden Truppenteile in einer Kampfstärke von ungefähr zwei Divisionen zusammenzuraffen, nach und nach rückten weitere Verbände an, der Ring schloss sich. Truppen aus Frankreich, Jugoslawien und aus dem Reich wurden geschickt, bis Ende Februar gab es mehrere Gegenangriffe. Schwere 28-cm-Eisenbahngeschütze wurden herangeholt, um den Brückenkopf einzudrücken. Den Alliierten drohte ein zweites Dünkirchen. Hitler persönlich gab den Befehl, ihre Truppen wieder »ins Meer zu werfen und, wenn nötig, bis zum letzten Tropfen Blut zu kämpfen«.

Churchill wurde langsam nervös, er brauchte dringend den Erfolg. General Alexander sah nur eine Möglichkeit, den Anzio-Brückenkopf zu entlasten: Man musste nun wieder an der Gustav-Linie angreifen. Was das bedeutete, resümiert Lord Michael Carver, der in der britischen 22. Panzerbrigade in Italien kämpfte und sich später als Feldmarschall der britischen Streitkräfte und Historiker einen Namen machte. Er konstatiert: »So hatte Anzio das Gegenteil von dem bewirkt, was man sich erhofft hatte.« Statt Entlastung gab es erneuten Zugzwang im Süden – eben wieder bei Cassino.

»Die Warze Anzio zum Verschwinden bringen« – ein deutscher Panzer IV beim Vormarsch

»Haudegen aus Neuseeland« – General Bernard Freyberg befehligte die alliierten Truppen bei Cassino

An der Gustav-Linie waren inzwischen die schwer angeschlagenen amerikanischen und französischen Verbände in den ruhigeren Süden verlegt worden. Indische, neuseeländische, polnische und auch britische Truppen lösten sie vor Monte Cassino ab. Das Kommando führte Sir Bernard Freyberg, ein General aus Neuseeland und der höchste Repräsentant seines Landes auf dem europäischen Kriegsschauplatz. Er galt als ein Haudegen, war aber geschätzt als fürsorglicher Chef seiner Truppen. Für Churchill war Freyberg nicht irgendein General, er repräsentierte für ihn zugleich einen Teil des Commonwealth, somit war mit seiner Person auch Politik im Spiel.

Auch Freybergs Soldaten lernten nun die Hölle von Monte Cassino kennen, den Berg mit seinen vielen Todesfällen. Immer wieder sahen sie hinauf, um zu begreifen, welche Höhe sie zu erstürmen hatten. Die Schilderungen gleichen sich. »Wenn du nach oben schaust, weißt du wirklich, dass du am Boden bist. Du bist so klein und etwas blickt von oben auf dich herab«, beschreibt Fred Attwood vom Royal West Kent Regiment sein Gefühl im Schützengraben. Bei Tageslicht konnte jede Bewegung tödlich sein: »Wir wurden in solchen Fällen sofort von oben beschossen«, sagt Donald Ramsay-Brown, Offizier der 4. indischen Division, und Morris Courrington, Soldat der 36. US-Infanteriedivision, weiß: »Wir waren davon überzeugt, dass das Kloster voll mit deutschen Beobachtern war.« Johannes Klein, der zu jener Zeit deutscher Fallschirmjäger-Offizier war, lag auf der anderen Seite in Stellung: »Wenn man von der Umgebung des Klosters aus heruntersah, konnte man mit einem guten Fernglas jede Suppenschüssel der alliierten Truppen sehen.« Er kann die Gefühle des einstigen Gegners heute sehr gut verstehen. »Das muss für sie wirklich fürchterlich gewesen sein, dass sie am Klosterberg so ungeschützt waren.« Auf diese Weise gewann das imposante Gebäude mehr und mehr an psychologischer Bedeutung. Der Hort des Friedens geriet für viele Soldaten zu einem Ort der Angst.

Man spürte einfach, dass dort oben auf dem Monte Cassino jemand mit einem Telefon und einem Feldstecher sitzen musste.

Fred Attwood,
britischer Soldat

Aber gab es tatsächlich Deutsche hinter den Klostermauern – wie die alliierte Propaganda später behauptete? »Ein deutscher Soldat war in diesem Kloster niemals gewesen«, sagt Franz Schulz, Offizier der 1. Fallschirmjägerdivision, »lediglich ein Mitglied unseres Bataillons, und zwar der Bataillonsarzt, der zwei- oder dreimal gerufen wurde, um dort Frauen oder Kinder zu versorgen.« Noch ein anderer deutscher Soldat befand sich in jenen Tagen für einige Stunden im Kloster –

»Kein deutscher Soldat war jemals im Kloster« – deutsche Fallschirmjäger auf dem Weg an die Front

aus einem erstaunlichen Grund: Gereon Goldmann war kurz zuvor in Rom gewesen und hatte über die deutsche Botschaft beim Vatikan eine Audienz beim Papst erwirkt. Dabei äußerte Goldmann seinen sehnlichsten Wunsch, er wolle Priester werden – und das mitten im Krieg. Das Anliegen kam für den Kirchenfürsten überraschend. Papst Pius XII. antwortete Goldmann: »Manchmal gibt es Dinge, die es in der Kirchengeschichte noch nicht gegeben hat.« Schließlich gab er seine Zustimmung und Gereon Goldmann erhielt ein Empfehlungsschreiben. Mit dem Dokument im Gepäck begab er sich nach Monte Cassino, wo er stationiert war, und wollte nun Zutritt zum Kloster. Drei Feldgendarmen versperrten ihm den Weg. »Sie dürfen hier auf keinen Fall durch«, riefen sie ihm zu. »Doch, ich darf hier durch«, lautete seine Antwort. »Das ist ein Befehl. Kein Deutscher darf hier rauf.« Goldmann sagte nun, dass er einen Auftrag habe. »Von wem denn?« – »Vom Papst.« Den verblüfften Wachen zeigte er das Schreiben aus dem Vatikan: »Darin stand geschrieben, dass ich auf der Stelle von jedem Bischof zum Priester zu weihen sei.« Der Abt von Monte Cassino, Gregorio Diamare, besaß die Rechte eines Bischofs. Er empfing daraufhin Goldmann, hörte ihm ruhig zu, nahm ihn schließlich bei der Hand und führte ihn hinaus auf einen Balkon: »Und dann fing er an zu weinen«, erinnert sich Goldmann. »Vierzig Jahre habe er gearbeitet, um aus dieser kleinen Diözese ein Paradies zu machen. Jetzt sei alles kaputt, gab mir der Abt zu verstehen. Viele Dörfer in der Umgebung wären völlig zerstört.« Wenige Tage später sollte Gereon Goldmann in

Clark war hundertprozentig gegen den Angriff. Aus religiösen Gründen, aus militärischen Gründen und weil er es für Vandalismus hielt. Er war klug genug, um zu erkennen, was passieren würde: dass durch eine solche Zerstörung die Verteidigung leichter wurde.

Douglas Lyne,
britischer Offizier

Monte Cassino geweiht werden. Doch dazu kam es nicht mehr. Längst spielte das Kloster in den taktischen Überlegungen der Alliierten eine entscheidende Rolle. Im Tal bereitete General Freyberg zu dieser Zeit die nächste Offensive vor. Aus Angst vor langen, gebirgigen Nachschubwegen hatte der neuseeländische General seinen anfänglichen Plan einer weiten Umfassung über die Nationalstraße 6 verworfen. Stattdessen sollte der Angriff auf Monte Cassino erneut über die Berge im Norden ablaufen, dort, wo schon die Amerikaner hoffnungslos gegen das deutsche Maschinengewehrfeuer angerannt waren. Wo die US-Kommandeure ein Regiment eingesetzt hatten, wollte Freyberg nun eine ganze Division hinschicken. Zahlenmäßige Überlegenheit als Erfolgsrezept – das erinnerte an Abnutzungsschlachten wie in Frankreich und Flandern im Ersten Weltkrieg.

Den Hauptangriff auf den Klosterberg sollte die 4. indische Division führen. Deren Befehlshaber, General Sir Francis Ivan Simms Tuker, war ein Gebirgskriegsspezialist. Nachdem er die Abtei auf dem Berg in Augenschein genommen hatte, stand für ihn fest: Dieses »Monstrum« war eine Schlüsselstellung. Tuker musste eine Krankheit auskurieren und ließ sich deshalb von seinem Kommando beurlauben. Er reiste nach Neapel, verbrachte einen Nachmittag in den Buchläden der Stadt. Zurück kehrte er mit einem schweren Band aus dem Jahr 1879, in dem das Klostergebäude ausführlich beschrieben wurde. Massive Mauern, 45 Meter hoch, drei Meter dick. Es gab nur ein Eingangstor. »Sie kamen zu dem Schluss, dass es sich hier weniger um ein Kloster als vielmehr um eine Festung handelte«, erklärt Douglas Lyne, damals englischer Offizier vor Ort. »So war es ja auch gebaut, denn es war ja schon mehrmals in der Geschichte angegriffen worden«, meint Lyne weiter, »und deshalb ging man auch davon aus, dass die Deutschen, was immer sie behaupteten, irgendwann dort in Stellung gehen würden.«

Tuker empfahl General Freyberg: Wenn der Monte Cassino frontal gestürmt werden sollte, müsse zunächst das Kloster durch einen Luftangriff zerstört werden. Ein solches Bombardement sollte verhindern, dass die Deutschen aus der Abtei doch noch eine uneinnehmbare Festung machten. In den Augen vieler Soldaten war dies ohnehin längst geschehen. Wer heute den Monte Cassino vom Fuß des Berges aus in Augenschein nimmt und anschließend zum Kloster hinaufgeht, stellt fest, dass in dem bergigen Gelände durchaus der Eindruck entstehen konnte, bestimmte Vorgänge würden sich direkt am oder im Kloster abspielen. Felsvorsprünge liegen optisch auf einer Linie mit dem Gebäude, wenn man vom Tal aus hochschaut. Tatsächlich hatten zwei Panzer 300 Meter südwestlich des Klosters Position bezogen, 400 Meter südlich standen vier Granatwerfer. Auf gleicher Höhe befand sich ein Beobachtungsposten der deutschen Artillerie. Für viele im Tal war ein Unterschied nicht mehr auszumachen. Die mächtige Silhouette des Klosters zermürbte die Kampfmoral. »Ich dachte in diesem Moment, keiner kann dir weismachen, dass da niemand drin ist. Ihre Granatwerfer, Mörser und Maschinengewehre trafen viel zu präzise. Wenn die Deutschen nicht die Übersicht gehabt hätten, hätten sie auch nicht so gut treffen können«, sagt Fred Attwood vom West Kent Regiment. »Das Kloster wurde zum Zentrum deines Lebens, weil sich alles darum drehte«, so Tony Edwards, ein Soldat des East Surrey Regiment.

Ein Aufklärungsflug sollte Gewissheit bringen. Mit einer kleinen Piper-Club überflogen zwei ranghohe amerikanische Generäle, Ira Eaker, der Kommandeur der alliierten Luftstreitkräfte im Mittelmeer, und Jacob Devers, der Stellvertreter des alliierten Oberbefehlshabers im Mittelmeer, das Kloster. Sie glaubten, eine Antenne auf dem Dach gesehen zu haben, außerdem ein- und ausgehende deutsche Soldaten.

»Eine internationale Schlacht« – auch indische Truppen kämpften an der Cassino-Front

So reifte bei Freyberg der Entschluss, die Abtei müsse dem Erdboden gleichgemacht werden. Wenn die Deutschen sie nicht jetzt schon militärisch nutzten, dann würden sie es eben früher oder später tun. Warum sollte Hitler Rücksicht auf ein Kloster nehmen, wenn es um Sieg oder Niederlage ging? Für seinen Plan brauchte Freyberg die Zustimmung der Verbündeten. Er rief beim Stabschef der 5. US Armee, General Alfred Gruenther, an und sagte: »Ich möchte den Konvent angreifen.« – »Sie meinen das Kloster?«, fragte Gruenther und erwiderte ihm: »Das steht nicht auf der Zielliste.« Freyberg wurde deutlicher: »Ich bin mir völlig sicher, dass es auf der Zielliste steht.« Er beharrte auf seiner Forderung: »Es muss auf jeden Fall bombardiert werden.« Nun begann das Tauziehen. Gruenther rief seinen Chef, General Clark, an.

Nach der zweiten Schlacht entschied General Freyberg, dass das Kloster zerstört werden musste. Deshalb wurden wir auf Sicherheitsabstand zurückgezogen.

Tony Edwards,
britischer Soldat

Dieser holte sich wiederrum Rat bei US-General Geoffrey Keyes, dem Befehlshaber der ersten Schlacht bei Monte Cassino. Der Amerikaner warnte: Das Bombardement sei nicht nur nutzlos, sondern schade den Alliierten sogar. Man wusste aus Erfahrung: Ruinen ließen sich besser verteidigen als intakte Gebäude.

Doch Freyberg war ein willensstarker Mann. Und er war Neuseeländer, der ranghöchste Militär seiner Regierung in Europa. Sir Harold Alexander, an den man sich schließlich gewandt hatte, ließ Clark mitteilen, dass man den Angriff genehmigen müsse, wenn Freyberg darauf bestehe. Entnervt gab Clark nach, gestand aber seinem britischen Vorgesetzten: Wäre Freyberg amerikanischer General, so hätte er ihm dieses Vorhaben verweigert. Als Freyberg die Genehmigung erhielt, wollte er den Angriff möglichst sofort in die Tat umsetzen. Der Termin wurde zunächst auf den nächsten Morgen, den 13. Februar 1944, angesetzt. Doch wegen der schlechten Wetterbedingungen konnten die Bomber nicht starten.

Für den 15. Februar erwarteten die Meteorologen bessere Bedingungen. Die Tage danach sollten allerdings wieder verregnet sein. Das Bombardement konnte demzufolge nur am Morgen oder Vormittag dieses Tages durchgeführt werden. Um dem Vorwurf zu entgehen, den Tod von Zivilisten in Kauf zu nehmen, bereitete die US-Abteilung für psychologische Kriegsführung Flugblätter vor. Am Nachmittag des 14. Februar wurden sie auf den Berg und ins Kloster hineingeschossen – in Granathülsen. »Italienische Freunde«, war da zu lesen, »wir haben es bisher sehr sorgfältig vermieden, Monte Cassino zu beschießen.« Weiter hieß es, dass sich dieses die Deutschen zunutze gemacht hätten. Deshalb müsse man jetzt die Waffen gegen das Kloster selbst richten. Unterzeichnet war das Flugblatt mit den Worten: »Wir warnen euch! Verlasst das Kloster! Die 5. Armee.«

Der Abt Diamare und die elf Mönche des Klosters hielten gerade Totenwache vor dem aufgebahrten Sarg des Paters Eusebio. Er war am Tag zuvor an Paratyphus gestorben, der unter den Flüchtlingen in der Abtei grassierte. Da stürmten aufgeregte Menschen in den unterirdischen Gang. Im Küchengarten des Klosters hatten sie die amerikanischen Flugblätter gefunden. Diamare las das Papier immer und immer wieder, er konnte das Unglaubliche einfach nicht fassen. Verwirrung und Panik war nun unter den Flüchtlingen ausgebrochen. Antonio Velardo war einer von ihnen: »Dass dieser Ort zerstört werden könnte, daran hatte keiner von uns gedacht. Alle gingen wir davon aus, dass wir uns hier in Sicherheit wiegen konnten. Irgendwann würde die Front weiterziehen und wir wieder in unsere Häuser zurückkehren können.« In diesem Augenblick stellten sich Fragen über Fragen: War das Flugblatt überhaupt echt? Handelte es sich vielleicht um eine leere Drohung? Sollte man das Kloster wirklich verlassen? Boten nicht die unterirdischen Räume den besseren Schutz vor einem Angriff? Kurzzeitig schlug die Stimmung gar gegen die Mönche um: Hatten sie sich mit den Deutschen verschworen? Wollten sie die lästigen Flüchtlinge loswerden?

Der Abt überließ jedem Einzelnen die Entscheidung, ob er gehen oder bleiben wolle. Die Alliierten hatten versprochen, nachts eine Feuerpause einzulegen, um die Möglichkeit zur Flucht zu geben. Doch das Vertrauen auf den Schutz der geweihten Mauern war größer

»Eine schier uneinnehmbare Position« – Stadt und Burg Cassino, dahinter auf dem Berggipfel das Kloster

als die Angst: »Es ist kaum einer gegangen, weil keiner von uns an die Zerstörung geglaubt hat. Auch ich bin geblieben«, sagt Viola Annunziata, eine von den überlebenden Flüchtlingen. Nach Einbruch der Dunkelheit nahm Diamare Kontakt zu Leutnant Stefan Deiber auf, der die beiden deutschen Panzer in der Nähe des Klosters kommandierte. Der Abt bat darum, die Flüchtlinge, die das Kloster verlassen wollten, mit Lastwagen hinter die deutschen Linien zu bringen. Deiber versicherte, dass er das Gesuch dem zuständigen Bataillonskommandeur, Fallschirmjäger-Major Schmidt, überbringen würde.

Auch auf alliierter Seite gab es in diesen Stunden noch Ungeklärtes. Freyberg ließ den Kommandeur der 4. indischen Division, General William Alfred Dimoline, Tukers Nachfolger, unterrichten, dass die Bomber am nächsten Morgen zuschlagen würden. Dessen Division sollte parallel den Sturmangriff auf den Klosterberg durchführen. Dimoline protestierte: Seine Einheiten bräuchten mehr Zeit. Zwei vorgelagerte Berghöhen müssten zuvor noch genommen werden. Der Bombenangriff hätte nur dann Sinn, wenn die alliierten Soldaten die Schockwirkung ausnutzten und den Klosterberg überraschend einnehmen könnten. Freyberg wiegelte ab, denn die Zeit drängte. Schließlich ließ er dem ihm unterstellten Brigadegeneral 30 Minuten Bedenkzeit. Dimoline weigerte sich aber weiterhin, dieser Strategie zu folgen. Ein Teil seiner Truppen stünde noch auf der anderen Seite des Rapido, argumentierte der General. Trotzdem stoppte Freyberg den Angriff nicht, meinte, wenn er das Vorhaben jetzt abblase, würde er nicht noch ein zweites Mal über die Luftwaffe verfügen können. »Wenn wir den Angriff von einem Tag auf den anderen verschieben, machen wir uns ja lächerlich«, soll Freyberg letztlich gesagt haben. Für ihn stand mehr als ein militärischer Erfolg auf dem Spiel. Der Luftangriff war längst zu einer Prestigefrage geworden: Alle amerikanischen Generäle waren gegen den Luftangriff, Alexander hatte ihn womöglich nur wegen der Sonderstellung des Neuseeländers genehmigt. Wie stand er da, wenn er den Luftschlag nun selbst auf unbestimmte Zeit vertagte? Es blieb dabei: Zwischen 21.15 Uhr und 1.14 Uhr sollten die Befehle an die Luftwaffenverbände gehen.

In der Zwischenzeit warteten die Mönche und Flüchtlinge die ganze Nacht über auf Nachricht von den Deutschen. Stunde um Stunde. Erst um 5.00 Uhr morgens traf Deiber mit der Nachricht von Major Schmidt im Kloster ein.

Und dann hörten wir, dass sich in der Luft etwas tat – all diese Flugzeuge zogen über uns mit ihren Kondensstreifen, der ganze Himmel vibrierte. Das hatten wir noch nie gesehen und das würden wir wahrscheinlich auch nie wieder sehen – es war wirklich ein unglaublich schwerer Bombenangriff.

Bennet Palmer,
US-Soldat

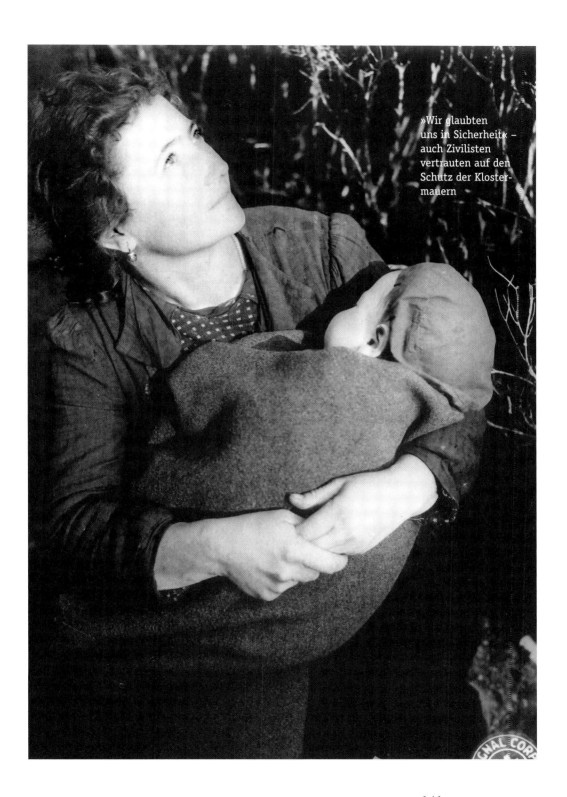

»Wir glaubten uns in Sicherheit« – auch Zivilisten vertrauten auf den Schutz der Klostermauern

»Wir brauchen mehr Zeit« – britische Offiziere beraten über den bevorstehenden Einsatz

Schmidt hatte den Vorschlag des Abtes abgelehnt: Niemand dürfe die Stellungen passieren, auch Zivilisten oder Ordensmänner nicht. Und Lkws könne er ebenfalls nicht schicken, denn die Straße zum Kloster hinauf sei wegen der Bombentrichter nicht mehr befahrbar. Die Flüchtlinge sollten stattdessen zu Fuß den Pfad vom Berg ins Tal nehmen, um so hinter die deutschen Linien zu gelangen. Doch dafür war es nun zu spät. Die Zeit bis zum Sonnenaufgang war zu kurz. Bei Tageslicht kam eine Flucht den Berg hinab einem Selbstmord gleich.

Inzwischen wurden die alliierten Bomberpiloten auf ihren Einsatz vorbereitet. »Man hat uns während der Besprechung gesagt, wenn irgendeiner Bedenken oder Vorbehalte habe, einen Angriff auf ein religiöses Ziel zu fliegen, sei er entschuldigt und müsse an dieser Mission nicht teilnehmen«, erinnert sich Pilot Thomas Lindahl. Nur zwei seiner Kameraden hätten das Angebot in Anspruch genommen. »Unsere Geheimdienstoffiziere betonten in der Einsatzbesprechung, dass die Abtei von den Deutschen besetzt sei«, so Einsatzleiter Evans.

Das Bombardement sollte in zwei Wellen erfolgen. Bei der ersten kamen 144 schwere Bomber vom Typ B-17 (Flying Fortress) zum Einsatz. Diesen folgten 40 mittelschwere B-26 Marauder Bomber und 47 B-25 Mitchell-Bomber. Mit solchen Kontingenten startete die US-Luftwaffe sonst gegen deutsche Großstädte. Am 15. Februar, 9.30 Uhr, erreichten die ersten Bomber Cassino. Antonio Ferraro befand sich in der Stadt: »Ich hörte ein lautes Brummen und sah in Richtung Monte Cassino. Der Himmel verfinsterte sich, es war, als würde mir schwarz vor Augen.« Auch die Soldaten in den deutschen Stellungen wurden überrascht. Rudolf Valentin war Pionier bei den Fallschirmjägern

Die Sonne schien auf dieses wunderschöne Gebäude herab. Und wir konnten die Bomber hören. Was sie abwarfen, erschien mir wie silbern glänzende Walnüsse. Im nächsten Moment war das Gebäude eingehüllt in Rauch. Wir hörten Detonationen.
Bill Hawkins,
britischer Offizier

und sonnte sich auf einer Anhöhe: »Die Sonne schien so schön, es war ein klarer Himmel und plötzlich sahen wir die Bomber in klaren Formationen kommen, immer 18 und 36 zusammen. Wir fragten uns: Wo wollen die denn hin? Was wird da geschehen?«
Nicht nur die Menschen vor Ort gerieten in helle Aufregung. In Rom kam es zu hektischen Aktivitäten. Die Benediktiner wurden beim Papst

»Der Himmel verfinsterte sich« – amerikanische Flugzeuge am 15. Februar 1944 über Monte Cassino

Dann sahen wir, wie die Bomber anflogen – Dutzende von Bombern, vielleicht sogar an die hundert, ich weiß es nicht mehr genau. Wir sahen, wie sie ihre Bomben abluden, wir spürten dort, wo wir unsere Geschützstellung hatten, die Erschütterungen. Wir wussten, was los war, wir wussten, dass nun das Kloster bombardiert wurde.

Wayne Kirby,
US-Soldat

vorstellig. Es waren die letzten Bemühungen, die Zerstörung der Abtei doch noch zu verhindern. Kardinal Mayer erinnert sich genau an diesen Tag: »Am 15. Februar wurden wir noch früh am Morgen angerufen, wir sollten einen letzten Versuch beim Vatikan unternehmen, um das Unheil abzuwenden, doch da fielen schon die Bomben.«

Trotz der Bedrohung hatten sich die Mönche zum Gebet versammelt. Während in der Krypta die gregorianischen Gesänge erklangen, öffneten sich über dem Kloster die Bombenschächte. Einsatzleiter Bradford Evans verließ seinen Pilotensitz, schaute lange Minuten nach unten und sah, wie die Abtei förmlich in Stücke gerissen wurde. 257 Tonnen Sprengbomben und 59 Tonnen Brandbomben wurden allein in der ersten Welle abgeworfen. »Ich werde das nie in meinem Leben vergessen. Ich sah das direkt vor meinen Augen, und eines war sicher, wir hatten unseren Auftrag erfüllt«, konstatiert Evans.

Es gab kaum ein Bombardement im Zweiten Weltkrieg, das von so vielen Filmkameras aufgenommen wurde. Die Bilder geben wieder, was der Kriegsberichterstatter Christopher Buckley in seiner Reportage beschrieb: »Es war eine helle Flamme, die von einem Riesen hätte stammen können, der ein gigantisches Streichholz an der Bergwand entzündete ... Für beinahe fünf Minuten hüllte sie das Gebäude ein, um sich dann zu einem seltsam und drohend aussehenden Muster zu verflüchtigen.« Als sich die Rauchwolken verzogen hatten, trat eine Trümmerlandschaft zu Tage. Niemals in einem Krieg fielen mehr Bomben auf einen so kleinen Flecken Erde. Der Berg bebte. Die Menschen in den Gewölben erlebten ein Inferno. Antonio Velardo war damals ein kleiner Junge: »Ich suchte in den Armen meiner Mutter Schutz. Andere Mütter, Väter, junge und alte Leute irrten umher. Sie wankten zwischen den geborstenen Mauern, ohne zu wissen, was sie taten.« Die Menschen in der Abtei waren orientierungslos, das laute Krachen, die heftigen Erschütterungen trieben manche in den Wahnsinn: »Einige liefen sogar direkt in den Bombenhagel.«

Die Krypta des Heiligen Benedikt befand sich an der Seite eines Ganges, der sehr tief im Klosterkomplex angelegt war. Hier fielen nur Teile vom Putz und kleinere Steine von den Wänden. In dem Chaos wies einer der Mönche den Weg: »Er kam zu uns und sagte: ›Seid ihr denn wahnsinnig, hier in der Anlage zu bleiben?‹ Er forderte uns auf, ihm zu folgen«, erzählt Viola Annunziata, die Mutter von Antonio. Der Mönch brachte sie zur Zelle des Ordensgründers. »Das war schließlich unsere Rettung.« Dort beteten der Abt und die verbliebenen Ordensbrüder für die Menschen. Wie durch ein Wunder blieb dieser untere Teil des Gebäudes völlig unversehrt – hier zeigte sich in der Tat, dass das Kloster das Fundament einer Festung hatte.

Wir waren in der Zelle des Heiligen Benedikt untergebracht. Auch wir hörten diesen Lärm. Noch heute habe ich Probleme bei dem Geräusch von Propellerflugzeugen. Alles vibriert und ich bekomme eine Gänsehaut.

Antonio Velardo,
Flüchtling in
Monte Cassino

Doch konnten die Mauern des Benediktinerkomplexes den Bomben nicht standhalten. In einer Feuerpause wagte der Abt Diamare einen Blick auf das Klostergelände: Von der Kathedrale, den einzelnen Gebäuden, den Freitreppen, den Skulpturen waren nur noch Ruinen und Reste geblieben. Kniehoch ragte der Schutt, an manchen Stellen waren es mehrere Meter. Da zogen schon wieder neue Bomberverbände über dem Kloster auf. Erneut folgte eine Detonation auf die andere. Bei der

»Das Fundament einer Festung« – trotz seiner massiven Bauweise war das Kloster weitgehend zerstört

Wir haben später Explosionen am Vesuv gesehen. Das erschien uns doch eher unbedeutend im Vergleich zu diesem Bombenangriff.

Tony Edwards,
britischer Soldat

zweiten Welle waren es 283 Tonnen Spreng- und Brandmittel. Nachdem die Detonationen verklungen waren, bahnten sich die Mönche und die Flüchtlinge, die überlebt hatten, einen Weg ins Freie. Der Anblick war fürchterlich. Es gab viele Tote und Verletzte. Und es blieb kaum Zeit, sich um sie zu kümmern. Artilleriefeuer setzte nun ein. 50 000 Granaten sollten die Anhöhe endgültig sturmreif machen. Bei vielen alliierten Soldaten herrschte Erleichterung, bei manchen sogar Freudentaumel. Gene Jameson, Soldat der 36. US-Infanteriedivision, berichtet: »Wir sprangen aus den Gräben und jubelten unseren Bombern zu, als sie ihre Fracht abwarfen. Wie bei einem Fußballspiel.« Aus der Sicht derer, die mehrmals vergebens den Berg gestürmt hatten, war ein tödliches Hindernis aus dem Weg geräumt worden. Douglas Lyne war seinerzeit Offizier in der britischen Armee. Heute sieht er die verständliche Reaktion vieler Kameraden kritisch: »Die Verrohung der Sitten und die Bereitschaft, wichtige Kulturgüter der Menschheit zu zerstören, war unter Soldaten weit verbreitet. Sie freuten sich, wenn etwas zerbombt wurde, und neigten dann zu Beifallsrufen. Je größer die Explosion, desto lauter der Jubel. Den größten Jubelschrei, der mir je zu Ohren kam, gab es bei der Zerstörung des Klosters Monte Cassino.«

»Je größer die Explosion, desto lauter der Jubel« – britische Soldaten beobachten das Bombardement

In der Abtei starben weit über 200 Zivilisten. Doch retteten ihre dicken Mauern mehr als 600 Menschen das Leben: Sie überlebten den Bombenhagel in den Kellern und Gewölben. Von den wertvollen Unikaten der Bildhauer und Architekten blieben nur Steinbrocken, Scherben und Splitter – doch das Kostbarste wurde nicht zerstört: Unmittelbar neben dem Grab des Ordensgründers Benedikt war eine Fliegerbombe eingeschlagen. Sie detonierte jedoch nicht. Für viele Überlebende erschien das wie eine glückliche Fügung.

Hermann Völk ist heute Priester, damals war er Fallschirmjäger-Offizier. Er nahm als einer der allerersten deutschen Soldaten das Trümmermeer in Augenschein: »Ich habe zunächst gesehen, dass rechts noch eine Plastik stand. Das war die Heilige Scholastika; sie war unversehrt geblieben. Auf der anderen Seite gab es eine Statue, deren Kopf am Boden lag. Das war der Heilige Benedikt.« Eine solche Verwüstung hatte er noch nie gesehen. Doch es gab noch mehr, was ihn bewegte: »Als ich mich weiter umschaute, da wurde mir klar, was für eine Position das hier war, dass man von hier oben alles überschauen konnte.« Völk ließ einen MG-Schützen Stellung beziehen. Dies sollte der Anfang der Besetzung des Klosters durch die Deutschen sein.

Auch der Soldat Ewald Bollbach zählte zu den Ersten, die sich zur Ruine begaben. Er machte dort eine traurige Entdeckung: »Unter einem der Steinbrocken sah ich eine Hand.« Bollbach räumte die Steine beiseite und entdeckte den Leichnam eines kleinen Mädchens. Ein umgestürzter Altar hatte es unter sich begraben. »Die Kleine muss eine riesengroße Angst gehabt haben«, sagt Bollbach. »Die Finger des Kindes hielten ein Gebetbuch fest umklammert. Es stand ein Name darin, in kindlicher Schrift geschrieben, Emilia Pignatelli.« Bollbach steckte das Gebetbuch ein. »Das kannst ic nicht wegwerfen. Unmöglich, sagte ich mir.« Das Schicksal des Mädchens sollte den Soldaten nicht loslassen. Fünf Jahrzehnte lang verwahrte er das kleine Buch wie einen Schatz, bis er schließlich nach der Familie suchte und es 1994 den Angehörigen übergeben konnte. Es war ein Vermächtnis ein halbes Jahrhundert nach der Hölle von Monte Cassino.

Ein Mönch war im Kloster geblieben. Er hatte das Gefühl, dass er bald sterben würde, und er wollte dies im Kloster. Der Mann war vielleicht schon in einer anderen Welt, denn der hat nur noch gebetet. Für alle, die unten gestorben sind. Er ist später auf dem Klosterhof beerdigt worden.

Rudolf Valentin,
deutscher
Fallschirmjäger

Nach dem Angriff besetzten die deutschen Truppen die Ruinen, denn jetzt hatten sie offensichtlich jede Rechtfertigung dazu. Und so wurde das Kloster zu einem schwierigeren Angriffsziel, als wenn es gar nicht bombardiert worden wäre.

Lord Michael Carver,
britischer Offizier

»Nur noch Ruinen« – nach dem Angriff besetzen deutsche Soldaten die Trümmer von Monte Cassino

Doch die wirklich entscheidende Schlacht um den Klosterberg stand damals noch bevor. Der Großteil der Flüchtlinge wollten den Ort des Schreckens so schnell wie möglich verlassen. Eine kleine Gruppe von 40 Menschen, darunter der Abt und die Mönche, blieb zunächst auf dem Klosterberg. Panzerkommandant Deiber erschien auf dem Trümmerfeld und suchte das Gespräch mit dem Abt. Auf Bitten des Papstes wolle Hitler einen Waffenstillstand mit den Alliierten vereinbaren, damit die Zivilisten in Sicherheit gebracht werden könnten, sagte Deiber. In der Hand hielt er ein Dokument. Mit seiner Unterschrift sollte der Abt bestätigen, dass sich niemals ein deutscher Soldat in der Abtei aufgehalten habe. Diamare unterschrieb. Leutnant Deiber verließ das Kloster. Von einem Waffenstillstandsplan hörte man nichts mehr. Es war wohl ein Vorwand, um an die Unterschrift zu gelangen.

Die Rauchschwaden hatten sich gerade erst verzogen, da war die Propagandaschlacht um die Zerstörung der Abtei bereits voll entbrannt. Die Alliierten hielten an ihrer Behauptung fest, das Kloster sei von den Deutschen besetzt gewesen, die NS-Wochenschau hingegen prangerte die Zerstörung höchsten Kulturgutes an. Am Morgen des 17. Februar entschieden sich die noch verbliebenen Menschen im Kloster, Schutz hinter den deutschen Linien zu suchen. An der Spitze ging der Abt. Er trug ein großes hölzernes Kreuz. Douglas Lyne beobachtete die Prozession der Überlebenden, für ihn war das ein beklemmender Augenblick: »Plötzlich ruhten die Waffen, und in meiner

> *Es war eine absolute Vorsichtsmaßnahme, dass der Abt Diamare unter Eid ein Dokument unterschrieben hat, in dem stand, dass im Kloster niemals deutsche Soldaten gewesen waren. Dieses Dokument bereitete den Alliierten große Sorgen, weil es die Wahrheit enthielt.*
>
> Bernardo D'Onorio,
> heutiger Abt
> von Monte Cassino

»Absolute Vorsichtsmaßnahme« – Abt Diamare verlässt das Kloster, hinter ihm General von Senger und Etterlin

Mit meinem Messer grub ich in der Erde ein Loch für die Schützenmine. Auf einmal zieht mir ein bestialischer Gestank in die Nase. Und ich fasse hin und halte einen Knopf in der Hand. Da hatte ich also einen Toten angebohrt, der da schon eine Weile lag.

Werner Issmer,
deutscher
Fallschirmjäger

Später gewöhnte man sich daran, dass überall Tote herumlagen. Das war unangenehm, aber nicht zu ändern. Es war kahler Fels. Wir haben die Getöteten in einen Bombentrichter gelegt und ein paar Steine drauf. Mehr war nicht zu machen.

Rudolf Valentin,
deutscher
Fallschirmjäger

Erinnerung sehe ich noch die Menschen über den Gipfel ziehen. Es war wie in einem Film von Sergej Eisenstein, wie sie da still durch die verwüstete Landschaft zogen.«

Das Bombardement hätte sich zumindest militärisch als zweckdienlich erweisen können, wenn der Berg anschließend sofort gestürmt worden wäre. Das hätte den Durchbruch an der Gustav-Linie bedeutet. Doch der erwartete alliierte Sturm auf den Klosterberg blieb aus. »Wir hatten keinerlei Hinweise auf den Luftangriff. Das wäre aber die entscheidende Information gewesen. Wenn wir vorbereitet gewesen wären, hätten wir daraus durchaus unseren Vorteil ziehen können«, meint im Nachhinein Donald Ramsay-Brown, der damals Offizier der 4. indischen Division war. Es gab folgenschwere Missverständnisse: Der indische Divisionskommandeur Dimoline hatte womöglich geglaubt, Freyberg habe seine Einwände akzeptiert, den Luftangriff abgesagt. Nun blickten seine Soldaten völlig überrascht auf die rauchenden Ruinen von Monte Cassino. Zwei strategische Höhen waren dem Klosterberg vorgelagert. Diese sollten die Inder nun erstürmen. Aufgrund des deutschen Gegenfeuers geriet das Vorhaben zum Debakel. Die Fallschirmjäger von General Richard Heidrich warfen die Inder zurück. Das Entscheidende aber war, dass die Deutschen nun selbst den Schutthaufen besetzten, der vom Kloster geblieben war.

Den Westmächten war zuerst nicht bewusst, dass sie das Klostergelände nun mitten in die deutsche Verteidigungslinie gebombt hatten. Jetzt gab es für Feldmarschall Kesselring keine Bedenken mehr, den heiligen Ort als Stellung zu nutzen. Bunker aus Stahl und Beton waren nicht erforderlich. Die Trümmer boten genügend Deckung. »Die Alliierten hatten einen schlechten Tausch gemacht«, sagt Helmut Rönnefarth, Offizier der 44. Infanteriedivision. »Vorher gab es von dort keinen Widerstand. Und als es zerbombt war, da wurde gekämpft.«

In den Bergen hinter dem Monte Cassino wiederholten sich nun die Szenen, wie sie wenige Wochen vorher schon die Amerikaner erlebt hatten. Der Gebirgskrieg geriet für die Westmächte zum aussichtslosen Stellungskrieg. Die Verbissenheit der Verteidiger von Monte Cassino

»Verbissene Verteidiger« – nach der Zerstörung bezogen deutsche Truppen das Kloster in ihre Stellungen ein

»Auf historischem Boden« – eine deutsche Granatwerfereinheit in den Trümmern Cassinos

rang den alliierten Befehlshabern großen Respekt ab – es gehörte wenig Fantasie dazu, sich vorzustellen, was auch sie durchmachten. Wilhelm Prinz, damals Soldat der 94. Infanteriedivision, erinnert sich an die Worte eines Kameraden: »Der hatte von Frankreich bis Stalingrad alles erlebt. Der schimpfte immer nur: ›Das ist ja alles furchtbar. Lieber wieder nach Russland zurückkehren, man kriegt ja keinen Kopf mehr hoch bei diesem Artilleriebeschuss.‹« Die Alliierten wurden aus der Luft versorgt – für die deutschen Soldaten eine Möglichkeit, sich zu bedienen, da viele Pakete im Niemandsland landeten. Zudem kam der eigene Nachschub nicht bis zur Kampflinie durch. »Man hat sich gemerkt, wo was war«, sagt der frühere Fallschirmjäger Rudolf Valentin.

»Blaue Pakete enthielten Wasser, weiße Verpflegung und rote Munition. Als es dunkel war, ging der Run los. Dann gab es richtige Nahkämpfe um Verpflegungspakete und Wasserkanister.« Staunend öffneten die deutschen Fallschirmjäger die Päckchen: »Da waren Zigaretten, Kekse, Marmelade, sogar Toilettenpapier drin. Das war für uns Luxus.« Donald Ramsay-Brown schildert auch, wie man mit den Toten und Verletzten umging: »Wir vereinbarten mit den deutschen Fallschirmjägern eine zeitlich begrenzte Waffenruhe, um die Kameraden zu bergen. Ohne vorherige Ankündigung wurde nicht weitergekämpft.« Auch das existierte bei Cassino: Menschlichkeit. »Wir hatten nicht genug Tragbahren«, berichtet Rudolf Valentin, »da haben die Engländer uns zwei von ihren ausgeliehen.« Am nächsten Tag sollten sie zurückgegeben werden. »Da sind drei Mann von uns mit den Bahren rübergegangen. Die Engländer sind ihnen entgegengekommen und haben ihre Tragbahre wieder geholt. Unsere Männer verschwanden, deren Männer verschwanden. Wenn man fünf Minuten später an derselben Stelle den Finger gehoben hätte, wäre der weggeschossen worden. So war das.«

Die Front bewegte sich nicht, und auch weiter im Norden hatten die Alliierten Probleme. Der Brückenkopf bei Anzio geriet immer stärker unter deutschen Druck. Nun wollte der Neuseeländer Freyberg den Sieg über die Stadt Cassino erzwingen. Dort nämlich hatten sich die Deutschen ebenfalls verschanzt und Befestigungen angelegt. Einmal mehr hoffte Freyberg auf die Luftwaffe. Mit einem »Hammerschlag« sollte Cassino dem Erdboden gleich gemacht werden. Der befohlene Bombenhagel führte allerdings nicht zum erwünschten Erfolg. Die Einschläge lagen am Ende so dicht beieinander, dass das Gelände praktisch unpassierbar wurde. »Als wir Cassino einnehmen wollten, blieben die Panzer in den Bombenkratern stecken. Und die Deutschen machten sich auch hier die Ruinen zunutze«, so Tony Edwards vom East Surrey Regiment. Ein blutiger Straßenkampf tobte. Wie auch schon in Stalingrad musste Haus um Haus erobert werden. Edwards: »Es erinnerte sehr an den Ersten Weltkrieg, Bajonett gegen Bajonett, Gewehr gegen Gewehr.« Nach acht Tagen wurde auch diese Offensive eingestellt. Die Neuseeländer hatten in den

> *Wir dachten, das sind genauso arme Hunde wie wir. Die werden genauso in den Tod getrieben wie wir.*
>
> Joseph Hölzberger, deutscher Soldat

> *Führer, Volk und Vaterland. An diese Phrasen hat im Kampf doch niemand gedacht. Da ging es ums nackte Überleben. Interessant war, was ein paar Meter vor einem, ein paar Meter rechts oder links passierte. Man wollte am Leben bleiben.*
>
> Rudolf Valentin, deutscher Fallschirmjäger

»Momente der Menschlichkeit« – britische Soldaten bergen Verwundete in den Ruinen von Cassino

Straßen von Cassino 2400 Mann verloren, die Deutschen 1800. Erneut gruppierten beide Seiten ihre Verbände um. Auf alliierter Seite wurden die Neuseeländer abgelöst, und mit ihnen auch General Freyberg. Das 2. Polnische Korps unter dem Kommando von General Wladislaw Anders trat Ende März 1944 in die Schlacht ein. Hier kämpften Soldaten, die in Großbritannien ausgebildet worden waren, die britische Uniformen und britische Waffen trugen. Für sie gewann die Cassino-Schlacht eine besondere Bedeutung: »Wir haben nicht für irgendjemanden Krieg geführt«, sagt Jozef Woitecki, ein Soldat des Polnischen Korps, »für uns war dieser Kampf ein Kampf für die eigene Befreiung.« Die Polen waren 1939 von der deutschen Wehrmacht vernichtend geschlagen worden und hatten unter Hitlers Diktatur mit am meisten zu leiden.

Schwere Kämpfe und Verluste hatte der britische Armee-Kommandeur Oliver Leese dem Polen Anders prophezeit. Der hatte die Aufgabe trotzdem übernommen, denn er erblickte die

Wir hatten 14 deutsche Gefangene. Sie boten sich freiwillig als Träger für Verwundete an. Sie arbeiteten so schnell sie konnten. Sie hätten weglaufen können. Aber das taten sie nicht. Sie kamen immer wieder zurück. Und sie brachten auch ihre Verwundeten. Sie brachten Menschen aller Nationalitäten. Das war ein wunderbares Zeichen.

Bill Hawkins,
britischer Offizier

»Häuserkampf wie in Stalingrad« – britische Infanteristen dringen in ein Haus in Cassino ein

Chance, einen ehrenvollen Sieg gegen die Deutschen erringen zu können. Der Angriff war für Anfang Mai vorgesehen. Im Tagesbefehl von General Anders hieß es: »Die uns erteilte Aufgabe wird den Ruf des polnischen Soldaten in alle Welt tragen.« Am 11. Mai, um 23.00 Uhr, kurz nach dem Zeitzeichen von BBC London, eröffneten rund 1600 Geschütze ihr Trommelfeuer auf die Stellungen der Deutschen. Die Attacke traf sie völlig überraschend. Die beiden Generäle von Senger und Etterlin sowie von Vietinghoff befanden sich gemeinsam auf Deutschland-Reise, um sich bei Hitler das Eichenlaub zum Ritterkreuz für die bisherige Abwehrschlacht bei Cassino abzuholen. Und dennoch geriet auch der Angriff der Polen zum Opfergang. Im deutschen Mörser- und MG-Feuer wurden ganze Einheiten aufgerieben. Das polnische Korps verlor 1500 Mann innerhalb von drei Tagen und wurde

»Den Ruf des polnischen Soldaten in alle Welt tragen« – der polnische General Wladyslaw Anders (2. von rechts) mit britischen Offizieren

Meine Mutter suchte unser Haus. Wir alle suchten das Haus. Aber es war nicht mehr da. Nicht einmal eine Mauer. Nichts. Es war alles zerstört oder überflutet. Wir hatten nichts mehr. Uns wurde alles genommen.

Ersilia Gradini,
Einwohnerin
von Cassino

Es war die Revanche für das, was im September 1939 passiert war.

Jozef Woitecki,
polnischer Soldat

zurückgeschlagen. Am 16. Mai erfolgte der zweite Versuch. Wann würde das Sterben endlich aufhören? Es geschah etwas, womit niemand gerechnet hatte. Am 18. Mai, 9.00 Uhr, brach der polnische General Duch mit dem 12. Podolsker Ulanen-Regiment auf, um die Klosterruine einzunehmen. Vier Monate lang hatten alliierte Soldaten vieler Länder vergeblich versucht, sich hier einen Weg zu bahnen. An diesem Tag benötigte Duch für diese Strecke nur vierzig Minuten. Um 9.40 Uhr besetzten die Polen das Kloster – ohne dass auch nur ein Schuss fiel.

Was war geschehen? Was war der Grund für den deutschen Rückzug gewesen? Die Alliierten hatten es geschafft, die deutschen Truppen auf beiden Seiten von Cassino in Bedrängnis zu bringen, ihre Umfassung drohte. Dem französischen Expeditionskorps unter General Juin war nördlich von Cassino auf breiter Front der Durchbruch gelungen, die britische 4. Division erreichte im Liri-Tal die Via Casilina. An der Küste setzte das II. US-Korps zum Marsch auf Rom an. Die Gustav-Linie war durchbrochen. Die Fallschirmjäger liefen nunmehr Gefahr, eingeschlossen zu werden. Daher gab Kesselring den Befehl zum Absetzen, dem General Heidrich nach wochenlangem Halten der Stellung jedoch nur widerwillig folgte. In der Nacht vom 17. auf den 18. Mai 1944 zogen sich die Reste der 1. Fallschirmjägerdivision zurück. Ihre Kompanien bestanden zum Teil nur noch aus zwei bis drei Mann. Sechzehn Verwundete, zwei Sanitäter und ein Fähnrich waren die einzige Hinterlassenschaft der deutschen Besatzung. Sie hatten ungeheure Strapazen auf sich genommen. Wie US-Filmaufnahmen von deutschen Gefangenen dokumentieren, haben die Kämpfe deutliche Spuren in ihren Gesichtern hinterlassen. Junge Männer waren in wenigen Monaten um Jahre gealtert. Die Polen aber waren glücklich, dieser Moment gab ihnen Selbstbewusstsein zurück. Um 10.20 Uhr wehte die polnische Flagge auf dem Monte Cassino – die Soldaten weinten.

Mochte die Einnahme Monte Cassinos am Ende nur noch symbolischen Wert gehabt haben: Für das Hitler-Reich war sie ein weiteres Menetekel des Untergangs. Der Durchbruch der Alliierten nach Norden war geglückt. Am 25. Mai erreichten die Truppen, die so lange an der Gustav-Linie verharren mussten, den Brückenkopf bei Anzio. Am 4. Juni befreiten die Amerikaner unter dem großen Jubel der Bevölkerung Rom. Zwei Tage später erfolgte

Wir waren dafür ausgebildet worden zu töten. Es schockiert mich heute, es so zu nennen, weil wir uns nicht als Killer betrachteten. Aber es gehörte zu unserem Job.

Morris Courrington,
US-Soldat

»Ganze Einheiten wurden aufgerieben« – polnische Soldaten bergen ihrer Verwundeten

der große Schlag gegen die Festung Europa: der Angriff in der Normandie, der »D-Day«. Italien war jetzt nur noch ein Nebenschauplatz. Die Schlacht um den heiligen Berg – sie war eine besonders tragische Etappe auf dem Weg zur Befreiung gewesen. Die Entwicklung im Italien-Krieg, der völlig erbitterte Widerstand der Deutschen, der Zeitdruck auf der Seite der Alliierten, persönliche Ambitionen einzelner Befehlshaber, Missverständnisse und die psychologische Bedeutung des klösterlichen Monuments als Manifest über dem Schlachtfeld hatten dazu beigetragen, dass es zu der Zerstörung gekommen war.

Lord Michael Carver urteilt als Historiker heute sehr kritisch über den einstigen Befehl: »Die Bombardierung von Monte Cassino war ein Fehler in jeglicher Beziehung. Ein ethischer Fehler, weil wir dem Vatikan versichert hatten, dass nicht gebombt wird, solange umgekehrt die Zusicherung galt, dass es nicht besetzt war. Und es war in der Tat auch ein militärischer Fehler. Denn es machte die Eroberung von Monte Cassino in keiner Weise leichter – eher sogar noch schwieriger.«

»Ungeheuere Strapazen hinter sich« – deutsche Gefangene bei Cassino

Winston Churchill schreibt in seinen Memoiren *Der Zweite Weltkrieg*: »Im Kloster gab es keine deutschen Truppen, aber die feindlichen Befestigungen verliefen unmittelbar daneben.« Das ist zum einen ein Eingeständnis. Aber gleichzeitig auch der Hinweis auf einen entscheidenden Aspekt: die Nähe zum Kampfgeschehen. Erst vor wenigen Jahren wurde im Vatikan ein aufschlussreiches Dokument entdeckt, das darauf Bezug nimmt. Es handelt sich um Aufzeichnungen von Monsignore Domenico Tardini wenige Tage nach dem Bombenangriff, in denen die Aussagen des Abtes Gregorio Diamare zusammengefasst sind. Aus ihnen geht hervor, wie schwierig es in dem bergigen Gelände überhaupt war, einen Sperrkreis von 300 Metern zu errichten. Es ist davon auch die Rede, dass die deutschen Stellungen immer näher an das Gebäude heranrückten, dass vor allem nachts in unmittelbarer Umgebung der Abtei zwei Panzerfahrzeuge umherfuhren und britische Stellungen beschossen. Ein unterhalb des Klosters eingerichteter Beobachtungsposten habe mit Blinkzeichen das deutsche Artilleriefeuer gelenkt, und »in einer Höhle, die sich direkt unterhalb des Klosters erstreckte, wurde ein Munitionslager eingerichtet«. All die Eindrücke mögen dazu beigetragen haben, dass die Abtei eines Tages doch zum militärischen Ziel erklärt wurde.

Später fanden wir heraus, dass die Deutschen dort keine Beobachter hatten und dass wir dieses historische Monument nicht hätten bombardieren sollen. Es gehörte zum Wahnsinn dieses Krieges, zu seinen Fehlern, dass wir die Abtei bombardiert haben.

Robert Drew,
US-Bomberpilot

Für den Kriegsberichterstatter Doon Campbell ist es ohnedies eine akademische Angelegenheit, zu fragen, ob es Deutsche im oder im direkten Umfeld des Klosters gab, die Höhe insgesamt sei von großer strategischer Bedeutung gewesen. Viele Soldaten empfanden wie Gabriele Luzi, der als italienischer Soldat auf alliierter Seite kämpfte: »Die Deutschen waren nicht im Kloster, aber sehr nahe daran. 300 Meter etwa. Als Soldat wusste ich, dass mich meine Feinde von dort oben beobachteten. Ich aber wollte heimkehren und meine Familie wieder sehen. Mein Leben war für mich wichtiger als ein Kunstschatz, ein Bauwerk oder auch ein von Gott geweihter Ort.« Douglas Lyne sagt: »Das Leben von Soldaten wurde höher bewertet als ein Denkmal. Deshalb war es selbstverständlich, eher ein Monument zu opfern, als Soldaten für dessen Erhalt sterben zu lassen.«
Zwei Tage nach der Zerstörung der Abtei erließ der britische General Sir Harold Alexander einen Befehl zum Schutz von wichtigen Kulturgütern in Italien. Bezeichnenderweise stand auf dieser Liste auch das Kloster von Monte Cassino. Als der Befehl jedoch die Kommandeure

»Wahnsinn des Krieges« – ein britischer Soldat mit deutschen Gefangenen in der zerstörten Stadt Cassino

erreichte, lag es bereits in Schutt und Asche. In Rom, Paris und anderswo blieb das Weltkulturerbe erhalten, hatte man dazugelernt?
Die Hölle von Monte Cassino forderte das Leben von zehntausenden von Menschen. Auf den Friedhöfen liegen Tote aus 34 Nationen.

Wir hätten das Kloster über die nördlichen Berge umgehen können, dann wäre es nie Teil einer Verteidigungslinie geworden.
Donald Ramsay-Brown,
britischer Offizier

Es war die Vielvölkerschlacht des Zweiten Weltkriegs. Der ehemalige US-Soldat Morris Courrington kehrte nach 50 Jahren an den Ort des Geschehens zurück: »Damals hatten wir keine Zeit, die Toten zu beklagen. Wir mussten immer weiterziehen. Es gab immer wieder einen anderen Fluss, einen anderen Hügel, den wir nehmen mussten. Als Soldat sah ich uns nie weinen. Aber heute weinen wir ohne Hemmung.«
Der Heilige Benedikt hatte den Untergang seines Klosters prophezeit. Aber auch seine Wiederauferstehung. Wer heute den Heiligen Berg besucht, kann sich davon überzeugen. Auf der Anhöhe zwischen Liri und Rapido steht die Abtei weit sichtbar im alten Glanz und ist erfüllt von neuem Leben. Der heutige Abt Bernardo D'Onorio ist stolz: »Das ganze Kloster wurde innerhalb von 13 Jahren erneut aufgebaut. Es ist einfach ein Wunder. Im Torbogen ist auch das Friedenszeichen eingefasst. Wer hierher kommt, erhält die Botschaft des Friedens, des Glaubens und der Toleranz.« Tausende von Veteranen kehren immer wieder zum Monte Cassino zurück, und hunderttausende von Besuchern erfahren eine Geschichte von Zerstörung und Wiederaufbau. Sie sehen die Gräber der gefallenen Soldaten und hören die Geschichten der Angehörigen, die sie besuchen. Monte Cassino ist heute ein Ort der Versöhnung, und ein Mahnmal gegen jeden Krieg.

»Letztes Aufbäumen« – deutsche Soldaten während der Ardennenoffensive im Dezember 1944

Im Spätsommer 1944 ziehen sich die deutschen Verbände nach den verlorenen Schlachten in der Normandie fluchtartig aus Frankreich Richtung Reichsgrenze und Holland zurück. Die Alliierten sind siegessicher und rechnen damit, dass der Krieg schon Weihnachten 1944 zu Ende sein könnte. Doch den Briten, Amerikanern und Kanadiern steht in den kommenden Monaten noch einige blutige Überraschungen bevor.

Die letzte Schlacht

Männer, Frauen und Kinder waren aus den Häusern geeilt und standen dicht gedrängt am Straßenrand. Angespannt schauten sie in die Ferne und lauschten. Wann würden sie wohl kommen? Endlich war das Dröhnen von Motoren, das Rasseln von Panzerketten zu vernehmen. Dann waren sie da – britische Soldaten! Nach vier Jahren deutscher Besatzung jubelte die belgische Bevölkerung den Truppen Marschall Montgomerys zu, die Anfang September 1944 unaufhaltsam Richtung Brüssel vorgestoßen waren. Der Durchbruch zur belgischen Hauptstadt ähnelte mehr einem fröhlichen Karnevalszug als einem kriegsmäßigen Vormarsch. Die Bevölkerung der belgischen Städte stand längs der Straße Spalier, Jungen und Mädchen kletterten auf die Panzer, auf die Verdecke der Autos, auf die Lastwagen der motorisieren Infanterie und genossen es, mit den vorrückenden Truppen von Ort zu Ort zu fahren. Überall hingen Flaggen der Alliierten. Es war ein beispielloser Siegesrausch für Befreier und Befreite.

Wir haben eine Schlacht verloren, aber ich sage Euch: Wir werden diesen Krieg doch gewinnen!
Aufruf von Feldmarschall Model an die Soldaten des Westheers, Anfang September 1944

165

»Stunde der Befreiung« – die britischen Truppen werden überall in Belgien und Holland begeistert begrüßt

Am Morgen des 3. September 1944 überschritten die ersten britischen Soldaten die belgische Grenze, in wenigen Stunden legten sie die 80 Kilometer nach Brüssel zurück und stießen dabei kaum auf deutschen Widerstand. Als die Deutschen am 2. September die Stadt geräumt hatten, ließ der deutsche Radiosender Brüssel verlautbaren: »Vergesst nicht, dass wir zurückkehren werden.« Doch daran mochte in jenen Tagen niemand glauben. Die Wehrmacht hatte nicht nur eine Schlacht verloren, sie war vernichtend geschlagen worden. Nach sieben Wochen schwerer Kämpfe in der Normandie, nach der Kesselschlacht von

Falaise und dem verlustreichen Überschreiten der Seine war das einst so ruhmvolle deutsche Westheer nur noch ein Schatten seiner selbst. Die deutschen Landser, die das Grauen überlebt hatten, waren müde und abgekämpft, sie hatten – wie einer ihrer Generäle bemerkte – »im Allgemeinen die Schnauze voll«. Ohne schwere Waffen standen sie in einem aussichtslosen Kampf gegen die hoch technisierten alliierten Streitkräfte. Die Parole hieß jetzt nur noch: Rette sich wer kann! Unbeschreibliche Szenen spielten sich auf den Straßen ab. Panikartig ergriffen die Reste der deutschen Verbände die Flucht nach Osten, sie versuchten ihren Verfolgern zu entkommen und ließen alles stehen und liegen, was sie daran hinderte: kaputte Fahrzeuge und zerstörte Ausrüstung. Sogar die gefallene Soldaten wurden nicht mehr begraben. Die Moral bröckelte. Die NS-Propaganda hatte die Invasion stets als die große Entscheidungs-

Das war ein heilloses Durcheinander. Die Straßen waren natürlich verstopft. Jeder versuchte weiter gen Osten zu kommen. So ein bisschen mit dem Ellenbogensystem, also jetzt bin ich erst einmal an der Reihe und ihr müsst warten.

Gernot Traupel,
deutscher Offizier

»Ein heilloses Durcheinander« – Hals über Kopf zieht sich das deutsche Heer aus Frankreich zurück

Nun, es hieß: zu Weihnachten in Berlin! Wir glaubten daran, einfach deshalb, weil wir so schnell vorwärts marschierten. Aber ich glaube, niemand hatte eine Vorstellung davon, wie weit es eigentlich noch bis Berlin war.

Vernon E. Swanson,
US-Soldat

schlacht des Krieges herausgestellt – nun war diese Schlacht verloren, wer wollte da noch ernsthaft anzweifeln, dass Deutschland sein Pulver endgültig verschossen hatte?
Hitler jedoch dachte keineswegs daran, den Kampf einzustellen. Er setzte am 5. September 1944 seinen alten Paladin Gerd von Rundstedt als neuen Oberbefehlshaber West ein und befahl ihm, mit aller Härte dafür zu sorgen, den Vormarsch der Alliierten zum Stehen zu bringen. Der Westwall wurde mit Hilfe von über 150 000 zivilen Arbeitskräften wieder in Verteidigungszustand gebracht. Für den Fall des weiteren Vordringens der Alliierten ordnete Hitler an, dass jedes deutsche Dorf eine Festung werden müsse, die es mit äußerstem Fanatismus zu verteidigen gelte. Wer sich dieser Anordnung widersetze, »ist zu beseitigen«. Die Feldpolizei errichtete Sperrlinien und Sammelpunkte, um die kopflos zur Reichsgrenze fliehenden Soldaten abzufangen und zu neu ausgerüsteten Einheiten zusammenzufassen. Standgerichte wurden eingesetzt, die mit wirklichen oder vermeintlichen Deserteuren kurzen Prozess machten. So gelang es, bis Ende September 160 000 Mann in die Front einzugliedern. Doch was bedeutete dies schon angesichts einer übermächtigen alliierten Armee, die mit zwei Millionen Mann und 7000 Panzern den Reichsgrenzen entgegenstrebte? Die Wehrmacht hatte Schild und Schwert verloren – jetzt konnte sie nur noch ein Wunder retten.
Viele britische und amerikanische Soldaten waren indessen nahezu berauscht von ihrem Vormarsch. Der endgültige Sieg schien unmittelbar bevorzustehen. »Weihnachten zu Hause«, hieß die Parole. Bei den alliierten Oberbefehlshabern war mittlerweile jedoch ein heftiger Streit darüber entbrannt, wie dem waidwunden Gegner der Todesstoß versetzt werden sollte. Den durch Frankreich brausenden Verbänden wurde der Nachschub knapp. Jede Granate, jeder Kanister, jedes Ersatzteil musste mühsam von den Depots in der Normandie an die Front gekarrt werden. Da die französischen Eisenbahnlinien durch die alliierten Bombenangriffe vollkommen zerstört waren, brachten Lkw-Kolonnen den Nachschub nach vorne. Doch diese verbrauchten auf ihrer langen Fahrt selbst gewaltige Mengen Benzin. Bald war klar, dass der Nachschub für alle Verbände der Alliierten nicht reichen würde.
Um weiter in Richtung Holland vorstoßen und schließlich nördlich des Ruhrgebiets in die norddeutsche Tiefebene einbrechen zu können, wollte Montgomery, dass die Verbände seiner 21. Heeresgruppe

bevorzugt versorgt würden. Dagegen wehrte sich der alliierte Oberbefehlshaber Eisenhower. Er sah nicht ein, lediglich den britischen Verbänden die knappen Versorgungsgüter zur Verfügung zu stellen, während gleichzeitig die an Zahl weitaus bedeutenderen US-Divisionen ihren Vormarsch einstellen sollten. Daher befahl er allen Armeen, möglichst rasch auf die Reichsgrenze zuzumarschieren, um zu verhindern, dass sich die Wehrmacht am West-

Die deutsche Armee ist keine zusammenhängende Streitmacht mehr, sondern besteht nur noch aus einer Anzahl flüchtender, desorganisierter und demoralisierter Kampfgruppen.

Lagebeurteilung des Hauptquartiers der alliierten Streitkräfte in Europa, 2. September 1944

wall festsetzen konnte. In dieser Situation beging Montgomery – wie sich sehr bald erweisen sollte – einen verhängnisvollen Fehler: Am 4. September hatten britische Truppen vollkommen überraschend den Welthafen von Antwerpen in einem nahezu unzerstörten Zustand eingenommen. Anstatt nun mit allen Mitteln die von den Deutschen

»Beispielloser Siegesrausch« – amerikanische Soldaten posieren mit einer erbeuteten Hakenkreuzfahne

verteidigte Schelde-Mündung freizukämpfen und damit den Zugang zu diesem Großhafen in unmittelbarer Frontnähe zu öffnen, hielt sich ein bedeutender Teil von Montgomerys Streitmacht den gesammten September damit auf, eine deutsche Kanalfestung nach der anderen zu erobern: Le Havre, Boulogne und Calais. Die drei Häfen fielen den Alliierten nur als Trümmerfelder in die Hände, sodass dort lange Zeit kein Nachschub gelöscht werden konnte.

Dennoch entschied sich Montgomery, seinen ungestümen Vormarsch weiter fortzusetzen. Vor seinen Verbänden schien es keinen organisierten deutschen Widerstand mehr zu geben. Deshalb entstand folgender kühner Plan: Drei Fallschirmjägerdivisionen sollten bei Eindhoven, Nimwegen und Arnheim abspringen, die Brücken über Maas, Waal und Niederrhein erobern und anschließend den Bodentruppen den Zugang zur norddeutschen Tiefebene öffnen. Die gesamte deutsche Verteidigung in Holland müsste in Folge dieses Angriffs zusammenbrechen. Außerdem würde es auf diese Weise auch möglich sein, die Abschussbasen der V-2 auszuschalten, die seit dem 8. September 1944 auf London abgefeuert wurden und gegen die es bisher keine Abwehr gab. Montgomery und dann auch Eisenhower sahen Mitte September 1944 also die Chance, noch vor Einbruch der Schlechtwetterperiode einen weiteren entscheidenden Sieg über die Wehrmacht zu erringen und die Kapitulation des Deutschen Reiches damit zu erzwingen. »Zu diesem Zeitpunkt«, erinnert sich Tony Hibbert von der 1. britischen Luftlandedivision, »waren wir allesamt so zuversichtlich, dass wir den Krieg rasch gewinnen würden, dass wir uns überhaupt nicht vorstellen konnten, die Operation könnte auch scheitern.«

Seit D-Day waren 17 Luftlandeoperationen für unsere Einheit geplant worden, die immer wieder abgesagt worden waren. »Market Garden« war der 18. Versuch, wieder in den Einsatz zu kommen, und die Truppe war mehr als bereit. Allmählich drohte sie einzurosten. Wenn man sie aufgefordert hätte, in der Mitte Berlins abzuspringen, hätten sie wahrscheinlich geantwortet: »Lass es uns probieren« – so sehr waren sie darauf erpicht, in den scharfen Einsatz zu kommen.

Tony Hibbert,
britischer Offizier

Für »Market Garden«, wie das Unternehmen hieß, wurde in Großbritannien eine gewaltige Streitmacht zusammengezogen: 1546 Transportflugzeuge und 478 Lastensegler standen bereit, um 35 000 Elitesoldaten hinter die deutschen Linien zu befördern. Zwar erfuhr das alliierte Hauptquartier einen Tag vor Beginn der Operation aus der Funkentzifferung, dass sich die 9. und 10. SS-Panzerdivision in der Nähe von Arnheim befanden. Entsprechende Meldungen lagen auch von holländischen Widerstandskämpfern vor – dennoch ließ Montgomery nicht von seinem Einsatzplan ab. Die beiden SS-Verbände waren in der Normandie

»Kühner Plan« – die Generäle Dempsey, Hodges, Crerar, Montgomery und Bradley (von links) diskutieren über das Unternehmen »Market Garden«

zerschlagen worden, großen Widerstand konnte man von ihnen daher kaum erwarten. Außerdem würde eine Luftlandung so weit hinter der deutschen Front schon für ausreichend Verwirrung sorgen, um einen raschen Vormarsch zu gewährleisten. »Bei der Einsatzbesprechung sagte man uns, dass wir nicht mit viel Widerstand zu rechnen hätten«, erinnert sich Bryan Willoughby von der 1. britischen Luftlandedivision, »da gibt es nur ein paar ältere deutsche Soldaten, Magenkranke und andere, es wird ein Kinderspiel werden, hieß es.«

Der Sonntag des 17. September 1944 war ein warmer Spätsommertag. Generaloberst Kurt Student, der Oberbefehlshaber der deutschen Truppen in Südholland, arbeitete bei geöffnetem Fenster auf seinem Gefechtsstand. Gegen Mittag vernahm er mit einem Mal ein immer lauter werdendes Dröhnen. »Ich trat auf den Balkon hinaus. Überall,

»Ein glorreicher Tag« – britische Fallschirmjäger auf dem Weg Richtung Holland

Es ist Sonntagmorgen. Was für ein glorreicher Tag! Wir bestiegen die Flugzeuge und nach drei Stunden waren wir über Holland. Als wir absprangen, war das Wetter wunderbar und es gab keinen Widerstand. Junge Frauen empfingen uns und sammelten die Fallschirme auf – wahrscheinlich um an die feine Seide zu kommen.

William Fulton, britischer Fallschirmjäger, über den 17. September 1944

wohin ich blickte, sah ich Flugzeuge, Truppentransporter, Schleppzüge mit Lastenseglern, die in lockeren Verbänden und einzeln ganz niedrig am Haus vorbei flogen. Immer neue Verbände kamen heran und verschwanden in der Ferne. Ich war tief beeindruckt von diesem gewaltigen Schauspiel, das sich mir so plötzlich darbot.« Student wurde Augenzeuge des bis dahin größten Luftlandeunternehmens der Geschichte. Die ersten Fallschirmjäger trafen nur auf schwachen Widerstand und hatten kaum Verluste zu verzeichnen. Bei Eindhoven konnten die Männer der 101. US-Luftlandedivision wichtige Brücken über die verzweigten Kanäle einnehmen, ihre Kameraden der 82. Luftlandedivision eroberten bei Grave die Brücke über die Maas und marschierten in Richtung Nimwegen, um hier die beiden wichtigen Brücken über den Waal zu erobern.

»Es wird ein Kinderspiel«: britische Luftlandetruppen bereiten sich nach der Landung auf den Vormarsch Richtung Arnheim vor

»Meister der Defensive« – Feldmarschall Model in Arnheim mit SS-General Wilhelm Bittrich, Major Knaust und SS-General Harmel (von links)

Die britischen Fallschirmjäger erhielten den Auftrag, die Brücke von Arnheim zu besetzen. Um dem deutschen Flakfeuer zu entgehen, hatte man die Männer 15 Kilometer nordwestlich der Stadt abgesetzt, damit sie dort sicher landen konnten. Allerdings mussten die Fallschirmjäger dann den Marsch zur Brücke zu Fuß antreten – damit verpuffte aber der geplante Überraschungseffekt der Operation. Feldmarschall Walter Model rätselte in seinem Hauptquartier zunächst über das Ziel der britischen Luftlandetruppen, erkannte jedoch schnell, dass es nur die strategisch wichtige Arnheimer Rheinbrücke sein konnte. Der Meister der Defensive machte sich sofort daran, Kampfgruppen zusammenzustellen, um den gefährlichen Angriff abzuwehren. Neben allerlei Alarm- und Reserveeinheiten standen ihm vor allem die Reste der 9. und 10. SS-Panzerdivision zur Verfügung. Eigentlich hätte die 9. SS-Division drei Tage später zur Auffrischung ins Reich verlegt werden sollen, Teile der Division waren bereits abtransportiert worden. Alle Soldaten, die noch in Holland stationiert waren – rund 3000 Mann –, wurden sofort in den Kampf geschickt.

Zwei Kompanien des 2. Bataillons von John Frost marschierten vor mir, und ich kam mit 300 Soldaten des Brigadehauptquartiers hinterher, Funker, Sanitäter, Artilleristen und Männer von der Pak. Frost kam etwa zehn Minuten vor mir an der Brücke an – von Deutschen keine Spur. Alles war ruhig mit Ausnahme der Holländer, die aus ihren Häusern stürzten, uns begrüßten, vor Freude herumjubelten und einen gewaltigen Lärm machten.

Tony Hibbert,
britischer Offizier

»Alle verfügbaren Truppenteile in den Kampf geworfen« – deutsche Panzer rollen durch Arnheim

Unterdessen gelang es dem britischen Fallschirmjägerbataillon von Oberstleutnant John Frost bis zur Straßenbrücke von Arnheim vorzudringen und die Nordzufahrt zu besetzen. Die Elitesoldaten scheiterten jedoch daran, die Brücke zu überqueren und das Südufer zu erreichen, da ihnen heftiger Widerstand entgegenschlug. Der Kommandeur der britischen Fallschirmjägerdivision, General Urquhart, musste erkennen, dass man sich bei der Planung des Unternehmens verkalkuliert hatte. Die Schlüsselstellung an der Brücke wurde nur von einem einzigen Bataillon mit 600 Mann gehalten. Als am Morgen des 18. September 1944 Panzerspähwagen und Schützenpanzer der Waffen-SS-Division »Hohenstaufen« von Süden über die Brücke rollten, wurden sie vom Feuer der Fallschirmjäger abgewiesen. Zwölf brennende Fahrzeugwracks blieben zurück und blockierten von nun an die Brücke. Doch zu diesem Zeitpunkt war die Verbindung der Hauptstreitmacht der Briten mit ihren Männern an der Brücke bereits abgebrochen und alle Versuche, Frost zu entset-

Erst um 9 Uhr am nächsten Tag, am Montagmorgen also, eröffnete die deutsche Artillerie das Feuer auf unsere Position, und Granatwerfer schossen für eine halbe Stunde Sperrfeuer. Dann versuchte ein motorisiertes Bataillon der Deutschen die Brücke von Süden her zu überqueren. Etwa eine Stunde dauerte der Kampf. Unsere Pak eröffnete das Feuer. Etwa gegen 10 Uhr war die Straße mit abgeschossenen Panzern und Schützenpanzern blockiert, die sich ineinander verkeilt hatten. Die Fahrzeugwracks bildeten in den nächsten drei Tagen eine ideale Straßensperre.

Tony Hibbert, britischer Offizier

zen, schlugen fehl. Es war wirklich kaum zu glauben: Die schnell zusammengewürfelten Alarmeinheiten der Deutschen hielten die Fallschirmjäger in Schach und unternahmen wütende Gegenangriffe. General Urquhart geriet dabei zwischen die Fronten und musste sich auf einem Dachboden verstecken, um nicht in deutsche Hände zu fallen. Erst nach quälend langen 39 Stunden befreiten ihn seine Kameraden. Am 18. September erhielten die Briten endlich Verstärkung: Eine weitere Fallschirmjägerbrigade wurde über Arnheim abgesetzt. Generell änderte sich jedoch dadurch nichts. Das Schicksal der Briten hing nun von den Panzern des XXX. Britischen Korps ab, die am 17. September zu ihrem Vormarsch nach Norden aufgebrochen waren, um dem Deutschen Reich den Todesstoß zu versetzen. Laut Operationsplan sollten sie nur zwei bis drei Tage später den Niederrhein erreichen und sich mit Urquharts Fallschirmjägern vereinen. Dies erwies sich sehr bald als bloße Theorie. Auch die britischen Panzer stießen auf heftigen deutschen Widerstand. Darüber hinaus war es von Nachteil, dass man für den Vormarsch nur eine einzige Straße vorgesehen hatte. Diese konnte

»Die Brücke von Arnheim« – deutlich sind die abgeschossenen Fahrzeuge an der nördlichen Auffahrt zu erkennen

Ständig gab es Gerüchte. Immer wenn ein Fahrzeug heranrauschte, sagten wir: »Das XXX. Korps ist da, das XXX. Korps ist da!« Aber leider passierte nichts, die Entsatztruppen erreichten uns nicht.

William Fulton,
britischer
Fallschirmjäger

von den Deutschen leicht blockiert werden. Zwar waren die Briten in der Übermacht, aber es kostete sie wertvolle Zeit, den ständig wieder aufflackernden Widerstand auszuschalten. Immerhin gelang es bereits am 18. September, die Verbindung mit den amerikanischen Fallschirmjägern bei Eindhoven und gleich einen Tag später bei Grave herzustellen. Von da an verschärfte sich jedoch der Widerstand: Nur mühsam ging es Richtung Nimwegen weiter, am 20. September konnte dort schließlich die Brücke über den Waal eingenommen werden.

Während der Kampf um die Stadt Nimwegen tobte, stand Brigadeführer Heinz Harmel, der Kommandeur der 10. SS-Division, auf dem Dach seines Bunkers und beobachtete mit einem Fernglas den Kampf. Trotz der heftigen Einschläge und des dichten Qualms erkannte er sofort, dass die Brücken verloren waren, und gab deshalb dem Pionier neben ihm den Sprengbefehl. Der betätigte die Zündmaschine – nichts passierte. Wieder und wieder versuchte er es, doch es rührte sich nichts. Die Zündleitungen waren zerstört worden – nun rächte es sich, dass Model die vorzeitige Sprengung der Brücke untersagt hatte.

»Das XXX. Korps ist da!« – eine britische Panzerkolonne passiert die Brücke von Nimwegen

Die britischen Panzer waren nun nur noch 17 Kilometer von Arnheim entfernt. Die Soldaten glaubten fest daran, spätestens dann den Widerstand der Deutschen brechen zu können, wenn sie die dort ausharrenden Fallschirmjäger erreichten. Doch die 10. SS-Division versperrte den Briten den Weg nach Norden. Alle Versuche, bis zur Brücke durchzustoßen, misslangen. Am 21. September wurde das tapfer kämpfende Bataillon Frost aufgerieben, die Reste gingen in deutsche Gefangenschaft. Tony Hibbert berichtet: »Das Hauptquartier des 2. Bataillon stand in Flammen und die Männer mussten schnell aus dem Gebäude heraus. In den Kellern lagen 300 Verwundete, die seit zwei Tagen ohne Wasser, Verpflegung und medizinische Versorgung waren. Wir baten die Deutschen um einen Waffenstillstand und sie halfen uns, die Verwundeten zu bergen. Sie nahmen sie auf und kümmerten sich vorbildlich um sie. Danach ging der Kampf weiter. Die Deutschen waren zu diesem Zeitpunkt in unsere Linien eingesickert und es gab ein Gefecht auf engstem Raum. Ich schaffte es, mit etwa 100 Mann aus dem Gebäude auszubrechen, doch bald darauf ging uns die Munition aus und wir wurden gefangen genommen. Es war der deprimierendste Moment in meinem Leben. Ich habe mich wirklich geschämt.«

Unterdessen war das Gros der 1. britischen Luftlandedivision um die kleine Ortschaft Oosterbeek westlich von Arnheim zusammengedrängt worden. Die Lage entspannte sich auch nicht durch den Absprung einer polnischen Luftlandebrigade südlich des Niederrheins bei Driel – im Gegenteil: Die deutsche Abwehr war unheimlich stark. »Der Himmel hing voll mit Fallschirmen«, erinnert sich der deutsche Augenzeuge Theo Clausdorff. »Wir haben immer mit unserer Flak hineingehalten, es war fast so wie Tontaubenschießen, die armen Kerle hatten kaum eine Chance – es war ein trauriger Anblick«.

Weiter südlich erlahmte der Angriffsschwung der Briten. Zwar erreichten die Vorhuten des XXX. Korps das Südufer des Niederrheins, doch auch sie konnten die Deutschen nicht aus ihren Stellungen werfen und den Fluss überqueren. In der Nacht vom 26. zum 27. September 1944 schlichen sich daher die noch kampffähigen Fallschirmjäger an den Rhein und wurden mit Booten an das von den britischen Vorhuten gehaltene Südufer übergesetzt. Rund 2100 Mann konnten sich auf diese Weise retten. Zurück blieben jedoch 1500 Gefallene, 6500 Mann gingen in Gefangenschaft. Die 1. britische Luftlandedivision hatte aufgehört zu bestehen!

Als wir über der Landezone waren, kam der amerikanische Pilot zur Tür und steckte sich eine Zigarre an. Als wir absprangen, rief er uns zu: »Macht ihnen die Hölle heiß!«

Stan Derbyshire, britischer Fallschirmjäger

»Der deprimierendste Moment im Leben« – deutsche Soldaten nehmen in Arnheim Briten gefangen

3300 deutsche Soldaten kamen bei den Kämpfen um Arnheim ums Leben oder wurden verwundet. Die Zahlen sprechen für sich: Beide Seiten kämpften mit verbissener Härte. Aber trotzdem war es ein fairer Kampf. So übernahm der Chefarzt der SS-Division »Hohenstaufen«, Dr. Skalka, nicht nur die Verwundeten des Bataillons Frost, sondern auch 2200 verletzte britische Fallschirmjäger, die im Kessel von Oosterbeek nicht mehr versorgt werden konnten. Dies waren Momente der Menschlichkeit in einem grausamen Krieg.

Montgomerys Versuch, noch im Herbst tief nach Deutschland einzubrechen, war gescheitert. Aus welchem Grund hatten sich die Alliierten derart getäuscht? Montgomery hatte nicht daran geglaubt, dass die Deutschen nach ihrem fluchtartigen Rückzug aus Frankreich und Belgien überhaupt noch dazu fähig sein würden, eine britische Großoffensive abzuwehren. Wie bereites 1942 in Nordafrika hatte er in Nordfrankreich große Teile der deutschen Truppen entkommen lassen, ein Umstand, dessen möglicherweise verheerenden Auswirkungen ihm überhaupt nicht in den Sinn gekommen waren. Die 15. Armee nämlich, die noch bis Ende Juli im Pas de Calais auf die zweite alliierte Landung gewartet hatte, konnte sich mit 85 000 Mann über die Schelde retten und bildete so das Rückgrat der deutschen Verteidigung in Holland. Auch war Montgomery überzeugt gewesen, dass es zu keiner großen Gegenwehr der Deutschen kommen würde, und hatte dementsprechend den Angriff falsch geplant: Die Fallschirmjäger wurden – verteilt auf einige Tage – in mehreren Wellen abgesetzt, die Entsatzverbände marschierten auf einer einzigen, leicht zu sperrenden Straße nach Norden. So hatte Montgomery mit der Operation »Market Garden« wieder einmal bewiesen, dass er in allererster Linie ein egozentrischer Militär war, der wenig operative Finesse auf dem Schlachtfeld besaß. Wie auch schon im Ersten Weltkrieg gelang es ihm, den Gegner lediglich mit einer gewaltigen Übermacht an Panzern, Artillerie und Flugzeugen zu erdrücken. Den Preis für seine mangelnde Begabung hatten dann freilich die einfachen Soldaten zu bezahlen.

Wir konnten uns nicht erklären, warum immer noch alliierte Fallschirmjäger abgesprungen sind, obwohl in der Absprungzone mittlerweile Flakbatterien standen. Ich entsinne mich noch, wie die Vierlingsflak der Waffen-SS voll in die Leute an den Fallschirmen hineingehalten hat.

Theo Clausdorff,
deutscher Flaksoldat

Arnheim war Deutschlands größte Niederlage. Wenn wir bei Arnheim gewonnen hätten und der Krieg Weihnachten vorbei gewesen wäre, wären über eine Million Deutsche nicht gestorben. Und die Sowjetunion wäre vielleicht niemals in der Lage gewesen, ihre Herrschaft in Ostdeutschland zu etablieren. Vielleicht hätte es dann auch keine Berliner Mauer gegeben.

Tony Hibbert,
britischer Offizier

»Das Tor zum Reich« – US-Soldaten passieren eine Sperrlinie des so genannten Westwalls

Die deutschen Landser hingegen freuten sich über ihren Abwehrerfolg. »Nach unserem Sieg im Raum Nimwegen/Arnheim haben wir über drei Tagehinweg ausgelassen gefeiert. Wir waren mit dem Leben davongekommen, wir waren wieder in einer Ruhestellung, wir wurden nicht bedrängt, wir lebten und wir freuten uns des Lebens – es wurde sogar getanzt. Irgendwoher kam Musik und es war reichlich Verpflegung vorhanden. Die ganze Last des Kampfes fiel von uns ab«, so Gernot Traupel von der SS-Division »Frundsberg«.

Nach dem Scheitern bei Arnheim war Eisenhower klar, dass er nicht umhinkam, den großen Schlag gegen Deutschland einige Monate aufzuschieben. Als Erstes musste endlich die Nachschubbasis sichergestellt werden – sprich: Die Schelde-Mündung musste freigekämpft werden, damit die Versorgungsschiffe Antwerpen anlaufen konnten. Dies wurde die Aufgabe der Briten und Kanadier. Die amerikanischen Truppen

»Die Amerikaner aufhalten« – deutsche Sturmgeschütze im Abwehrkampf bei Aachen

»Ausgerechnet durch den Hürtgenwald« – Waldwege waren für amerikanischen Panzer eigentlich völlig ungeeignet

wollten unterdessen weiter nach Osten Raum gewinnen und ins Reichsgebiet einbrechen. Nach vierwöchigen heftigen Kämpfen war Aachen Ende Oktober besetzt worden. Nun sollte es weiter vorwärts gehen – in Richtung Köln. Der Vormarsch südlich von Aachen war nicht ungefährlich, da die Rur-Stauseen noch durch die Wehrmacht kontrolliert wurden. Wenn diese gesprengt würden, drohten die Vormarschstraßen der Amerikaner überflutet zu werden. Um dieser Gefahr zu entgehen, machten die US-Generäle einen schwer wiegenden Fehler: Sie schickten die 9. US-Infanterie-Division mitten durch den Hürtgenwald, ein von Hügeln durchzogenes, dichtes Waldgebiet von rund 30 mal 15 Kilometer Größe, durch das nur wenige kleine Landstraßen und Pfade führten. In einem solchen Gelände konnten die amerikanischen Angreifer ihre enorme Materialüberlegenheit nicht ausspielen. Ihre Panzer wurden zur leichten Beute der deutschen Pak, und im ungewohnten Nahkampf gegen einen zu allem entschlossenen Gegner erlitten sie horrende Verluste: Ein erster Angriff begann am 6. Oktober 1944. Nach fünf Tagen hatten sie sich knapp zwei Kilometer in den Wald hinein vorgekämpft, für die folgenden zwei Kilometer brauchten sie noch einmal weitere zehn Tage und verloren dabei fast 5000 Mann! »Wir haben uns gewundert, warum die Amerikaner versucht haben, ausgerechnet durch den Hürtgenwald zu kommen, wo sie uns doch hier mit ihren Panzern gar nicht zusetzen konnten«, berichtet Rolf Odendahl von der 3. Fallschirmjägerdivision.

Der Kompaniefeldwebel wälzte sich auf dem Boden und rief immer wieder: »Ich mach das nicht mehr mit, ich mach das nicht mehr mit!« Kurze Zeit später schafften sie ihn fort. Mich selbst quälte der Geruch von Blut. Es machte mich so krank, dass ich es fast nicht mehr aushalten konnte. Ich brauchte über ein Jahr nach dem Krieg, um diesen Geruch aus der Nase zu bekommen.

William F. Meller,
US-Soldat

»Der Verteidiger war im Vorteil« – ein deutsches Infanteriegeschütz im Hürtgenwald

Wir sind von unseren Kommandeuren im Stich gelassen worden. Die wussten überhaupt nicht, was da draußen vorging. Ganze Kompanien wurden buchstäblich ausradiert und dann schickten sie eine neue Einheit hin, um genau denselben Angriff noch mal zu versuchen, der zuvor gescheitert war. Sie schienen nichts daraus zu lernen.

Edward J. Alexis, US-Soldat

Trotz der massiven Probleme erkannten die US-Generäle nicht, dass jeder weitere Versuch, hier an Boden zu gewinnen, absoluter Wahnsinn war. Warum musste man denn die Deutschen ausgerechnet an einer Stelle angreifen, die die Verteidiger so sehr begünstigte? Die Rur-Staudämme wären von Süden her viel leichter einzunehmen gewesen, doch sie waren jetzt gar nicht mehr das Ziel des Angriffs. Der Befehlshaber der 1. US-Armee, General Hodges, hatte es sich in den Kopf gesetzt, den Hürtgenwald zu erobern, koste es, was es wolle. Ende Oktober schickte er die 28. Infanterie-Division in den Kampf, die sinnlos verheizt wurde. Auch sie konnte kaum Geländegewinne erzielen und verlor in einem mörderischen zweiwöchigen Kampf über 6000 Mann. US-

Veteran Bill Meier erinnert sich: »Jeder von uns stellte sich dieselbe Frage. Wer wird wohl als Erster getötet werden? Wer wird die ›Eine-Million-Dollar‹-Verwundung bekommen, die ihn nach Hause bringt? Wird einem von uns im nächsten Moment vielleicht ein Arm oder ein Bein abgerissen werden?« Es war eine gespenstische Szenerie. »Wir konnten niemals sicher sein, was sich in fünf Metern Entfernung vor uns verbarg. Der Feind war unsichtbar – ein sehr beängstigendes Gefühl«, beschreibt Jerry Alexis die Kämpfe.

Der 28. Infanteriedivision folgten noch vier weitere Divisionen nach. Am 13. Dezember war der größte Teil des Hürtgenwaldes von amerikanischen Truppen erobert worden – die strategisch wichtigen Rur-Staudämme befanden sich aber immer noch in deutscher Hand. Insgesamt verlor die 1. US-Armee in diesem sinnlosen Kampf 28 000 Mann, 9000 weitere GIs fielen in dem nasskalten Winterwetter durch Krankheiten aus, vor allem durch Fußbrand.

Die Verluste auf deutscher Seite waren nicht minder schwer, die Offensive in Richtung Köln war jedoch gestoppt worden – und darauf kam es der deutschen Führung an. Ihre Devise lautete: Zeit gewinnen und Stabilisierung! Der Abwehrerfolg bei Arnheim darf nicht über den eigentlichen Zustand der deutschen Verteidigung hinwegtäuschen: Natürlich waren die Alliierten den erschöpften deutschen Divisionen und den zusammengewürfelten Alarmverbänden haushoch überlegen. Die Wehrmacht hatte einfach Glück gehabt: Nur im Hürtgenwald, nirgendwo sonst an der Westfront, waren sie ihren Angreifern gegenüber im Vorteil gewesen. Und während sich hier ihre Infanteriedivisionen erbittert zur Wehr setzten, konnten die in der Normandie zerschlagenen Panzerdivisionen aus der Front herausgezogen und aufgefrischt werden.

Seitdem Hitler Ende August die schrittweise Räumung Frankreichs gebilligt hatte, war er fest dazu entschlossen gewesen, im Westen zu einer groß angelegten Gegenoffensive auszuholen. Die Stabilisierung der Front im September bestärkte ihn in seinem Vorhaben. Als Ziel hatte er sich vorgenommen, die Achillesferse der Alliierten zu treffen: Er wollte Antwerpen zurückerobern und damit seinen

Es kam kaum noch Verpflegung und Munition nach vorne, sodass ich sogar die Regentropfen von den Baumwurzeln abgeleckt habe, um meinen Durst zu stillen. Die Amerikaner schossen auf alles, was sich bewegte. Man konnte sich überhaupt nicht aus dem Wald herauswagen, da man sonst sofort von den allgegenwärtigen Jagdbombern aufs Korn genommen wurde. Bei der nasskalten Witterung hockten wir in unseren Löchern, standen manchmal tief im Wasser. Manchmal hat man sich gewünscht, man möge sich richtig erkälten, damit man ins Lazarett kommt, doch merkwürdigerweise bin ich trotz Nässe und Kälte nicht krank geworden.

Rolf Odendahl,
deutscher
Fallschirmjäger

US-Soldaten mit Weihnachtspäckchen aus der Heimat. Rechts die unzustellbaren Pakete, deren Empfänger gefallen waren

»Treuer Gefolgsmann Hitlers« – SS-General Sepp Dietrich (links) im Gespräch mit einem Untergebenen

Gegenspielern eine vernichtende Niederlage bereiten. Ohne diesen großen Nachschubhafen in unmittelbarer Frontnähe würde es kaum möglich sein, in absehbarer Zeit eine Großoffensive zu starten. Erneut wollte er an einer Stelle zuschlagen, an der er schon einmal erfolgreich gewesen war – in den Ardennen. 1940 hatte ihn General Erich von Manstein davon überzeugt, seine Panzerverbände durch dieses unwegsame Gelände antreten zu lassen. Der Erfolg dieser Operation hatte alle Erwartungen übertroffen: Franzosen und Briten waren völlig überrascht und schließlich vernichtend geschlagen worden. Nun sollte der Coup ein zweites Mal gelingen.

Ende September 1944 hatte der Chef des Wehrmachtführungsstabs, General Alfred Jodl, damit begonnen, die ersten Pläne für den Angriff im Westen auszuarbeiten. Für die Operation »Wacht am Rhein«, so der Deckname, wurden alle verfügbaren Panzerdivisionen von Wehrmacht und Waffen-SS herangezogen. Sie erhielten neue Waffen, Ausrüstung und Material. Als Rammbock sollte die neu aufgestellte 6. SS-Panzerarmee unter dem Befehl von Sepp Dietrich fungieren. Dietrich war ein treuer Gefolgsmann Hitlers und hatte 1933 seine Leibwache kommandiert. Für den »Führer« war unvergessen, dass es Heeresoffiziere gewesen waren, die den Putsch vom 20. Juli 1944

> *Model hat immer gefordert, dass der Schwerpunkt der Offensive bei der 5. Panzerarmee von General von Manteuffel liegen sollte. Erstens, weil er ein besserer Kommandeur war als Sepp Dietrich, und zweitens, weil das Gelände in diesem Abschnitt wesentlich günstiger für einen Panzerangriff war als im Nordteil der Ardennen. Doch Hitler beharrte darauf, den Schwerpunkt auf Dietrichs SS-Panzerarmee zu legen, um die Waffen-SS als den Retter Deutschlands herauszustellen.*
>
> Günter Reichhelm, deutscher Generalstabsoffizier

angeführt hatten – die entscheidenden Aufgaben sollte daher die Waffen-SS übernehmen. Neben der 6. SS-Panzerarmee sollte auch die 5. Panzerarmee unter dem erfahrenen General Hasso von Manteuffel durch die Ardennen vorstoßen, die Maas überqueren und Antwerpen erreichen. Damit würden 20 bis 30 alliierte Divisionen in Belgien und Südholland abgeschnitten werden, die es dann zu »vernichten« galt. Die Flanke würden die Divisionen der 7. Armee decken.

Rundstedt, der wieder eingesetzte Oberbefehlshaber West, und der Befehlshaber der Heeresgruppe B, Walter Model, hatten den Angriffsplan Hitlers zunächst kritisch betrachtet. Sie bezweifelten, dass die Kräfte der Wehrmacht für eine derart weitreichende Operation genügen würden. Ihnen schwebte eher eine Offensive mit überschaubareren Ausmaßen vor, die die Briten und Amerikaner im Gebiet um Aachen vernichten sollte. Ihre Einwände waren berechtigt: Die deutschen Verbände litten unter einem akuten Spritmangel, außerdem war nach allen Erfahrungen fraglich, wie man bei der unumstößlichen Luftherrschaft der alliierten Truppen eine solche Großoffensive erfolgreich durchführen sollte. Hitler, Keitel und Jodl hielten vehement dagegen, sodass schließlich auch die Generäle an der Westfront ihr Vorhaben billigten. Man müsse eben durch einen überraschenden eigenen Vorstoß die alliierten Treibstoffdepots erbeuten. Außerdem waren zur Luftsicherung

Model hat Hitler angebrüllt. Er sagte ihm: »Das mache ich nicht, ich kann das nicht.« Hitler versuchte ihn zu überzeugen und versprach ihm diese und jene Verstärkungen. Model verließ das Hauptquartier, ohne den »Führer« zu grüßen, und die beiden anderen anwesenden Generäle, Sepp Dietrich und Hasso von Manteuffel, meinten, eine solch harte Auseinandersetzung mit Hitler hätten sie noch nicht erlebt.

Günter Reichhelm, deutscher Generalstabsoffizier

»Der Befehl lautete, Treibstoffdepots zu erbeuten« – die Amerikaner hatten tausende von Kanistern in den Ardennen gelagert

etwa zwei Drittel der deutschen Jagdwaffe zusammengezogen worden – das waren immerhin über 1700 Jagdflugzeuge. Sicherheitshalber kam man überein, den Angriff in einer Schlechtwetterperiode zu starten, damit die eigenen Panzerspitzen auf jeden Fall vor den vernichtenden Schlägen alliierter Jagdbomber sicher sein würden.

Am 10. November 1944 gab Hitler den Befehl zum Aufmarsch. Unter größter Geheimhaltung wurden die Truppen zusammengezogen und in der Eifel versammelt. Der Angriffstermin musste mehrfach verschoben werden, weil es immer wieder Verzögerungen gab. Divisionen konnten nicht rechtzeitig herausgezogen werden, die Auffrischung machte Probleme, wichtiges Material traf nicht ein. So mussten etwa die Männer der 3. Fallschirmjägerdivision, die eben noch den amerikanischen Angriffen im Hürtgenwald getrotzt hatten, zu Fuß in die Ardennen marschieren. Aus Mangel an Fahrzeugen waren sie gezwungen, sämtliche Ausrüstung und einen Teil ihrer Munition auf Handwagen zu transportieren. Da aber auch diese nicht in hinreichender Zahl zur Verfügung standen, griffen einige findige Landser auf Kinderwagen zurück. In Eilmärschen hasteten sie mit ihrem schweren Gepäck nach Süden, um reichlich erschöpft kurz vor dem Beginn der Offensive am Ort des Geschehens einzutreffen.

»Größte Geheimhaltung« – deutsche Panzer in der Bereitstellung für die Ardennenoffensive

»Operation Greif« – Otto Skorzeny leitete die Geheimoperation, die hinter den feindlichen Linien Verwirrung stiften sollte

Wie zu Zeiten der Blitzkriege 1940/41 wollte Hitler seine Offensive durch den Absprung von Fallschirmjägern und den Einsatz von Spezialkommandos in feindlichen Uniformen unterstützen. Im Mai 1940 hatten die Deutschen zum ersten Mal in größerem Stil Fallschirmjäger eingesetzt, die für die Besetzung Belgiens und Hollands eine entscheidende Rolle gespielt hatten. Der erfahrene Oberstleutnant Freiherr von der Heydte – ein Fallschirmjägeroffizier der ersten Stunde – sollte mit 1200 Männern nördlich von Malmedy abspringen (Operation »Stößer«), Straßenkreuzungen besetzen und einen möglichen Angriff auf die Flanke der vorrückenden 6. SS-Panzerarmee verhindern.

SS-Obersturmbannführer Otto Skorzeny, der sich bei der Befreiung Mussolinis aus den Händen der Badoglio-Anhänger im September 1943 in Szene gesetzt hatte und seitdem als Mann für Geheimoperationen galt, stellte die geheimnisumwitterte Panzerbrigade 150 auf. Etwa 2000 Mann sollten in amerikanischen Uniformen, ausgerüstet mit amerikanischen Waffen und Gerät, durch die feindlichen Linien schleichen, die Maas-Brücken überraschend in Besitz nehmen und im Hinterland Verwirrung stiften (Operation »Greif«). Seit Kriegsaus-

Es gab eine Zeit vor der Ardennenoffensive, als die Leute immer mehr die Vorstellung hatten, dass der Krieg vielleicht bald zu Ende sein würde. Sie glaubten, dass die deutsche Moral zerbrechen würde, sie glaubten, dass die Wehrmacht bald ohne Ausrüstung sein würde. Wir haben Witze darüber gemacht, ob das wohl der Anfang vom Ende ist.

Chet Hansen, Adjutant von US-General Omar Bradley

bruch hatte die Wehrmacht derartige »Tarneinsätze« mit spektakulären Erfolgen durchgeführt. Immer wieder hatten solche Kommandos strategisch wichtige Brücken besetzt, über die wenig später deutsche Panzer rollen konnten. Auch die Alliierten kannten diese völkerrechtswidrigen Operationen – zuletzt hatten amerikanische Soldaten in deutschen Uniformen bei Aachen hinter den deutschen Linien operiert. Neu war an diesem Einsatz der große Umfang der Kommandoeinheit, der es allerdings an einer ausreichenden Zahl akzentfrei Englisch sprechender Männer und an amerikanischer Ausrüstung mangelte.

Hitler bot für die Ardennenoffensive das Beste auf, was Wehrmacht und Waffen-SS noch zur Verfügung hatten. Es ging, wie Jodl es einmal ausdrückte, darum, »alles auf eine Karte zu setzen«. Das Wagnis der großen Zielsetzung sei unabänderlich, auch wenn es rein technisch ein Missverhältnis zwischen den eigenen verfügbaren Kräften und dem weit gesteckten Ziel gebe. Die Bedeutung dieser Offensive für Hitler lässt sich auch daran ablesen, dass der Diktator am 10. Dezember seinen Bunker in Berlin verließ und das Führerhauptquartier »Adlerhorst« bei Bad Nauheim bezog, um den kommenden Ereignissen möglichst nahe zu sein. Während der Abwehrschlacht in der Normandie hatte er nur einen einzigen Tag in einem vorgeschobenen Befehlsstand verbracht. Am 12. Dezember bestellte Hitler eine Gruppe von etwa 20 bis 30 hohen Offizieren in sein Hauptquartier und bereitete sie auf die bevorstehende Aufgabe vor. Er sprach von dem historischen Sinn des deutschen Kampfes und vom verzweifelten Fechten Friedrichs des Großen im Siebenjährigen Krieg, der auch ausgehalten habe. Neue Waffen wie etwa die neuen U-Boot-Typen würden den Alliierten bald schwer zusetzen. Erkenne der Gegner erst einmal, dass Deutschland nicht zusammenbreche, und erleide er schwere Rückschläge an der Front, »dann wird er [...] einen Zusammenbruch seiner Nervenkraft erleben«. Die unnatürliche Gegnerkoalition werde auseinander brechen, wenn sie nur einige schwere Schläge erhalte. Irrwitzige Hoffnungen eines Mannes, der seinen Kampf längst verloren hatte.

Generalmajor Heilmann, Kommandeur der neu aufgestellten und noch gar nicht einsatzbereiten 5. Fallschirmjägerdivision, die ebenfalls an der Offensive teilnehmen musste, erlebte eine ähnliche Ansprache einen Tag zuvor. »Zusammengesunken, mit nach vorne hängenden Schultern und mit glanzlosen Augen und gelber Gesichtsfarbe saß der Oberste Kriegsherr vor seinen Generälen. Es war keine aufpeitschende Rede, die er hielt, sondern der Versuch, die Truppenführer von der Notwendigkeit der Offensive zu überzeugen. (...) Rechts neben ihm saß

»Zusammengesunkene Gestalt« – Hitler bei Beratungen in seinem Hauptquartier »Adlerhorst«

Wenn die Grundsätze für die Führung der Operation befolgt werden, ist ein großer Erfolg sicher.

Adolf Hitler am
15. Dezember 1944

Keitel in steifer Haltung. Dieser blickte sonderbar von oben herab auf die zusammengesunkene Gestalt Hitlers. Man wusste nicht recht, lag in diesem Blick Ergebung, Mitleid oder Verachtung.« Nach der Rede stand Hitler im Besprechungszimmer mit den Generälen zusammen. Heilmann fiel ein merkwürdiger Kontrast auf: »Zwischen den markanten Soldatenköpfen machte Hitler auf mich nicht nur den Eindruck eines kranken Mannes, sondern ich sah in ihm bereits den Massenmörder, dessen Seele sich im Antlitz widerspiegelt.« Die anderen Generäle schienen im Verhältnis ihrer Rang- und Dienstgradstufe an den Erfolg des Unternehmens zu glauben. »Bei einigen nahm ich an, dass es ihnen um die noch fehlenden Auszeichnungen ging.« Doch auch Heilmann versagte die Gefolgschaft nicht, er hoffte darauf, dass die höhere Führung, Jodl, Rundstedt oder Model, die Unmöglichkeit einer solchen Offensive erkennen würde. Aber diese gehorchten Hitler genauso, wie dies die dienstgradniederen Generäle taten, obwohl die meisten um das Vabanque-Spiel wussten. Die Frage nach der eigenen politischen und moralischen Mitverantwortung wurde von niemandem gestellt. Heilmann nahm sich vor, durch die Anwendung seiner Kampferfahrung »Blut zu sparen«.

»Endlich geht es mal wieder nach vorne« – deutsche Soldaten warten in einem Schützenpanzerwagen auf den Beginn der Offensive

Wingolf Scherer, Zugführer in der 12. Volksgrenadierdivision, berichtet über die Haltung der Generäle: »Ich habe später einmal zufällig eine Auseinandersetzung anhören können, die General von Manteuffel mit einigen Offizieren seines Stabes führte. Er sagte zu ihnen: ›Meine Herren, der Kerl [Hitler] hat das befohlen, was können wir anders tun als zu gehorchen.‹ Diese Aussage verdeutlichte mir, dass die höhere Führung durchaus Bedenken gegen die Weisungen des Führers hatte, dass aber das preußische Prinzip des Gehorsams offenbar noch bis in die letzte Stunde Geltung hatte.«

Die einfachen Soldaten wussten von den Zweifeln der höheren Führung nichts, sie konnten auch die allgemeine Lage nicht durchschauen. »Endlich geht es wieder einmal nach vorne. Wir waren begeistert, glaubten tatsächlich, dass wir den Krieg doch noch gewinnen könnten«, schildert Rolf Odendahl von der 3. Fallschirmjägerdivision die Stimmung, als neue Waffen eintrafen, zahllose Panzer in Bereitstellung gingen, Artillerie auffuhr. »Wir waren davon überzeugt«, so Wingolf Scherer, »dass wir mit den uns zur Verfügung stehenden Mitteln in der Lage sein würden, die Befehle der obersten Führung auch auszuführen. Und wir waren überzeugt, dass wir nun die Verpflichtung hatten, zu zeigen, was wir gelernt hatten. Die neue Bewaffnung gab uns Auftrieb, ebenso der Einsatz der V 2. Noch wichtiger war aber die Begegnung mit der Zivilbevölkerung, die ja unmittelbar hinter der Frontlinie in ihren Dörfern ausharrte. Wir merkten in allen Gesprächen, dass sie auf unseren Schutz vertraute und fest daran glaubte, dass die Wehrmacht sie vor allem Schlimmeren bewahren werde.«

Mitte Dezember standen für die erste Angriffswelle rund 200 000 Mann, 600 gepanzerte Fahrzeuge und 1600 Geschütze bereit. Damit war man den Amerikanern – zumindest in dem schmalen Frontabschnitt in den Ardennen – erstmals seit der Landung in der Normandie überlegen: in der Mannschaftsstärke um das 2,4-Fache, bei den Panzern um das 1,4-Fache und bei der Artillerie um das 4,8-Fache.

Die alliierten Stäbe hatten unterdessen keinerlei Vorstellung, was sich in der Schneeifel vor ihren Stellungen zusammenbraute. Montgomery fragte am 15. Dezember bei Eisenhower an, ob er es ihm gestatte, die Weihnachtstage zu Hause in England zu verbringen, da die Front in Belgien und Luxemburg ruhig sei und es von hier auch nichts zu berichten gebe. »Erst wenn der Krieg wieder aufregender wird, möchte ich die allabendlichen Lageberichte wieder fortsetzen«, so Montgomery. Wie konnte es möglich sein, dass die Alliierten, die über einen derart effizienten Nachrichtendienst verfügten, diesmal völlig im

Wir haben eine derart kraftvolle Offensive, wie sie in den Ardennen stattfand, überhaupt nicht erwartet. Wir dachten zu diesem Zeitpunkt, dass die deutsche Armee nach dem harten Kampf um Aachen und Pattons Vormarsch in Richtung Saargebiet aus dem letzten Loch pfeifen würde. Wir konnten uns noch nicht einmal vorstellen, dass die Deutschen überhaupt zu einer Art Offensive in der Lage sein würden. Aber wir haben uns bitter getäuscht.

Chet Hansen,
Adjutant von
General Omar Bradley

Dunkeln tappten? Ihnen war nicht entgangen, dass die Deutschen im Westen eine Gegenoffensive vorbereiteten, sie wussten auch, dass sie Truppen aus der Front herauszogen und ins Gebiet der Ardennen verlegten. Sie konnten sich jedoch nicht vorstellen, dass die Wehrmacht vorhatte, zu einer Großoffensive anzutreten, weil hierfür der vorhandene Sprit viel zu knapp war. Vielmehr gingen sie davon aus, dass ein lokaler Angriff etwa im Gebiet um Aachen geplant sein würde, um die Moral von Truppe und Bevölkerung zu stärken. Die Aktivitäten aus den Ardennen schienen darauf hinzudeuten, dass hier Truppen an einem ruhigen Frontabschnitt aufgefrischt wurden, um sie anschließend an die Ostfront zu verlegen. Es gab für sie daher keinen Grund zur Unruhe, zumal auch die Entzifferung des deutschen Funkverkehrs – seit jeher eine der zuverlässigsten Informationsquellen – keinerlei Hinweise auf eine bedeutende deutsche Offensive in dem unwirtlichen Gebiet der Ardennen ergab.

»Sorgenfreies Leben hinter der Front« – vor Beginn der Ardennenoffensive trat auch Marlene Dietrich vor GIs auf

»Eure Stunde hat geschlagen« – deutsche Infanteristen im Vormarsch, vorbei an brennenden amerikanischen Fahrzeugen

Ahnungslos waren auch die amerikanischen Soldaten. »Wir wurden in diesen ruhigen Abschnitt geschickt, um Fronterfahrung zu sammeln. Jeden Tag gingen wir auf Patrouille und drangen von Mal zu Mal tiefer in Richtung Westwall vor. Die Gefangenen, die wir einbringen konnten, waren alt und gebrechlich oder sehr jung. Dies war unser Eindruck von der deutschen Armee und wir konnten uns kaum vorstellen, dass Hitler jemals wieder eine schlagkräftige Streitmacht zusammenstellen könnte«, erinnert sich Vernon Swanson.

Die Überraschung – im Krieg einer der entscheidenden Faktoren – konnte die Wehrmacht also wahren. Mit großer Sorgfalt und Vorsicht wurde die Operation vorbereitet, eine strikte Funkstille war befohlen worden. Truppenbewegungen fanden nur nachts statt und erst unmittelbar vor dem Angriff rückten die Divisionen in ihre Bereitschaftsräume. Am Morgen des 16. Dezember 1944 appellierte der Oberbefehlshaber West, Feldmarschall von Rundstedt, ganz im Duktus von Hitler an seine Soldaten. »Eure große Stunde hat geschlagen!«, hieß es in dem Tagesbefehl. »Es geht ums Ganze. Tragt in Euch die heilige Verpflichtung, alles zu geben und Übermenschliches zu leisten für unser Vaterland und unseren Führer.« Um 5.30 Uhr eröffneten hunderte deutsche Geschütze ein kurzes Trommelfeuer auf die amerikanischen Stellungen. »Das war ein unablässiges Dröhnen, Heulen, Orgeln von Granaten und Raketen. Wir sahen zum ersten Mal die mächtigen Nebelwerfer im Einsatz. Es waren Geschütze, es waren Kanonen, es waren Mörser, es waren sogar größere Kaliber dabei. Ein unendlich beeindruckendes Schauspiel von Geräuschen und optischen Wahrnehmungen. Man sah die einschlagenden Granaten, eine Qualmwand stieg über den feindlichen Linien auf und darin zuckten die Detonationsblitze in verschiedenen Farben auf. Es war ein schaurig schönes Inferno. Und dann blendeten die Scheinwerfer auf. An unserer Front tauchten ungefähr zweihundert Scheinwerfer das Gelände in helles Licht. Es war eine trüb dunkle Morgenfrühe, überall lag Schnee. Diese Lichtbündel brachen sich im Schnee. Nie zuvor hatten wir so ein Schauspiel erlebt. Wir waren ganz hingerissen. Nach einer halben Stunde brach das Artilleriefeuer ab und im selben Augenblick begann der Angriff«, erinnert sich der Augenzeuge Wingolf Scherer. Fast überall konnte die vorderste

Zunächst wurde mein Kamerad direkt neben mir getötet. Eine Granate detonierte zwischen uns, die Detonationswelle warf mich um, und über ihn ergoss sich ein Splitterregen. Als ich wieder zu mir kam, war mein Kamerad tot. Sein Körper war in Stücke gerissen, hier lag ein Bein, dort ein Schuh, hier ein Fuß. Es war das erste Mal, dass ich sah, wie ein Mensch direkt neben mir getötet wurde. Ich konnte es kaum glauben.

Vernon E. Swanson, US-Soldat

Linie der amerikanischen Stellungen rasch überwunden werden. Im Hauptquartier der 12. US-Heeresgruppe herrschte bald helle Aufregung: »Wir sahen auf die große Karte und starrten auf die roten Pfeile, die die deutschen Angriffe markierten. Überall waren rote Pfeile. Wir waren von der Stärke der Offensive vollkommen überrascht. General Bradley rief spontan aus: ›Herrgott, woher haben sie all das Zeug?‹«, schildert sein Adjutant Chet Hansen die Situation.
Doch schon bald versteifte sich der amerikanische Widerstand. Die einleitende Kanonade hatte wenig ausgerichtet, weil man wegen der strengen Geheimhaltung die vordersten amerikanischen Stellungen nicht ausgekundschaftet und sich die Artillerie nicht eingeschossen hatte. Darüber hinaus leisteten die überraschten GIs erbitterten Widerstand; die Straßen und Wege waren durch aufwändige Sperren

»Von der Offensive überrascht« – amerikanische Tote nach dem deutschen Angriff

201

»Plötzlich waren wir umzingelt« – in den ersten Tagen machten die deutschen Truppen viele Gefangene

Der Weg von der Brückenstelle bis zur Ortschaft Wahlhausen war langwierig. Mühsam quälten sich die Kettenfahrzeuge der Panzeraufklärer dicht aufgeschlossen auf dem verschlammten, steilen Waldweg vorwärts. Liegen gebliebene und festgefahrene Kraftfahrzeuge, dazwischen pferdebespannte Munitionskarren verstopften die Straße. Feindliches Feuer streute den Wald ab und verursachte zusätzliche Ausfälle und Stauungen.

Bericht über den Vormarsch der Panzer-Lehr-Division am 16. Dezember 1944

wirksam blockiert worden, sodass schon am ersten Angriffstag die geplanten Ziele nicht erreicht wurden. Bald machte es sich bemerkbar, wie wenig sich die Ardennen für eine große Panzeroffensive eigneten: Die schmalen Waldwege wurden durch die Ketten der schweren Panzer schnell zerfahren und aufgeweicht. Gewaltige Verkehrsstaus entstanden, da die Divisionen nur wenige und schlechte Straßen für ihren Vormarsch zur Verfügung hatten. Dennoch hoffte man auf den großen Erfolg.

So mag auch SS-Obersturmbannführer Joachim Peiper von der SS-»Leibstandarte Adolf Hitler« die Last, die auf ihm lag, gespürt haben. Er befehligte eine 3000 Mann starke Kampfgruppe mit rund 600 Fahrzeugen und 100 Panzern, darunter die gefürchteten »Königstiger«. Als Speerspitze des Angriffs sollte er rücksichtslos auf die Maas vorpreschen und sich nicht um seine Nachbarverbände oder seine Flanken kümmern. Vorwärts, vorwärts, hieß die Parole. Peiper hatte sich durch seine gewagten Vorstöße an der Ostfront in einschlägigen Kreisen einen legendären Ruf verschafft – und wollte auch diesmal mit Kühnheit und Draufgängertum erfolgreich sein. Während 1940 die deutschen Panzerverbände praktisch ohne auf Widerstand zu stoßen die Ardennen rasch hinter sich

»Das Beste, was Deutschlands Rüstung noch zu bieten hatte« – ein »Königstiger« im Einsatz in den Ardennen

»Vorwärts zur Maas!« – Soldaten der Waffen-SS auf dem Weg nach Westen

lassen konnten, reagierte die alliierte Führung diesmal nicht kopflos. Eisenhower erkannte noch am Abend des 16. Dezember 1944, dass hier eine deutsche Großoffensive angebrochen war, und ließ augenblicklich alle verfügbaren Verstärkungen in die Ardennen verlegen. So stieß Peiper bald auf den heftigen Widerstand der 82. amerikanischen Luftlandedivision. Sie verstellte am 19. Dezember geschickt der dem Gros der »Leibstandarte Adolf Hitler« vorausgeeilten Kampfgruppe Peiper den Weg und kesselte sie in dem kleinen Ort La Gleize ein, 15 Kilometer westlich von Malmedy. Unter ständigem Artilleriefeuer wurde die Lage für die SS-Männer bald unhaltbar. Den Panzern ging der Treibstoff aus, die Munition wurde knapp, die Zahl der Verwundeten wuchs. Die Versorgung aus der Luft war kaum möglich, sodass sich Peiper am Abend des 24. Dezember entschloss, mit den 800 noch kampffähigen Männern nachts zu den deutschen Linien durchzubrechen. Sie ließen alle schweren Waffen zurück und erreichten nach einem anstrengenden Marsch durch das hügelige und waldreiche Gelände am Morgen des 25. völlig erschöpft die eigenen Vorposten. Der Husarenritt Peipers hatte in einem Fiasko geendet. Selbst ein so entschlossener Verband wie die »Leibstandarte Adolf Hitler« kam nun nicht mehr weiter.

So machte die Division letztlich nicht aufgrund ihrer militärischen Erfolge, sondern aufgrund ihrer Kriegsverbrechen von sich reden. Aufsehen erregte vor allem die Tötung von 72 US-Soldaten an der Straßenkreuzung von Baugnez, in der Nähe von Malmedy. Am frühen

»Eindeutiges Kriegsverbrechen« – erst nach der Rückeroberung des Geländes konnten die Toten von Malmedy geborgen werden

Nachmittag des 17. Dezember 1944 hatte die Kampfgruppe Peiper hier eine amerikanische Lkw-Kolonne überrascht und beschossen. Nach kurzem Kampf ergaben sich die GIs. Peiper fuhr mit der Spitzengruppe weiter und überließ die Bewachung Männern seiner nachrückenden Einheiten, die die Amerikaner entwaffneten und auf einer Wiese gefangen hielten. Wie in ähnlich gelagerten Fällen konnte aufgrund widersprüchlicher Zeugenaussagen nie eindeutig geklärt werden, was damals tatsächlich passierte. Einige SS-Männer sprachen davon, dass amerikanische Kriegsgefangenen versucht hätten, die Flucht zu ergreifen, worauf sie das Feuer eröffnet hätten. In der Tat konnten 43 GIs entkommen, was nicht auf ein sorgsam vorbereitetes Massaker schließen lässt. Ob es tatsächlich einen Fluchtversuch gegeben hat, mag dahingestellt sein. Tatsache ist aber – und darin liegt eindeutig

Ich wurde in beide Beine getroffen. Dann kamen sie näher und erschossen die, die noch einen Laut von sich gaben. Ich dachte nur: »Hoffentlich treffen sie mich nicht!« Und ich hatte Glück.

Albert M. Valenzi,
Überlebender des
Massakers bei Malmedy

der Verbrechenstatbestand –, dass von den 72 Getöteten 40 durch Kopfschuss aus nächster Nähe umgebracht worden sind. Überlebende sorgten dafür, dass sich die Nachricht von dem schrecklichen Verbrechen schnell verbreitete. Bereits wenige Tage später erschienen in der alliierten Presse entsprechende Berichte, die Empörung war sehr groß. Zur Vergeltung nahmen die amerikanischen Verbände in den darauf folgenden Tagen ebenfalls SS-Männer gefangen und exekutierten etliche von ihnen.

Im ersten Haus sah ich ein älteres Paar – Mann und Frau. Sie lagen in einer riesigen Blutlache, und das Blut war gefroren. Ich war total schockiert. In einem anderen Haus fand ich eine nackte Frau, ihr linker Arm war abgehackt. Neben ihr lag ein Säugling – tot. So ging das immer weiter.

Charles Corbin,
Augenzeuge des
Massakers von Stavelot

Für die Ermordung weiterer US-Gefangener – ein US-Militärgericht warf der Leibstandarte in einem Prozess nach Ende des Krieges die Tötung von bis zu 350 Gefangenen vor – gab es nur Indizien, nicht aber Beweise, die vor Gericht hätten Bestand haben können.

Als sicher gilt, dass SS-Männer dieser Division auch zahlreiche belgische Zivilisten umgebracht haben. Der schlimmste Exzess ereignete sich am 19. Dezember 1944 in Stavelot, wo 20 Belgier ermordet worden sind. Über die Gründe dafür ist viel nachgedacht worden. Das US-Militärgericht, das die Vorfälle 1946 untersuchte, scheiterte an dem Versuch nachzuweisen, dass es einen Befehl Hitlers oder Dietrichs gegeben habe, keine Gefangenen zu machen. Dies erscheint schon

»Ohne Skrupel erschossen« – auch die toten Zivilisten im Stavelot gehen auf das Konto der Kampfgruppe Peiper

deswegen unwahrscheinlich zu sein, weil derartige Vorfälle bei den anderen SS-Divisionen nicht vorgekommen sind und selbst die Kampfgruppe Peiper in anderen Fällen zahlreiche US-Gefangene gemacht hat, ohne sich an diesen zu vergehen. Viel wahrscheinlicher ist, dass es sich um ein situationsbedingtes Verbrechen gehandelt hat und man sich auf dem immer mehr unter Zeitdruck geratenden Vormarsch »schlichtweg nicht mit der Bewachung von Gefangenen belasten wollte«, wie selbst US-Veteranen vermuten. Dass die SS-Männer der Division keinerlei Skrupel hatten, wehrlose GIs zu erschießen, überrascht nicht. Wenngleich auch Wehrmachteinheiten und alliierte Verbände immer wieder Kriegsgefangene ermordet haben, sind die schlimmsten bekannt gewordenen Exzesse dieser Art seit 1940 Einheiten der Waffen-SS angelastet worden. Bedingt durch ihre ideologische Erziehung und die Anerziehung eines fanatischen Kämpfertums haben sich moralische Skrupel weit mehr abgeschliffen, als dies bei vergleichbaren Einheiten der Wehrmacht der Fall war.

Wie verlief der Angriff in den anderen Frontabschnitten? Neben der 1. SS-Panzerdivision sollte die 12. SS-Panzerdivision »Hitlerjugend« die Höhen um Elsenborn und Büttgenbach einnehmen und dann rasch in Richtung Lüttich vorstoßen. Doch hier blieb der Angriff schon nach wenigen Kilometern im heftigen Feuer der Amerikaner liegen. Sie hatten rasch die strategische Bedeutung dieser Höhenzüge erkannt und verteidigten sie verbissen. Alle Versuche der Deutschen, hier weiterzu-

»Versorgung aus der Luft« – US-Soldaten im eingekesselten Bastogne bergen abgeworfene Versorgungsgüter

kommen, scheiterten. Erfolgreicher verlief die Offensive zunächst im Abschnitt der 5. Panzerarmee. Hier konnten sogar zwei amerikanische Regimenter eingekesselt werden, 8000 GIs marschierten am 18. Dezember in deutsche Kriegsgefangenschaft. Dann entbrannten um die wichtigen Verkehrsknotenpunkte heftige Kämpfe. Durch ihre Verteidigung vergrößerte sich das Verkehrschaos auf deutscher Seite weiter. St. Vith musste schließlich geräumt werden, Bastogne wurde eingekesselt. Im allerletzten Moment hatte die amerikanische 101. Luftlandedivision, eine kampferprobte Eliteeinheit, die alle Angriffe der Deutschen abwehrte, die Stadt erreicht. Der Schwerpunkt der Offensive wurde nun endgültig auf die 5. Panzerarmee verlegt, die trotz des immer knapper werdenden Treibstoffs noch an Boden gewinnen konnte. Aber auch ihr gelang es nicht, amerikanische Benzindepots zu erbeuten, da alle Lager entweder rechtzeitig verlegt oder vernichtet werden konnten.

Nun war auch für die einfachen Landser offensichtlich, dass der große Schlag nicht geglückt war. »Langsam fing die Truppe an zu empfinden, dass der große Plan wohl gescheitert war oder nicht mehr zu einem das Schicksal wendenden Erfolg führen würde«, schrieb der Kommandeur der 116. Panzerdivision. Moral und Stimmung begannen spürbar zu sinken. Aber die Soldaten waren entschlossen weiterzukämpfen, hatten noch immer Hoffnung. »Viele höhere Offiziere glaubten daran, dass man durch diese Offensive Zeit gewinnen könnte, um den Krieg irgendwie zu beenden. Das erscheint im Rückblick völlig irreal, aber wir haben uns an diesen Gedanken festgeklammert. Wir dachten, es kann doch nicht sein, dass Deutschland besetzt wird, dass der Staat vernichtet wird, dass von all dem, wofür wir in gutem Glauben gestanden haben, nichts mehr übrig bleibt. Es muss doch noch eine Möglichkeit geben, den verlorenen Krieg zu beenden. Jetzt muss eine Atempause eintreten, die dem Gegner verdeutlicht, dass er nur unter ungeheuren Verlusten nach Deutschland einbrechen und das Land besetzen kann. Irgendwie hofften wir immer noch auf eine Lösung, die das Allerschlimmste ver-

Ein Schlüsselfaktor für unseren Erfolg waren die Einwohner von Bastogne. Sie wollten, dass wir gewinnen, und taten alles, um uns zu unterstützen. Sie zeigten uns versteckte Vorräte, sie gaben uns weiße Hemden, damit wir uns in der Schneelandschaft tarnen konnten. Sie stellten Krankenschwestern, die in unseren Lazaretten arbeiteten, sie versorgten uns mit Medikamenten und, als diese ausgingen, gaben sie den Verwundeten Cognac.

Harry Kinnard,
US-Offizier

Ich hab noch am Heiligabend vor meinen Leuten eine zündende siegesgewiss-feurige Rede gehalten und hab denen noch Gott weiß was versprochen von Endsieg und so weiter, obwohl ich innerlich nicht mehr daran geglaubt habe. Aber man musste ja irgendwie die trübe Stimmung aufhellen.

Rolf Odendahl,
deutscher
Fallschirmjäger

hindern würde. Um hierfür einen Beitrag zu leisten, waren wir Soldaten immer noch bereit, weiterzukämpfen – es war eine letzte Hoffnung, eine Illusiuon«, schildert Wingolf Scherer die Stimmung.

In der Nacht zum Heiligabend erreichten die deutschen Angriffsspitzen den kleinen Ort Foy-Notre-Dame, es waren noch fünf Kilometer bis zum Maasübergang bei Dinant. Doch bereits am Mittag des 24. Dezember musste der Ort unter heftigen amerikanischen Gegenangriffen wieder geräumt werden. Die Ardennenoffensive hatte sich festgefahren. Mittlerweile war auch der Himmel aufgeklart. Bei klarem und sonnigem Winterwetter konnten die Alliierten die ganze Macht ihrer Luftwaffe zum Einsatz bringen und griffen die deutschen Angriffsspitzen und die wenigen Nachschubstraßen pausenlos an. »In der Nacht sah man von Bastogne aus bis zurück zum Westwall einen einzigen Fackelzug brennender Fahrzeuge«, schrieb Generalmajor Heilmann über die bedrückende Situation. Die eigene Luftwaffe »konnte nicht die erforderliche Entlastung bringen«, hieß es im Kriegstagebuch des Oberbefehlshabers West. Die deutschen Piloten – quantitativ und qualitativ den alliierten Luftflotten weit unterlegen – kämpften einen hoffnungslosen Kampf.

Ich war mit Model und seinem Ordonnanzoffizier in einem vorgeschobenen Gefechtsstand. Ein Hindenburglicht, eine kleine Kerze, brannte. Einer von uns hat aus der Bibel die Weihnachtsgeschichte vorgelesen. Das war's. Das war Weihnachten 1944. Der Krieg war plötzlich für ein paar Stunden zu Ende. Die Gespräche und Gedanken schweiften in die Heimat. Wo ist deine Frau, was machen deine Kinder, wie alt sind sie? Und wie werden sie das überstehen?

Günter Reichhelm,
deutscher Generalstabsoffizier

Bereits am 24. Dezember begannen heftige amerikanische Vorstöße an der gesamten Angriffsfront. Während Hitler noch immer von der Fortsetzung der Offensive träumte, gelang es den Amerikanern, die deutsche Vorausabteilung, die es nahezu bis zur Maas geschafft hatte, zu vernichten. Am 26. Dezember war Bastogne wieder entsetzt, die viertätige Belagerung hatten die amerikanischen Soldaten gut überstanden. Sie waren aus der Luft versorgt worden und hatten mit ihrer überlegenen Artillerie alle deutschen Versuche, diesen wichtigen Verkehrsknotenpunkt zu nehmen, zunichte gemacht. Unterdessen musste auch Hitler eingestehen, dass die »Operation Wacht am Rhein« »nicht zu dem durchschlagenden Erfolg geführt [hat], den man hätte erwarten können«. »Trotzdem«, so Hitler »sei schon jetzt eine ungeheure Entspannung eingetreten, da der Gegner seine ganzen Angriffspläne habe aufgeben müssen.« Was war eigentlich aus den beiden Geheimoperationen geworden, die den deutschen Vormarsch flankieren sollten? Die Fallschirmjägeroperation »Stößer« verlief völlig chaotisch. Auf dem Papier sah der

»Ende aller Illusionen« – US-Soldaten untersuchen zwei zerstörte deutsche Panzer

Plan wagemutig aus. Oberstleutnant von der Heydte sollte bei Nacht mit seinen 1200 Mann hinter den amerikanischen Linien auf dem Hohen Venn abspringen, ein für motorisierte Verbände nur schwer zu durchquerendes Hochgelände. Der Durchmarsch der 12. SS-Panzerdivision durch dieses natürliche Hindernis sollte durch den Einsatz erleichtert und zugleich der Angriff anmarschierender feindlicher Reserven gegen die Flanke des deutschen Vorstoßes gesichert werden. Den Befehl zu dem Sprungeinsatz erteilte Hitler persönlich am 9. Dezember, gerade einmal eine Woche vor Beginn der Offensive. Der Verband musste erst in aller Eile zusammengestellt werden. Nur zehn Prozent der Männer hatten überhaupt Sprungerfahrung, der Rest sollte im Einsatz seinen ersten Fallschirmabsprung erleben. Die Besatzungen der Ju-52-Transportmaschinen waren auch nicht auf den schwierigen Nachteinsatz vorbereitet. Die Hälfte hatte noch nie einen Kampfeinsatz geflogen, zwei Drittel beherrschten den Blindflug nicht. Im letzten Moment traf dann noch die angeforderte Ausrüstung für die Männer ein: Schneehemden, Funkgeräte, Karten. Die vorgesetzten Dienststellen machten einen amateurhaften Eindruck auf von der Heydte. So fragte er den Oberbefehlshaber der 6. SS-Panzerarmee, Sepp Dietrich, nach der Feindlage und wurde daraufhin angebrüllt: »Ich bin doch kein Prophet. Sie werden noch früher als ich erfahren, welche Kräfte die Amerikaner gegen Sie einsetzen werden. Außerdem gibt es hinter ihren Linien nur jüdische Ganoven und Bankdirektoren.«
In der Nacht zum 16. Dezember sollte es losgehen. Aber die Lkws, die die Fallschirmjäger zu den beiden etwa 30 Kilometer entfernten Flugplätzen fahren sollten, hatten keinen Sprit mehr. Von der Heydte war verzweifelt – und musste den Einsatz um einen Tag verschieben!

General Model hörte sich ganz gelassen meinen Vortrag an und fragte dann: »Wie viel Prozent Aussicht auf Erfolg geben Sie ihrem Unternehmen?« Meine Antwort war: »Wenn ich ehrlich sein soll, Herr General, nicht viel mehr als zehn Prozent.« Die Reaktion von Model auf diese Meldung hin war erstaunlich: »Sie Glücklicher! Wir haben lang nicht soviel Aussichten, die Engländer und Amerikaner zu trennen und bis an die Küste von Antwerpen vorzustoßen.«

Friedrich August
von der Heydte

In der darauf folgenden Nacht bestieg er mit einem mulmigen Gefühl seine Ju 52. Die letzte Wettermeldung hatte ergeben, dass am Absetzplatz Windgeschwindigkeiten von bis zu 60 km/h herrschten – unter diesen Bedingungen war der Absprung von Fallschirmjägern eigentlich kriminell. Weil der Einsatz von Hitler angeordnet war, konnte man jetzt nur noch hoffen, dass sich der Meteorologe geirrt hatte. »Die Männer waren nicht so trüber Stimmung wie ich, sondern waren begeistert«, beschreibt von der Heydte die Situation. »Es war ein Genuss zu sehen, wie diese Jungens mit einer Freude an diese Aufgabe rangingen, wie selig sie waren, dass endlich einmal wieder angegriffen wurde. Es war ein Siegesbewusstsein, das an die besten Zeiten des Jahres 1940 erinnerte. In den Maschinen sangen die Leute das Fallschirmjägerlied ›Rot scheint die Sonne‹, interessanterweise waren diejenigen am begeistertsten, die noch nie gesprungen waren.«

Deutsche Flugzeuge hatten mit Brandbomben das Absetzfeld markiert – das die meisten Ju 52 auch erreichten. Als von der Heydte sprang, spürte er sofort die gewaltige Windstärke – der Meteorologe hatte

»Wie heißt die Schwester von Mickey Mouse?« – mit improvisierten Fragen versuchten die Amerikaner, deutsche Soldaten in US-Uniform zu enttarnen

Recht gehabt. Fast die Hälfte der Männer konnte sich am Boden nicht rechtzeitig von den Fallschirmen befreien und wurde zu Tode geschleift. Deprimiert stolperte von der Heydte am Absetzfeld über die Leichen seiner Männer, die noch keinen einzigen Schuss abgefeuert hatten. Zunächst sammelten sich ganze 30 Mann um ihren Kommandeur, bis zum Morgen waren es 150, schließlich etwa 250. Mit dieser kleinen Schar von Kämpfern, die nur wenig Munition und eine Hand voll Panzerfäuste bei sich hatten, war es von vornherein aussichtslos, den Antransport amerikanischer Reserven aus dem Norden aufzuhalten und die Passstraße durch das Hohe Venn zu sperren. Die Männer führten daher eine Art Partisanenkrieg, überfielen kleine Truppenkolonnen und Nachschubkonvois. Einige wenige Male erhielten sie sogar Nachschub aus der Luft. Dabei wurden neben Panzerfäusten auch Zigaretten und Wasser abgeworfen. »Auf die Zigaretten hätten wir verzichten können, aufs Trinkwasser angesichts des vielen Schnees erst recht«, berichtet von der Heydte. Nach fünf Tagen Kleinkrieg im Hinterland ging die Munition zur Neige und die Moral der frierenden und hungernden Männer begann sich langsam zu verschlechtern. Von der Heydte gab der Gruppe den Befehl, zu den eigenen Linien durchzubrechen. 150 schafften es auf abenteuerliche Weise, die eigenen Vorposten zu erreichen. Er selbst geriet am Abend des 23. Dezember in amerikanische Gefangenschaft. Das Unternehmen »Stößer« war kläglich gescheitert, seine Planung und Durchführung symbolisiert die unprofessionellen, vom Wunschdenken getragenen Planungen der höheren Stäbe, die der Realität oftmals weit entrückt waren. Als »amateurhaft, fast frivol« bezeichnete von der Heydte später die Handlungsweise der Wehrmachtführung.

Auch das geheimnisumwitterte Unternehmen »Greif« verlief im Sande. Schon bei der Ausrüstung des Kommandoverbands hatte es erhebliche Probleme gegeben. Es gab viel zu wenige amerikanische Uniformen, nur eine Hand voll amerikanischer Beutefahrzeuge und kaum Munition für die erbeuteten Waffen. Die größten Probleme aber bereiteten die mangelnden Sprachkenntnisse der rund 2000 Mann. Das Vorhaben, die Maasbrücken überraschend einzunehmen, war also von vornherein fraglich. Schließlich wurde der ganze Einsatz abgeblasen, weil die SS-Panzerdivisionen weit vor der Maas gestoppt wurden. Lediglich die gut ausgerüsteten Kommandotrupps wurden ein-

> *Da tauchte plötzlich einer auf und rief: »He, wollt ihr heißen Kaffee?« – »Klar«, riefen meine Kameraden, doch plötzlich schoss der Typ, offensichtlich einer dieser Deutschen in amerikanischer Uniform. Das kam natürlich nicht so gut an.*
>
> Henry M. Stairs,
> US-Soldat

Meine 6. Kompanie ist am 16. Dezember mit etwa 90 Mann zum Angriff angetreten. Ende Januar 1945 überschritt ich zusammen mit einem Melder die deutsche Grenze. Nur wir waren von der Kompanie übrig geblieben. Alle anderen waren gefallen, verwundet oder in Gefangenschaft.

Ludwig Lindemann,
deutscher Offizier

gesetzt. In kleinen Gruppen sickerten sie durch die Front, zerstörten Telefonleitungen und leiteten amerikanische Kolonnen in die Irre. Nach Angaben ihres Kommandeurs Otto Skorzeny sind acht Kommandotrupps zu je vier Mann hinter die feindlichen Linien gelangt. Nachdem sie einige Tage lang ihr Unwesen getrieben hatten, gelang es sechs von ihnen, wieder die eigenen Truppen zu erreichen. Zwei Trupps, insgesamt acht Mann, wurden von den Amerikanern gefasst und erschossen. Der Einsatz dieser wenigen Männer verursachte bei den Amerikanern eine unvergleichliche Panik. Aufgeschreckt durch die Vorstellung, hunderte verkleideter Deutscher würden im eigenen Hinterland Sabotage treiben und könnten gar danach trachten, General Eisenhower zu kidnappen, wurden überall Straßensperren errichtet und es begann eine Hatz auf die

»Kurzer Prozess« – wurden Deutsche in US-Uniformen aufgegriffen, wurden sie meist sofort erschossen

»Es war sinnlos« – zahllose deutsche Soldaten gerieten während der Ardennenoffensive in Gefangenschaft

»falschen« Amerikaner. Erst nach dem Ende der Ardennenoffensive legte sich die Aufregung. Nun begann der amerikanische Gegenangriff. Langsam wurden die liegen gebliebenen deutschen Divisionen zurückgedrängt, nach drei Wochen harter Gefechte hatten die Amerikaner zwei Drittel des Geländegewinns zurückerobert. Der Preis für diesen Abwehrerfolg war enorm: 8600 Amerikaner fielen von Mitte Dezember 1944 bis Mitte Januar 1945 in den Ardennen, 47 000 wurden verwundet, 22 500 wurden vermisst. Die Deutschen hatten in etwa gleich hohe Ausfälle (76 600 Mann). Auch die materiellen Schäden waren hoch: Die 600 Panzer, die auf den Schlachtfeldern der Ardennen liegen blieben, waren nicht mehr zu ersetzen. Hitler hatte seine letzte Schlacht geschlagen, die letzten Reserven waren verbraucht. Während in den Ardennen noch gekämpft wurde, standen die schwachen Verbände im Osten auf verlorenem Posten: Die Rote Armee kesselte Budapest ein und stieß im Januar 1945 von der Weichsel auf die Oder vor. Die Besetzung des Reiches war nicht mehr aufzuhalten.

> *Am Ende war es nach meinem Gefühl ein Kampf mit Taschenmessern gegen Panzer. Es war sinnlos, sinnlos.*
> Rolf Odendahl, deutscher Fallschirmjäger

»Was wird aus uns werden?« – amerikanische Truppen marschieren in einer deutschen Stadt ein

Die Eisenbahnbrücke von Remagen fiel am 7. März 1945 in amerikanische Hände. Die letzte große Verteidigungslinie im Westen war durchbrochen. Bald sollte das schreckliche Inferno der alliierten Luftangriffe ein Ende finden – allein in Dresden starben dabei 35 000 Menschen. Viele Deutsche erlebten den Einmarsch der Alliierten mit zwiespältigen Gefühlen. Erleichterung über das Kriegsende mischte sich mit enttäuschten Hoffnungen auf den Endsieg. Es sollte noch dauern, bis das ganze Ausmaß der NS-Verbrechen deutlich wurde.

Der letzte Akt

Wie Tore einer mittelalterlichen Festung bewachten die beiden Doppeltürme die Zugänge zur Remagener Eisenbahnbrücke links und rechts des Rheins. Nichts deutete Anfang März 1945 darauf hin, dass sie binnen weniger Tage zur berühmtesten Brücke des Zweiten Weltkriegs und zum Symbol des deutschen Zusammenbruchs im Westen avancieren würde. Für die eine Seite verband sich ihr Name bald mit Sieg, Ruhm und Erlösung, für die andere mit Niederlage, Wut und Verzweiflung und erst später mit dem Bewusstsein der Befreiung von einer verbrecherischen Herrschaft, die die Moral pervertiert hatte. Im östlichen Doppelturm der Brücke war am 6. März 1945 der 15-jährige Luftwaffenhelfer Heinz Schwarz als Vermittler in der Telefonzentrale des Brückenkommandos eingesetzt. Nur schwer konnte er sich an diesem Tag auf seine Aufgabe konzentrieren. Beunruhigende Gerüchte machten die Runde: Der Amerikaner sei bereits ganz nahe, es sei nur noch ein Frage von Tagen, vielleicht Stunden, bis seine Panzer die Brücke erreichen würden. Angesichts der quälenden Ungewissheit entschloss sich Heinz Schwarz,

»Die Heimat war zur Front geworden« – US-Soldaten marschieren Richtung Rhein

So wie der Führer die Krisen der Vergangenheit bewältigt hat, so wird er diese bewältigen. ... Noch vorgestern sagt er mir, ich glaube so fest daran, dass wir diese Krise bewältigen werden, und ich glaube so fest daran, dass ... wir den Feind schlagen und zurückjagen werden und ... dass wir eines Tages den Sieg an unsere Fahnen heften werden, wie ich je in meinem Leben an etwas fest geglaubt habe.

Rede von Joseph Goebbels im März 1945

etwas zu tun, was ihm strikt verboten war: die Gespräche seiner Vorgesetzten, die er vermittelte, heimlich mitzuhören. »Um die Mittagszeit klingelte das Telefon«, erinnert er sich fast 60 Jahre später noch ganz genau, »und dann hörte ich: ›Hier Kampfkommandant Bratge, ich hätte gern Herrn Hauptmann Friesenhahn gesprochen‹ – das ist der Chef der Pioniere gewesen –, ich habe das gestöpselt und hörte ihn dann weiterreden: ›Heil Hitler, Herr Friesenhahn! Ich habe eine Meldung: Amerikaner bei Rheinbach durchgebrochen, mit Vorstoß auf Bonn und Remagen ist zu rechnen, Brücke ist mit Zündung zur Sprengung vorzubereiten. Heil Hitler, Herr Friesenhahn!‹ – ›Heil Hitler, Herr Bratge!‹ Da war für mich vollkommen klar: Jetzt kommt der Krieg unmittelbar zu dir!«

Wie Heinz Schwarz wurde vielen Deutschen in diesen ersten Monaten des Jahres 1945 schlagartig bewusst, dass der Krieg in seinem sechsten Jahr nun vor die eigene Haustür kam. Für die Bewohner des Mittelrheins war er längst keine abstrakte Größe mehr. Nahezu ununterbrochen pochte der Kanonendonner der sich nähernden Westfront. Immer grotesker wurde der Gegensatz zwischen der forcierten Zuversicht in Zeitungs- und Radiomeldungen und den täglichen Erfahrungen der deutschen Bevölkerung. Seit geraumer Zeit schon gehörten verwundete und verstümmelte Männer und Frauen zum Straßenbild. Es gab kaum eine Familie, in die der Krieg nicht schmerzliche Lücken gerissen hatte. Immer mehr Flüchtlinge aus der Eifel und dem Hunsrück, deren Heimat das Frontgebiet geworden war und von der Wehrmacht geräumt wurde, drängten in die Dörfer und Städte am Rhein. Dort mussten nun die Bewohner mit wachsendem Unmut den schrumpfenden Wohnraum und die knapper werdenden Lebensmittel mit den Neuankömmlingen teilen. Wer es hören wollte, dem berichteten die von der Westfront über den Rhein zurückströmenden Soldaten heimlich von der ungeheuren Übermacht der Alliierten. Und aus dem Osten kamen – von der NS-Propaganda begierig aufgegriffen Schreckensnachrichten über die Leiden der deutschen Zivilbevölkerung, die vor der Roten Armee fliehen musste.

Längst war die Heimat zur Front geworden. Die Landung der Alliierten in der Normandie im Juni 1944 und ihr Vormarsch bis an die Westgrenze des Deutschen Reiches hatten die Lage der Zivilbevölkerung noch verschärft. Die Einsatzflughäfen der amerikanischen Jagdbombergeschwader wurden von England in die frontnahen Gebiete Belgiens und Nordostfrankreichs verlegt. Obwohl der Krieg militärisch im Grunde schon entschieden war, erreichten die alliierten Bombenangriffe jetzt erst ihren Höhepunkt. In den letzten fünf Kriegsmonaten forderten sie täglich mehr als 1000 zivile Opfer. Am 13. und 14. Februar versank Dresden in einem Flammenmeer, in dem 35 000 Menschen ihr Leben verloren. Am 23. Februar 1945 wurde Pforzheim völlig zerstört; jeder Dritte der 60 000 Einwohner starb. Das Inferno war überall, nicht nur in den Großstädten. Hinzu kam die ständige Gefahr durch amerikanische Tieffliegerangriffe, die Schiffe, Züge, Fahrzeuge, ja selbst arbeitende Bauern auf dem Feld zum Ziel nahmen. Nur schlechtes Wetter, Regen und Nebel verschafften eine Atempause von der allgegenwärtigen Gefahr. Oft waren die Jagdbomber schon da, bevor die Alarmsirenen ertönten. Ab Ende Januar 1945 riss das Sirenengeheul in vielen Gebieten ohnehin kaum noch ab. Der Alarmzustand war zum Normalzustand geworden.

> *Man kann die ganze Stadt ganz einfach abschreiben.*
>
> Funkspruch eines am Bombenangriff auf Pforzheim beteiligten Piloten

> *Unsere Mauern brachen, unsere Herzen nicht!*
> NS-Parole

»Ende der Angst« – deutsche Zivilisten kehren nach den Kämpfen in ihre Häuser zurück

Ein Hauptanliegen der alliierten Bombenangriffe, das »moral bombing«, erwies sich dabei als fatale Fehleinschätzung. Statt, wie erhofft, die deutsche Zivilbevölkerung durch den Bombenterror zu zermürben und so die NS-Führung zu isolieren, schweißten die Angriffe Heimat, Front und Partei als »Schicksalsgemeinschaft« noch enger zusammen. Die Angreifer aus der Luft wurden von der Masse der Deutschen nicht als »Befreier« begrüßt, sondern als »Terrorflieger« verflucht. Ab und zu kam es vor, dass die Bomberbesatzungen, die über deutschem Gebiet abgeschossen worden waren, am Boden von einer aufgebrachten Menge gelyncht wurden. Für Heinz Jakubek, der als Hitlerjunge im Volkssturm des Ruhrgebiets diente, war der Bombenkrieg ein Grund weiterzukämpfen. »Wir hatten das Gefühl, dass wir alle unser Vaterland retten müssten«, erinnert er sich. »Zu dieser Zeit fielen die Bomben Tag und Nacht und zerstörten die Städte. Wir wussten, wie viele Opfer das mit sich brachte, und wir hatten nicht das Gefühl, dass die Bomber, die über uns kreisten, unsere Freunde sind. Das waren zu dieser Zeit noch unsere bitteren Feinde.«

Neben Großstädten und Rüstungszentren waren die deutschen Nachschublinien ein bevorzugtes Ziel der alliierten Luftangriffe; so auch die Eisenbahnbrücke bei Remagen, über die Soldaten und Munition an die Westfront rollten. Die so genannte »Ludendorffbrücke«, benannt nach dem berühmten Feldherrn des Ersten Weltkriegs, Erich Ludendorff, war 1916–1918 als zweigleisige Eisenbahnbrücke gebaut

»Kein Stein mehr auf dem anderen« – Blick über die zerstörte Bonner Altstadt, Frühjahr 1945

worden, um die linksrheinische Ahrtalstrecke mit dem Eisenbahnnetz östlich des Rheins zu verbinden. Sie war 325 Meter lang, knapp 15 Meter über Flussniveau und galt als eine der schönsten Brücken aus Stahl am Rhein. Am Ostufer erhob sich unmittelbar am Ausgang der Brücke und oberhalb des Ortes Erpel ein wuchtiges Felsmassiv, die Erpeler Ley. Sie wurde von der Bahn in einem nach links gebogenen, 380 Meter langen Tunnel durchquert, um in die parallel zum Rhein laufende Eisenbahnstrecke nach Troisdorf einzumünden.

> *Der Rhein als der deutsche Strom war im Bewusstsein auch des einfachen Menschen noch sehr lebendig. Es war eine nationale Katastrophe im Bewusstsein vieler, wenn es dem Feind gelang, den Rhein zu überschreiten, denn dann fragte man sich, wo sollte denn jetzt noch die Möglichkeit bestehen, sich zu widersetzen, wenn nicht hier als der allerletzten Möglichkeit.*
>
> Wingolf Scherer,
> deutscher Offizier

Für die Menschen im linksrheinischen Remagen und dem gegenüberliegenden Erpel war die Brücke, die ihre Orte verband, längst zum Fluch geworden. Am 6. Oktober 1944 war es zum ersten der unmittelbaren amerikanischen Angriffe auf die Brücke gekommen, die bis Anfang März 1945 andauern sollten. Höhepunkt war die Woche vom 28. Dezember 1944 bis zum 2. Januar 1945. Sechs Tage hintereinander bombardierten amerikanische Flugzeuge den Raum Remagen-Erpel massiv. Allein am 2. Januar 1945 starben in Remagen 28 Zivilisten und acht Soldaten. Remagen und Erpel wurden weitgehend zerstört, ein Großteil der Überlebenden wurde obdachlos.

Unter den Menschen, die im März 1945 noch im Schatten der Brücke ausharrten, war die Familie des Eisenbahnbeamten Willy Feldens, der mit seiner Mutter, seiner Frau Maria und dem kleinen Sohn Karl in Erpel wohnte. Drei Jahre lang war der Eisenbahner im Osten eingesetzt gewesen, erst einige Wochen zuvor war er in sein Heimatdorf zurückversetzt worden, um seinen Dienst in der Nähe zu tun. Die ständigen Angriffe der Jagdbomber auf fahrende Züge und die Bahnhöfe setzten Feldens nervlich zu. Es sei hier schlimmer als in Russland, äußerte er gelegentlich im Kreis der Familie. Heimlich sagte er auch: »Bald ist der Amerikaner hier.« Seiner 36-jährigen Frau Maria fiel es schwer, ihn aufzurichten; die Bombenangriffe hatten sie vielleicht noch stärker gezeichnet als ihn. Am 28. Dezember hatte eine Bombe ihr Elternhaus in Remagen getroffen und den Vater getötet. Als er zehn Tage später in einer Munitionskiste notdürftig beerdigt wurde, konnte die Tochter wegen eines neuen Angriffs nicht dabei sein. Ohnehin hatte sie in diesen Tagen noch andere Sorgen. Beim selben Angriff war eine Bombe zehn Meter hinter ihrem Haus in Erpel eingeschlagen. Zwar überlebte die Familie unverletzt im Keller, doch durch die

»Wie Tore einer mittelalterlichen Festung« – die Brücke von Remagen mit ihren charakteristischen Doppeltürmen

»Bald ist der Amerikaner hier« – aus ihren Häusern geflohene Frauen und Kinder bei Remagen

Druckwelle war das Haus eingestürzt und nicht mehr bewohnbar. Wie hunderttausende andere Deutsche waren die Feldens mitten im Winter obdachlos geworden. Nur mit Mühe gelang es, ein kleines Zimmer in der Nähe zu finden, wo die Familie notdürftig unterkam.

Unter der ständigen Bombengefahr war in Remagen und Erpel wie vielerorts in Deutschland an ein normales Leben nicht mehr zu denken. Angst und Not bestimmten den Alltag. Da die Amerikaner fast nur am Tag angriffen, verließen die Remagener morgens scharenweise ihre Häuser und suchten bis zum Abend Unterschlupf in den verschneiten Wäldern. Auch in Erpel vertraute tagsüber niemand mehr auf den Schutz der Keller, doch hatte man hier eine bessere Zuflucht als im Wald. Wie die meisten verbliebenen Einwohner ging die Familie Feldens jeden Morgen, bevor es hell wurde und die Jabos kamen, in den Eisenbahntunnel unter der Erpeler Ley. Dort, in einer der etwa zwei Meter breiten und einen Meter tiefen Nischen in den Seitenwänden des Tunnels hatte sie sich wie einige andere auch einen Unterschlupf geschaffen. In ihm stand eine kleine Bank, davor befand sich ein Holzverschlag, der vor Zugluft schützen sollte. In den Nischen flackerten Petroleum- und Karbidlampen, denn im langen Tunnel war es auch tagsüber fast stockdunkel. Wenn, was immer seltener vorkam, Züge den Tunnel passierten, drückten sich die Erpeler Bürger fest an die Tunnelwand und husteten danach den Ruß aus den Lungen. Quälend langsam verging so das Warten, Tag für Tag, in der beständigen Angst vor den feindlichen Bomben und der Ungewissheit, ob und wann der Feind wohl die Brücke und Erpel erreichen würde.

Die Lage von Hitlers Reich war zu diesem Zeitpunkt militärisch längst hoffnungslos. Im Osten hatten Stalins Truppen bis Februar 1945 die Oder erreicht und standen nur noch 60 Kilometer vor Berlin. Im Westen hatten die Alliierten nach dem Scheitern der deutschen Ardennenoffensive Anfang Februar 1945 in breiter Front ihren Vormarsch in Richtung Rhein wiederaufgenommen. 1,5 Millionen amerikanische und über 400 000 britische und kanadische Soldaten rückten in drei Stoßkeilen auf den Fluss vor. Der Hauptstoß erfolgte – nach

Der Rhein war das letzte große Hindernis auf unserem Weg nach Berlin.
John Henderson,
Adjutant Montgomerys

einem vom britischen Feldmarschall Montgomery ausgearbeiteten und unter seinem Oberbefehl ausgeführten Plan – im Norden. In einer Zangenbewegung stießen die britischen, kanadischen und amerikanischen Divisionen, die aus Belgien kamen, von Norden und Süden zum Niederrhein bei Wesel vor. Von hier aus sollte in einer zweiten Phase der Rhein überquert werden und – nördlich des Ruhrgebiets – der entscheidende Vorstoß in die norddeutsche Tiefebene erfolgen. Der 1. und 3. US-Armee, die etwas verzögert und in weiter südlich auf den Rhein bei Köln beziehungsweise Mainz vorrückten, war nach dieser vom amerikanischen Oberkommandierenden General Eisenhower abgesegneten Gesamtstrategie lediglich eine Nebenrolle zugedacht. Sie sollten den Rhein in ihrem Abschnitt erst einmal nicht überqueren, sondern lediglich das linke Rheinufer besetzen und auf diese Weise Montgomerys Flanke schützen. Erst für einen späteren Zeitpunkt waren auch südlich der Ruhr nachgeordnete Rheinüberquerungen vorgesehen, um das Ruhrgebiet zu umfassen und in Richtung Frankfurt und weiter darüber hinaus nach Osten vorzustoßen.

Wenn Montgomery gehofft hatte, den Niederrhein bei Wesel in wenigen Tagen zu erreichen, so wurde er bald eines Besseren belehrt. Dauerregen, Schneeschmelze und die Sprengung von Deichen und Dämmen verwandelten das Angriffsgelände vielerorts in eine Sumpflandschaft. Hinzu kam der erbitterte Widerstand der deutschen Einheiten, denen Hitler befohlen hatte, die Alliierten unter allen Umständen am so genannten Westwall aufzuhalten, jener 620 Kilometer langen Festungslinie links des Rheins, die die Alliierten spöttisch »Siegfried-Linie« nannten. Doch allen Durchhalteparolen zum Trotz wurden die hart kämpfenden, aber zunehmend demoralisierten deutschen Truppen bis Anfang März allmählich hinter den Rhein zurückgedrängt. Wesentlich rascher als im Norden ging weiter südlich der Vormarsch der 1. US-Armee voran, die seit dem 23. Februar in den Großraum Köln vorrückte. Am 6. März erreichten Einheiten der 9. US-Panzerdivision die Stadt Meckenheim bei Bonn. Von hier aus sollten sie am nächsten Tag nach Remagen aufbrechen. Die Eisenbahnbrücke dort spielte in den Plänen der Armeeführung keine Rolle. »Unsere Aufgabe lautete, an den Rhein vorzustoßen

Der Rhein war eher ein psychologisches als ein tatsächliches Hindernis, denn die modernen Waffen gestatteten einen Übergang auch dann, wenn alle Brücken kaputt gewesen wären. Bei der Luftüberlegenheit der Amerikaner und ihrem sagenhaften Pioniergerät konnten sie überall in ein, zwei Nächten Pontonbrücken errichten.

Günter Reichhelm,
deutscher
Generalstabsoffizier

und Remagen zu nehmen«, erinnert sich Demetri Paris, damals Leutnant und Panzerkommandant in der 9. US-Panzerdivision, »danach sollten wir uns Richtung Süden wenden. In den Befehlen, die wir erhielten, war keine Rede davon, eine Brücke zu erobern.«

Im Gefechtsstand des 67. deutschen Korps in Falkenberg, neun Kilometer südlich von Münstereifel, herrschte in der Nacht zum 7. März

»An den Rhein vorstoßen und Remagen nehmen« – die ersten US-Truppen erreichen die Stadt

1945 helle Aufregung. Am Abend hatte der Kommandierende General, General Otto Hitzfeld, den Befehl erhalten, dass der Brückenkopf Remagen ihm mit sofortiger Wirkung unterstellt sei. Jetzt, gegen 1 Uhr morgens am 7. März, erhielt er telefonisch die Order, einen Generalstabsoffizier als Brückenkommandanten abzustellen. Hitzfeld war ungehalten. Schlimm genug, dass man die Verantwortung für den wichtigen Flussübergang ausgerechnet seinem Korps übertrug, das noch 60 Kilometer westlich des Rheins kämpfte, während amerikanische Einheiten zu diesem Zeitpunkt nur noch 14 Kilometer vor Remagen standen. Obendrein sollte er jetzt auch noch einen Offizier seines Stabes entbehren, obwohl er doch alle Hände voll zu tun hatte, sich gegen die erdrückende Übermacht der Alliierten zu wehren. Erbost wandte er sich an seinen ersten Generalstabsoffizier, Major Gerhard Höptner: »Was soll ich denn machen? Wenn ich Sie schicke, bin ich ja ganz allein hier!« Doch Höptner wusste einen Rat zu geben: Auch der Adjutant des Generals, Major Hans Scheller, so entgegnete er ihm, habe eine Generalstabsausbildung. Hitzfeld, der sichtlich erfreut war, ließ Scheller umgehend rufen. Zwar war dieser erst seit vier Wochen in seinem Stab, doch galt er als äußerst tüchtig und energisch.

*Liebe Schwester Marie,
ich bin nicht mehr in der Eifel, sondern im Ruhrgebiet, da, wo der Amerikaner am stärksten drückt. Das linke Rheinufer wird er bald haben. Dabei wurde unsere Einheit halb einkassiert. Ich wollt' ich wär dabei gewesen. Ich weiß noch nicht, wo ich eingesetzt werde. Mir ist heute schon alles egal. Die Hauptsache ist, wenn man keinen mehr verpasst kriegt in letzter Minute. Ein paar Monate dauert es nicht mehr mit diesem Krieg.*

Letzter Brief des
deutschen Soldaten
Christian Zenz vom
5. März 1945
(am 25. März gefallen)

Der 32-jährige Major Hans Scheller stammte aus Landshut in Bayern, wo seine Frau Liesl mit den zwei Kindern – ein drittes war unterwegs – immer noch wohnte. Von Anfang an hatte er als Berufsoffizier am Krieg teilgenommen und an der Ostfront hohe Auszeichnungen erhalten: das Deutsche Kreuz in Gold, beide Eisernen Kreuze, und das Sturmabzeichen. Wegen einer Rippenfellentzündung kam er Ende 1944 in ein Lazarett nach Polen, kurz vor Weihnachten wurde er für ein paar Tage nach Landshut verlegt, wo er noch einmal seine Familie besuchen konnte. »Er war sehr still und auch sehr ernst«, erinnert sich seine Frau an diesen letzten Besuch, »Er war ein ›faustischer Typ‹, die Lebhafte und Fröhliche war eben ich.

»Faustischer Typ« –
Major Hans Scheller
wurde als Kommandant
an die Brücke
abgeordnet

Vor allem als er aus Russland zurückkam, war er so schweigsam. Er hat kaum darüber gesprochen, was er dort erlebt hat, nur ein paar Bröckchen kamen heraus, das eine oder andere, aber doch nie etwas Zusammenhängendes. Er musste viel verarbeiten.« Über den Krieg und die drohende Niederlage wurde im Haus Scheller nicht gesprochen. Man war froh, sich wiederzusehen, sprach über die Kinder, alles andere wurde weggeschoben: »Wir ahnten doch alle, was los war, was musste man da noch darüber sprechen.« Aus Landshut wurde der noch kaum Genesene eilig an die Ostfront zurückbeordert, kurz darauf an die Westfront versetzt in den Stab von General Hitzfeld.

Gegen 1.30 Uhr morgens an diesem 7. März wies General Hitzfeld Major Scheller in seinen Auftrag ein: Mit einem starken Feindangriff auf Remagen, so erklärte ihm der General, sei ab sofort jederzeit zu rechnen. Scheller müsse daher umgehend abfahren und als Kommandant von Remagen einen Brückenkopf bilden, an den das Korps sich bei seinem bevorstehenden Rückzug anlehnen könne. Für den Fall, dass dem Feind zuvor ein Durchbruch gelänge, solle Scheller die Brücke sprengbereit machen und spätestens dann zerstören, wenn der Feind die Westseite betreten habe. Ein ehrenvoller Auftrag, aber auch ein gefährlicher – dessen war sich Scheller voll bewusst. Als Kommandant einer Rheinbrücke wurde von ihm erwartet, die Brücke bis zum letzten Augenblick für den Rückzug seines Korps beziehungsweise für Nachschub und Verstärkung offen zu halten. Je früher er sprengte, desto mehr Kameraden und Ausrüstung würden dem Feind in die Hände fallen, da damit auch ihnen der Weg über den Rhein abgeschnitten wäre. Ließ er jedoch zu, dass die Brücke unzerstört in die Hände der Amerikaner fiel, dann war der Rhein als die letzte große Verteidigungslinie im Westen überhaupt in Gefahr. So oder so lastete eine hohe Verantwortung auf Scheller. »Ein Himmelfahrtskommando oder ein Ritterkreuzauftrag!«, mit diesen Worten verabschiedete er sich von Höptner, ehe er kurz vor 3 Uhr morgens nach Remagen aufbrach.

Der 7. März dämmerte als diesiger Tag mit tief hängenden Wolken und feinem Sprühregen. Es war »unheimlich still«, notierte Maria Feldens in ihr Tagebuch, die wie jeden Tag mit ihrem Mann, ihrem Sohn und der Schwiegermutter frühmorgens ihre Nische im Eisenbahntunnel aufgesucht hatte. Das trübe Wetter kam Hauptmann Willi Bratge, dem Brückenkommandanten, und den deutschen

Die Überquerung des Rheins war ein unausweichliches Unternehmen, wenn wir den Krieg gewinnen wollten. Wir mussten den Rhein überqueren, wir mussten ins Innere Deutschlands stoßen und die Deutschen auf ihrem eigenen Boden besiegen.

James Hill, britischer
Fallschirmjäger-General

»Günstige Gelegenheit« – Soldaten einer amerikanischen Vorhut nähern sich der Brücke

Einheiten, die sich auf ihrem Rückzug vor der linksrheinischen Brückenauffahrt stauten, sehr gelegen, denn aufgrund der äußerst schlechten Sicht waren keine Tiefflieger in der Luft. Ununterbrochen hatten Bratges Männer in den letzten Tagen Holzbohlen zwischen die Schienen gelegt, um die Eisenbahnbrücke für die Militärfahrzeuge passierbar zu machen. Seit fünf Uhr morgens floss eine endlose Fahrzeugkolonne über die Brücke, während auf den Gehwegen links und rechts der Fahrspur Soldaten und Zivilisten zu Fuß an das andere Rheinufer wechselten. Auf den Luftwaffenhelfer Heinz Schwarz machten die Soldaten einen sehr deprimierenden Eindruck: »Das war eine absolut geschlagene Armee, die dort über die Brücke zog. Da war niemand, der noch Hoffnung hatte. Einige der Soldaten waren kaum älter als ich, 18, 19, aber es waren auch sehr viele alte Soldaten dabei, die sagten: ›Diese Geschichte ist bald vorbei.‹«

Die Soldaten wollten nicht mehr. Sie wollten Schluss machen. Und ich hab immer das Gefühl gehabt, auch unsere obere Führung war nicht mehr davon überzeugt, dass der Krieg noch zu gewinnen ist. Nur hat es niemand zu sagen gewagt.

Josef Weyand,
deutscher Soldat

Auch Hauptmann Willi Bratge machte sich keine Illusionen mehr über den Ernst der Lage. Erst im Dezember 1944 war der 41-jährige Hauptmann, der vor dem Krieg als Lehrer in Gleiwitz gelebt hatte, zum »Kampfkommandanten von Remagen« ernannt worden – ein martialischer Titel, hinter dem jedoch wenig Macht stand. Für die Verteidigung der Brücke, seiner Hauptaufgabe, hatte er gerade einmal

36 Mann einer Genesendenkompanie zur Verfügung. Hinzu kamen an die 40 Soldaten einer Pioniereinheit unter Hauptmann Carl Friesenhahn – fast alles »Opas, Magenkranke und Genesende«, wie einer von ihnen sie nach dem Krieg beschrieb. Auch der so genannte Volkssturm, das letzte Aufgebot aus Hitlerjungen und über 60-Jährigen, das die NS-Führung seit Ende 1944 mit großem Propagandawirbel zu den Waffen gerufen hatte, erwies sich als Chimäre. An diesem 7. März trat er in Remagen gar nicht erst an, weil der größte Teil der erfassten Männer nicht anzutreffen gewesen war, wie der Führer des Volkssturms Bratge mitteilte. Umsonst waren auch die Bemühungen Bratges, aus den zurückflutenden Einheiten einige Soldaten zum Schutz der Brücke abzugreifen und seinem Befehl zu unterstellen. Die Angesprochenen verwiesen auf ihre Marschbefehle oder sie ignorierten seine Anordnungen einfach – ein Ausdruck des hoffnungslosen Fatalismus, der sich unter den deutschen Soldaten breit machte. »Was hätte Bratge denn tun sollen?«, verteidigte ihn Johann Keilhofer, einer seiner Untergebenen, nach dem Krieg: »Wir wussten alle, was die Uhr geschlagen hatte, und wahrscheinlich wusste Bratge es auch! Stellen Sie sich vor, da kommen hunderte, vielleicht tausende Soldaten auf einmal, völlig desorganisiert und desorientiert, mit dem Wissen, hinter dem Rhein sind wir in Sicherheit. Es sind keine geschlossenen Gruppen, sondern lose Haufen ohne Führung. Glauben Sie denn, dass sich diese Leute von einem Hauptmann im Hinterland in irgendwelche Verteidigungsstellungen bringen lassen, die doch sowieso nicht gehalten werden können?«

»Letztes Aufgebot« – alte Männer und Jugendliche sollten als »Volkssturm« die Alliierten aufhalten

Gegen 11 Uhr erreichte Major Scheller Remagen. Umgehend meldete er sich bei Bratge, der wenig erfreut war, durch einen jüngeren, aber ranghöheren Offizier ersetzt zu werden: »Jetzt hat sich die ganze Zeit niemand um uns gekümmert und dann kommt plötzlich ein wildfremder Major und übernimmt das Kommando«, schimpfte er zu einem Untergebenen. Auch Scheller war enttäuscht. Sein Auftrag, am Westufer der Brücke einen Verteidigungsring zu bilden, erwies sich angesichts der vorhandenen Kräfte als illusorisch. Für ihn konnte es nur noch darauf ankommen, die Brücke nicht zu früh zu sprengen, damit noch so viele Soldaten wie möglich das rettende Ufer erreichten. Vom Kommandanten der Pioniere, Hauptmann Carl Friesenhahn, erfuhr Scheller, dass dieser drei Sprengungen vorbereitet hatte. Auf der westlichen Zufahrt zur Brücke war eine kleinere Vorsprengung vorgesehen. Sie sollte verhindern, dass feindliche Fahrzeuge im Sturmangriff auf die Brücke fahren konnten. Für die eigentliche Hauptsprengung waren an statisch sensiblen Stellen der Brücke insgesamt 600 Kilogramm TNT angebracht worden, die mittels einer elektrischen Zündleitung zur Explosion gebracht werden konnten. Zur Sicherheit hatten die Pioniere noch andernorts eine so genannte Schnellladung installiert. Sie war für den Fall vorgesehen, dass ein überraschender Angriff des Feindes die planmäßige Sprengung stören könnte. Auch für diese hatte man 600 Kilogramm Sprengstoff vorgesehen, allerdings waren am Morgen nur 300 Kilogramm Donarit geliefert worden – ein Versäumnis, das Folgen haben sollte.

Auf einmal kam ein amerikanischer Soldat in Richtung Brücke und ging allein mit seinem Gewehr im Anschlag an einer Mauer vorbei, Schritt für Schritt sichernd, 200 bis 250 Meter, und nichts passierte. Und dann stand ein erster Panzer direkt neben der Brücke auf der Remagener Seite. Da wusste ich, jetzt Heinz, wird es Zeit, jetzt musst du abhauen.

Heinz Schwarz,
Luftwaffenhelfer

Während sich Scheller über die Lage an der Brücke orientierte, erreichte eine Vorhut der 9. US-Panzerdivision gegen Mittag eine Anhöhe oberhalb von Remagen. Den Soldaten bot sich von hier aus ein unerwarteter Anblick. Vor ihnen streckte sich die Eisenbahnbrücke von Remagen noch unzerstört über den Rhein. Schnell wurde die Nachricht an Oberstleutnant Leonard Engeman weitergegeben, der der Kommandeur der Angriffsgruppe war, die Remagen nehmen sollte. Dieser stand nun vor einer äußerst schwierigen Entscheidung. In den Befehlen, die er erhalten hatte, war eine Eroberung der Brücke nicht vorgesehen, jetzt aber tat sich vor seinen Augen eine günstige Gelegenheit auf. Engeman beschloss daher, den Überraschungscoup zu wagen. Ohne eine Entscheidung seiner Vorgesetzten abzuwarten,

»Überraschungscoupwagen« – die ersten US-Soldaten an der westlichen Brückenauffahrt

befahl er, die Stadt sofort mit Infanterie und Panzern anzugreifen und die Brücke, wenn möglich, zu erobern. Kurz nach 14 Uhr machten sich die Soldaten mit ihren Panzern auf den Weg.

Zur selben Zeit verlegte Scheller seinen Gefechtsstand in den Eisenbahntunnel am rechten Rheinufer. Dort drang Friesenhahn auf ihn ein, so schnell wie möglich die Hauptsprengung einzuleiten. Scheller zögerte, wollte die Brücke bis zum letzten Augenblick für einen Rückzug seines Korps offen halten. Endlich, um 15.20 Uhr, als auf der westlichen Brückenauffahrt bereits amerikanische Panzer und Soldaten standen, gab er den Befehl. Doch als Friesenhahn die Hauptsprengung auslösen wollte, geschah das Unfassbare: Der Leitungsmesser des Glühzünderapparats schlug nicht aus, das Zündsystem versagte. Verzweifelt wollte Friesenhahn die Schnellladung auslösen, doch die Zündschnüre hierfür lagen außerhalb des Tunnels unter der Brücke. Zwei Freiwillige meldeten sich, einer von ihnen Anton Faust, ein junger Unteroffizier aus Köln, der schwer verwundet aus Stalingrad ausgeflogen worden war und seit Mai 1943 in Friesenhahns Pionierkompanie

Die Eroberung der Brücke von Remagen hat uns damals nicht begeistert, da wir den Wert dieser Sache gar nicht erkannten. Erst Jahre später haben wir erfahren, dass wir seit Napoleon die Ersten waren, die den Rhein überquerten. Damals war uns das nicht bewusst.

Demetri Paris,
US-Soldat

diente. Unter feindlichem Feuer kletterte er mit einem Kameraden unter die Brücke, beide entzündeten die Schnüre und rannten sofort in den Tunnel zurück. Endlich, gegen 15.40 Uhr, ertönte ein dumpfer Knall, die Brücke hob sich – und fiel wieder in ihr Lager zurück. Wie befürchtet, hatte die zu geringe Menge Sprengstoff, die für die Schnellladung angeliefert worden war, nicht ausgereicht. Die Brücke stand.

Als der Rauch sich verzogen hatte, machte sich eine Kompanie amerikanischer Infanteristen unter Führung von Leutnant Karl Timmermann auf den Weg über die Brücke. Einer der Männer war Alexander Drabik, ein Fleischer aus Ohio, dem der Ruhm zufiel, als erster alliierter Soldat das Ostufer des Rheins zu erreichen. Unter den ersten Amerikanern, die die Brücke betraten, war auch Leutnant Hugh Mott vom 9. Pionierbataillon. Ihm hatte Oberstleutnant Engeman einen Sonderauftrag erteilt: Mit zwei Männern sollte er die Sprengladungen auf der Brücke zerstören und erkunden, wie schwer die Brücke beschädigt war und wie lange die Reparatur dauern würde. Noch heute erinnert sich Mott genau an den Augenblick, als er damals auf die Brücke hinaustrat: »Es wurde nicht viel geschossen an diesem Nachmittag, nur ein paar Schüsse fielen hier und dort. Aber wenn Sie mich nach dem Gefühl fragen, mit dem ich auf diese Brücke ging: Mir war, als würden sie auf der anderen Seite in ihrer Deckung lauern und sich sagen: ›Komm nur, Kleiner, komm hier rüber und dann jagen wir dich und die Brücke zusammen hoch.‹«

»Den Wert dieser Sache gar nicht erkannt« – Karl Timmermanns Kompanie überquerte als erste die Brücke

»Erster alliierter Soldat am Ostufer des Rheins« – US-Sergeant Alexander Drabik

Während die amerikanischen Infanteristen ohne Gegenwehr über die Brücke stürmten, herrschte im Tunnel auf der anderen Seite allgemeiner Wirrwarr. Scheller erteilte Bratge den Befehl, die im Tunnel befindlichen Soldaten in Stoßtrupps zusammenzufassen und einen Gegenstoß zu unternehmen, doch im Durcheinander der Dunkelheit konnte Bratge nur eine Hand voll Soldaten um sich sammeln – zu wenig für einen Erfolg versprechenden Gegenstoß. Zudem bestürmten einige der rund 400 bis 500 Zivilisten im Tunnel, meist Frauen und Kinder, die Soldaten, doch den sinnlos gewordenen Kampf aufzugeben. Auch Scheller war mittlerweile offenbar überzeugt, dass mit den im Tunnel vorhandenen Kräften angesichts des herrschenden Chaos nichts mehr zu machen war. Nur noch eines blieb ihm zu tun, so dachte er offenbar: seine Vorgesetzten umgehend von der missglückten Sprengung der Brücke zu informieren, damit diese neue Kräfte zu einem Gegenstoß heranführen konnten. Im letzten Augenblick gelang es ihm, aus dem hinteren Tunnelausgang zu

Wir haben bei uns im Kreis der alten Soldaten gedacht: Gott sei Dank, dass der Amerikaner über den Rhein ist, denn jetzt geht der Krieg schneller zu Ende. Der Krieg war ja verloren, daher war es besser, dass sie über dem Rhein waren und schnell weitermarschieren konnten.

Franz Schrage, deutscher Soldat

flüchten, kurz bevor amerikanische Soldaten, die die Erpeler Ley links umgangen hatten, auch den hinteren Tunnelausgang unter Beschuss nahmen und blockierten. Die im Tunnel verbliebenen Soldaten und Zivilisten saßen in der Falle. Angst ging unter ihnen um, im Tunnel stünde ein Zug mit Benzinfässern, ein Schuss in diese hinein und alles sei vorbei. In ihrer Nische hatte auch die Familie Feldens die Sprengung mitbekommen, wie sich Sohn Karl erinnert: »Es wurde gerufen: ›Alles hinlegen auf den Boden‹, dann kam nichts, erst später ein kleiner Rums und dann wurde gesagt: ›Es ist rum, ihr könnt wieder auf‹, doch was genau passiert war, wussten wir nicht.« Sein Vater Willi Feldens, wie immer in schwarzer Eisenbahnuniform mit gelben Knöpfen, hielt die Ungewissheit nicht aus: »Ich geh mal nach vorne und schaue mal, was los ist.« Als er die Lage erkannte, griff er beherzt nach einem weißen Tuch, das er irgendwo fand, und ging auf den hinteren Tunnelausgang zu. Auf eigene Faust wollte er den Amerikanern die Kapitulation anbieten und damit das Leben seiner Familie und der anderen Zivilisten und Soldaten im Tunnel retten. Doch er kam nicht weit, Schüsse fielen, eine Kugel durchschlug seine Brieftasche und verwundete ihn im Bauch – später hieß es, die Amerikaner hätten ihn we-

> *Wir haben immer gesagt, die kommen nicht über den Rhein. Bis die eine Brücke gebaut haben, haben wir sie schon wieder zerstört. Aber als der Amerikaner über die Brücke von Remagen kam, war der Krieg verloren.*
>
> Josef Weyand,
> deutscher Soldat

»In der Falle – US-Soldaten besetzen den Tunnel auf der Erpeler Rheinseite

gen seiner schwarzen Eisenbahneruniform mit einem SS-Mann verwechselt. Willi Feldens brach am Tunnelausgang zusammen, sein mutiger Einsatz jedoch war nicht umsonst gewesen. Für Bratge, der nach Schellers Flucht wieder das Kommando übernommen hatte, war er das Signal, den sinnlos gewordenen Kampf aufzugeben. Die weiße Flagge, so belehrte er seine Untergebenen, sei gegen seinen Willen gehisst worden, doch jetzt noch weiterzukämpfen, würde die Genfer Konvention verletzen und das Leben unschuldiger Frauen und Kinder aufs Spiel setzen. Auf seinen Befehl hin zerstörten die Soldaten ihre Waffen und gingen – nachdem die Zivilisten den Tunnel bereits verlassen hatten – mit erhobenen Händen in die Gefangenschaft. Es war 17.30 Uhr, die Amerikaner standen auf dem rechten Rheinufer.

Der Oberkommandierende der westalliierten Streitkräfte in Europa, General Eisenhower, saß gerade in seinem Hauptquartier in Reims beim Abendessen, als ihn General Omar Bradley telefonisch mit der Neuigkeit überraschte: »Als ich hörte, dass wir eine feste Rheinbrücke erobert hatten, konnte ich meinen Ohren kaum trauen«, schrieb Eisenhower in seinen Memoiren: »Bradley und ich hatten eine solche Entwicklung als eine entfernte Möglichkeit diskutiert, aber niemals als eine wohlfundierte Hoffnung.« Eisenhower war begeistert und befahl, sofort alle verfügbaren Divisionen nach Remagen zu werfen, um den Brückenkopf auf dem rechten Rheinufer zu halten und auszubauen. Hitler hingegen war außer sich vor Wut, als er von der Eroberung der Brücke hörte. Nur äußerst widerstrebend hatte er den deutschen Rückzug hinter den Rhein erlaubt, und jetzt hatten die Amerikaner bereits eine Bresche in diese letzte große Verteidigungslinie im Westen geschlagen. Auf der Stelle befahl er, die Brücke mit allen Mitteln zurückzuerobern oder zu zerstören. Zum Exempel setzte er den Oberbefehlshaber West, Feldmarschall von Rundstedt, ab und berief dann persönlich ein »Fliegendes Standgericht West«, das die Aufgabe hatte, den Fall der Brücke zu untersuchen und die Schuldigen zu bestrafen.

Der rasche sensationelle Rheinübergang war eine Waffentat ohne Parallele, seit Napoleons Legionen den Fluss im frühen, vorherigen Jahrhundert überquert hatten.

New York Times,
März 1945

Unterdessen arbeiteten Leutnant Mott und seine Männer fieberhaft daran, die beschädigte Brücke wieder für den Fahrverkehr flott zu machen. Gegen 22 Uhr war es so weit: Die ersten Panzer konnten über die Brücke fahren. 24 Stunden nach der Eroberung standen bereits 8000 amerikanische Soldaten auf der anderen Rheinseite. Während die amerikanische Verstärkung in der Nacht über die Brücke rollte, saß die Fa-

»Jetzt war der Krieg verloren« – tausende GIs überquerten in den ersten Tagen nach der Eroberung die Brücke

Es war eine komische Lage. Einerseits war ich froh, dass es zu Ende ging, und andererseits dachte ich: Das kann doch nicht wahr sein, dass die ganze Jahre umsonst gewesen sein sollen, dass all die Soldaten umsonst gefallen sind!

Hans Brüggemann,
Hitlerjunge im
Ruhrgebiet

milie Feldens noch immer verlassen im Tunnel. Zwei Männr hatten den schwer verwundeten Willi Feldens in den Waggon eines im Tunnel abgestellten Bauzuges getragen. Mit der Schwiegermutter und ihrem noch sehr kleinen Sohn Karl hielt Maria Feldens an seinem Lager Wache und konnte doch nur hilflos mit ansehen, wie ihr Mann verblutete. »Eine furchtbare Nacht«, schrieb sie in ihr Tagebuch, »keine ärztliche Hilfe. Er hat immer nach zu Trinken gejammert, ich habe ihm mit einem Wattebausch in einem Becher Wasser die Lippen nass gemacht. ›Mein Mütterchen, helf mir‹, hat er immer wieder gesagt, aber wie helfen? Ich habe an seinem Bett gesessen, seine Hand gehalten. Immer Durst, Durst. Eine furchtbare Nacht, rundherum Schießerei, ein kleiner Hund heult. Nie in meinem Leben werde ich diese Nacht vergessen … Um halb sechs ist er gestorben. Furchtbar kommt mir die Gewissheit vor, dass ich mein ein und alles verloren habe. Nie mehr sagt er, ›mein Herz‹, nie mehr ›mein Mütterchen‹, wie er in der Nacht wohl hundertmal gesagt hat. Jetzt gehen wir heim, wieder allein, einer trostlosen Zeit entgegen.« Innerhalb von drei Monaten hatte Maria Feldens ihren Vater, ihren Mann und ihr Zuhause verloren. Ihr Sohn und sie überlebten, aber die Nachkriegsjahre wurden hart für die allein erziehende Kriegswitwe ohne große Mittel – ein Schicksal, wie es Hunderttausende in Deutschland teilten. Die Mehrheit der Deutschen im Westen erlebte den Einmarsch der Alliierten mit zwiespältigen Gefühlen. Heinz Schwarz, der noch kurz vor der Eroberung der Brücke zu seinen Eltern in den nahe gelegenen Heimatort Leubsdorf geflohen war, erinnert sich vor allem an ein Gefühl der Erleichterung: »Der Krieg ist zu Ende. Wir haben es überlebt, das war die Grundstimmung, als die Amerikaner am 11. März in Leubsdorf einmarschierten. Der Krieg ist zu Ende, Gott sei Dank.« Erleichtert war man, weil das Schießen und Bomben aufhörte, weil das Töten und Sterben um einen herum vorbei war. Zugleich aber zerbrachen mit dem Einmarsch die letzten Hoffnungen auf eine Kriegswende, an die sich viele geklammert hatten. Besonders die Jüngsten hatten den Parolen der NS-Propaganda bis zuletzt Glauben geschenkt. Wie viele kann es Hans Brüggemann heute nicht mehr fassen, wie fest er damals als 15-jähriger Hitlerjunge noch an »Führer« und »Endsieg« geglaubt hatte – so fest, dass er mit einem gleichaltrigen Bekannten zusammen, beide mit Pistolen und Stöcken bewaffnet, die in einem

»Gefühl der Bitterkeit« – viele US-Soldaten standen der deutschen Zivilbevölkerung zunächst misstrauisch gegenüber

Wirtshaus ausgelagerte Parteidienststelle seines Heimatortes besetzte, um sie gegen den Feind und deutsche Plünderer zu verteidigen. Erst das Eingreifen des Wirtes, der die beiden mit einer Pistole vertrieb, beendete das »Heldenspiel«, aus dem leicht blutiger Ernst hätte werden können. Als die Amerikaner kurz darauf in den Ort einmarschierten, saß Hans Brüggemann friedlich in der elterlichen Küche. Als Befreiung hat er die Situation nicht empfunden. »Ich bin besiegt worden«, sagt er noch heute. »Es hat ein bis anderthalb Jahre gedauert, bis alle Sachen rauskamen, die passiert sind, Holocaust und so weiter. Da erst kam der totale Umbruch in meiner Meinung, wie verkehrt das alles gewesen war. Aber erst habe ich mich nicht befreit gefühlt, ich nicht.«

So wenig sich die Mehrheit der deutschen Bevölkerung objektiv als »befreit« fühlte, so wenig sahen sich die meisten alliierten Soldaten als »Befreier« der Deutschen. Als einer der Ersten hatte Leutnant Demetri »Dee« Paris die eroberte Brücke von Remagen mit seinem Panzer überquert, um den rechtsrheinischen Brückenkopf zu sichern und zu erweitern. »Ich habe mich nicht als Befreier gefühlt«, erinnert er sich heute an seine Begegnung mit der Bevölkerung: »Ich hatte ein

»Eine Art Friedhofsstille« – ein amerikanischer Soldat im zerstörten Köln

persönliches Gefühl der Bitterkeit gegenüber der ganzen deutschen Nation. Schon deswegen, weil wir nicht einmal zwölfjährigen Jungen trauen konnten, die als Hitlerjungen ausgebildet und völlig indoktriniert waren. Einer meiner Kameraden wurde von einem solchen Kind getötet. Er war überhaupt nicht darauf gefasst, aber plötzlich stand dieser Junge vor ihm und feuerte mit einer Panzerfaust, ein fanatischer Hitlerjunge, dem man eingetrichtert hatte, er müsse sein Heimatland verteidigen. Nein, damals, am Ende des Krieges, hatte ich nicht das Gefühl, irgendwen zu befreien. Ich war nur froh, als es vorbei war und wir sie geschlagen hatten. Das war mein innerstes Gefühl.«

Zuweilen allerdings beschlich die Sieger ein mulmiges Gefühl, wenn sie die zerbombten deutschen Städte betraten. Die anfängliche Genugtuung über die wohl verdiente Strafe, die das deutsche Volk für seinen Eroberungs- und Vernichtungsfeldzug durch halb Europa erhalten hatte, verrauchte angesichts des Elends der deutschen Zivilbevölkerung in den Ruinen ihrer Städte. »Wir waren nicht darauf vorbereitet, was uns in Köln erwartete«, schrieb der britische Kriegsberichterstatter Alan Moorehead, der die zerstörte Rheinmetropole kurz nach ihrer Einnahme am 6. März 1945 besuchte: »Ewas Unheimliches lag über den Ruinen von Köln, etwas, das mit dem Verstand nicht zu erfassen war. Eine Stadt bedeutet Geschäftigkeit, Lärm und Leute; nicht Ruhe, Leere und Stille, eine Art Friedhofsstille. Und die wie durch ein Wunder noch zum Himmel emporstrebenden Domtürme machten das Debakel noch gespenstischer. Das Trümmerfeld lag im Licht der Morgensonne und wirkte so realistisch, als hätte die Stadt niemals anders ausgesehen.«

In den Trümmern kam es trotz des Fraternisierungsverbots zu ersten Begegnungen zwischen Siegern und Besiegten. Viele Deutsche im Westen waren froh, von den Briten und Amerikanern besetzt zu werden, und nicht von den Russen. Willkürliche Erschießungen, Verschleppungen und Massenvergewaltigungen, wie sie aus den von der Roten Armee besetzten Gebieten gemeldet worden waren, brauchte man hier nicht zu befürchten. Wo alliierte Panzer durch die mit weißen Fahnen behängten Straßen fuhren, standen zuweilen auch winkende Kinder und Frauen am Straßenrand, denen die Soldaten Kaugummi und Schokolade zuwarfen. Feindbilder wurden infrage gestellt. Für viele junge Deutsche war es ein besonderes Erlebnis, unter den amerikanischen Soldaten zum ersten Mal farbigen Menschen zu

Wie die Amerikaner unsere Ahornstraße runterfuhren, standen Kinder auf den Straßen und dann warfen die Soldaten auch schon einmal Kaugummi oder Schokolade. Und daran konnte man schon merken, dass es wohl nicht ganz so schlimm sein wird.

Hans Brüggemann,
Hitlerjunge

»Die Kinder kamen als Erste« – ihnen gelang es oft schnell, Kontakt zu den alliierten Soldaten aufzunehmen

begegnen, die bis dahin vornehmlich von der NS-Propaganda als meuchelnde Untermenschen und Vergewaltiger dargestellt worden waren. Jahrelang anerzogene Vorurteile verschwanden nicht über Nacht, aber sie wurden durch die persönliche Begegnung erschüttert. Die alliierten Soldaten ihrerseits fühlten sich recht sicher, wenn sie auf ihrem Vormarsch durch Orte mit weißen Fahnen fuhren. »Wo die weißen Fahnen hingen«, erklärt Dimitri Paris, »fühlten wir uns ziemlich ungefährdet. Denn wenn noch bewaffnete deutsche Soldaten da gewesen wären, hätten die Bewohner sich gar nicht getraut, sie herauszuhängen. Ihre eigenen Leute hätten sie dafür erschossen.«

Ein klares Gefühl der Befreiung konnten zu diesem Zeitpunkt wohl nur jene in Deutschland verspüren, die von den Nationalsozialisten verfolgt worden waren und unter ihnen gelitten hatten. Zu ihnen gehörte die Familie der heutigen Benediktinerschwester Veronika Grüters. Ihr Vater, nach der NS-Nomenklatur ein »Halbjude«, hatte von einem Bekannten den Wink erhalten, dass er beim nächsten Transport durch die Gestapo abgeholt werden würde. Um sich der Verhaftung zu entziehen, war der promovierte Studienrat, den die Nazis aus der Schule gejagt hatten, mit seiner nichtjüdischen Frau und den beiden Töchtern aus Büderich bei Köln in das Dorf Nentershausen bei Limburg gezogen. Heimlich lauschte man dort im Familienkreis dem verbotenen »Feindsender«, der über den alliierten Vormarsch an den Rhein berichtete – hin- und hergerissen zwischen der Hoffnung auf eine baldige Rettung und der ständigen Furcht, noch im letzten Augenblick ein Opfer des Terrors zu werden. Die Nachricht von der überraschenden Eroberung der Brücke im nahen Remagen elektrisierte die Familie: Mit einem Schlag schien die ersehnte Rettung so nahe zu sein wie nie zuvor. Doch würde sie noch rechtzeitig kommen? Denn auch die SS, so hörte Veronika Grüters in diesen Tagen, sei noch vor Ort und plane, die ganze Familie zu erschießen.

Noch genau erinnert sie sich an jenen frühen Märzmorgen des Jahres 1945, als sie die Panzer und Jeeps hörte, die sich von der nahen Autobahn dem Ortseingang von Nentershausen näherten, wo das Haus der Familie Grüters lag. Als sie aus dem Fenster schaute, sah sie, wie ihr Vater den Amerikanern entgegenlief: »Als Erstes kam ein Offizier, der war groß und dick und der kam ins Dorf und wollte wohl auskundschaften, wie groß die Gefahr dort war. Mein Vater ging ihm entgegen und hätte ihn am liebsten umarmt und abgeküsst, das war ja die Befreiung, die er ersehnt hatte. Aber der Offizier hatte Angst und nahm seine Pistole und hielt sie meinem Vater minutenlang vor die Brust. Und dann hat mein Vater mit ihm gesprochen, er konnte sehr gut Englisch und wahrscheinlich hat er ihm erklärt, dass keine Gefahr bestünde. Und ganz langsam senkte der Offizier, der Ami, wie wir sagten, seine Pistole und dann haben sie sich verständigt.« Für die Familie Grüters ging mit diesem Märzmorgen ein 13-jähriges Martyrium zu

Da, die ersten Fahrzeuge, die wir erkennen können: ein weißer Stern. Also Amerikaner: Gott sei Dank! Aus allen Häusern längs des Weges werden die Zivilisten geholt; es ist ein dauerndes Hin und Her. Den Zweck können wir nicht erkennen. Immer noch halten wir unsere Tücher in den Händen und die traurige Erkenntnis, ausgeliefert, verraten und verkauft zu sein, treibt die Tränen in die Augen und sitzt würgend in der Kehle.

Tagebuch von
Elfriede Emmerichs,
27. März 1945

Übrigens sind wegen der Nichtsprengung der Brücke von Remagen fünf Todesurteile gegen Offiziere vollstreckt und im OKW-Bericht mitgeteilt worden. ... Die Offiziere des OKH haben sich mit Händen und Füßen dagegen gesträubt, dass die Nachricht in den Bericht hineinkam. Aber der Führer hat sich nicht erweichen lassen und das mit Recht, denn die Vollstreckung solcher Urteile soll ja vor allem erzieherischen Einfluss ausüben.

Joseph Goebbels,
Tagebuch,
19. März 1945

Ende, eine Zeit der Ausgrenzung, der Entrechtung und der Todesangst. Für sie wie für hunderttausende andere Opfer des Naziregimes war der alliierte Einmarsch der Tag der Erlösung und Befreiung. Für die Millionen Opfer des braunen Rassen- und Vernichtungswahns kam er freilich zu spät.

Während die Eroberung der Remagener Brücke die Leiden der Familie Grüters verkürzte, sollte sie für einige der beteiligten deutschen Offiziere bittere Konsequenzen haben. Am 13. März 1945, sechs Tage nach der Einnahme der Brücke, wurde Major Hans Scheller durch das

»Das Schlimmste abwenden« – vielfach gingen Zivilisten den US-Truppen mit weißen Fahnen entgegen

von Hitler persönlich eingesetzte Standgericht zum Tode verurteilt und noch am selben Tag in einem nahe gelegenen Waldstück bei Rimbach im Westerwald erschossen. Mit seiner Hinrichtung und der Erschießung dreier weiterer Offiziere statuierte Hitler ein Exempel. Für die Witwe Schellers, die die furchtbare Nachricht aus dem Radio erfuhr, hatte die Hinrichtung bald noch weitere bittere Konsequenzen. Der hochschwangeren Frau und ihren beiden kleinen Kindern wurde von nun an bei Bombenangriffen der Zutritt in die Bunker von Landshut verwehrt. In manchen Geschäften der Stadt mied man sie plötzlich, in anderen drückte man ihr die Hand und steckte ihr Kleinigkeiten für die Kinder zu: »Man lernte die Menschen dann doch von einer ganz anderen Seite kennen«, erinnert sie sich an diese bittere Zeit. Ein Trost war, dass General Hitzfeld, der Vorgesetzte ihres Mannes, ein paar Tage später seinen persönlichen Adjutanten vorbeischickte: Ihr Mann sei zu Unrecht verurteilt, er sei »ermordet worden«, ließ der General der Witwe ausrichten und bot seine Hilfe an: Er stehe ihr und den Kindern später gern zur Verfügung, um ihren Mann zu rehabilitieren. Hitzfeld hielt Wort. Als Liesl Scheller 1967 vor dem Landgericht Landshut das Todesurteil gegen ihren Mann anfocht, sagte Hitzfeld als Entlastungszeuge aus. Tatsächlich hob das Gericht am 2. Februar 1967 das Todesurteil gegen Hans Scheller auf und sprach ihn nachträglich frei.

In den Tagen nach der Eroberung der Brücke hatten die Amerikaner ihren Brückenkopf bei Remagen trotz der heftigen deutschen Gegenangriffe stabilisiert und ausgebaut. Nach nur einer Woche standen bereits 25 000 US-Soldaten auf der anderen Rheinseite. Daran änderte sich auch nichts, als die Eisenbahnbrücke am 17. März 1945 dann schließlich doch noch einstürzte, denn längst hatten amerikanische Pioniere in der Nähe zwei Pontonbrücken errichtet, über die der Nachschub weiterhin ohne Unterbrechung auf das östliche Ufer rollte. Doch so sensationell die unerwartete Eroberung der Eisenbahnbrücke und die Bildung eines amerikanischen Brückenkopfes auf dem rechten Rheinufer gewesen waren, so wenig änderten sie am alliierten Gesamtplan. Die Rheinüberquerung der 1. US-Armee bei Remagen behielt für die Pläne der Alliierten eine nachgeordnete Rolle, auch wenn sie durch Glück und Mut unerwartet früh und an überraschender Stelle erfolgt war und den Amerikanern den Triumph bescherte, den Rhein als Erste überquert zu haben.

> *Der Rheinübergang der 1. Armee hat die militärische Lage an der Westfront über Nacht völlig verändert und die Möglichkeit eröffnet, den Krieg in Europa um Monate zu verkürzen.*
>
> Wes Gallagher,
> Korrespondent von
> Associated Press,
> März 1945

»Unbedeutender Rückschlag« – auch der Einsturz der Brücke von Remagen konnte den alliierten Vormarsch nicht mehr aufhalten

Gleichwohl hielten Montgomery und Eisenhower daran fest, dass der Hauptangriff über den Rhein ins Innere Deutschlands am Niederrhein bei Wesel stattfinden solle. Ein militärisches Husarenstück, wie es die Rheinüberquerung bei Remagen gewesen war, lag Montgomery nicht. Wie bei allen seinen großen Schlachten ließ er sich Zeit, um den Angriff minutiös in allen Details vorzubereiten und die materielle und personelle Überlegenheit der alliierten Streitkräfte bis zum Letzten auszuspielen. Er, der den deutschen Widerstand beim Vormarsch an den Niederrhein unterschätzt hatte, war vorsichtig geworden und hatte umgekehrt offenbar nicht erkannt, dass die Deutschen durch Hitlers sture Haltebefehle ihre Verteidigungsreserven im Westen schon aufgebraucht hatten, bevor die alliierten Truppen den Rhein erreichten. Seit Anfang Februar, dem Beginn des alliierten Vormarsches an den Rhein, waren im Westen an die 300 000 deutsche Soldaten in Gefangenschaft geraten und weitere 60 000 verwundet worden oder gefallen. Darüber hinaus hatte Hitler die letzten Reserven in den Süden dirigiert, um den amerikani-

»*Dort trafen wir Monty an, sehr stolz, endlich sein Lager in Deutschland aufschlagen zu können. Wir tranken Tee und dann schilderte Monty den Angriffsplan zum Übergang über den Rhein, der heute Nacht ... beginnt. ... Nach dem Abendessen ging Monty bald schlafen, und Winston nahm mich mit hinaus. Wir wanderten im Mondlicht auf und ab; es war eine herrliche Nacht und wir genossen das Bewusstsein, im bedeutungsvollen Augenblick des Rheinübergangs hier zu sein.*«

Tagebuch des britischen Generalstabschefs Sir Alan Brooke, 23. März 1945

»Auf verlorenem Posten« – die versprengten deutschen Truppen konnten der alliierten Offensive kaum noch etwas entgegensetzen

schen Brückenkopf bei Remagen zu bekämpfen. An der deutschen Rheinfront nahe der Stadt Wesel stand im Wesentlichen nur noch die 1. Fallschirmjägerarmee unter General Schlemm mit 100 000 Mann. Ihr jedoch fehlte es an Allem: an schweren Waffen, an ausreichender Munition und oft genug auch an Ausbildung.

Gegen diese Armee fuhr Montgomery seit Anfang März 1945 einen gigantischen Angriffsapparat auf. Um seine Vorbereitungen zu verschleiern, ließ er das westliche Ufer entlang seiner gesamten Rheinfront über Tage hinweg künstlich einnebeln. Ein Gemisch aus Öl und Wasser, das durch mehrere Boiler erhitzt wurde, ballte sich zu gewaltigen übel riechenden Nebelwolken, die den deutschen Verteidigern am anderen Ufer jegliche Sicht nahmen. Hinter der Nebelwand zog der britische Feldmarschall über 32 000 Fahrzeuge und Panzer, 60 000 Tonnen Munition und 250 000 Mann allein an Kampftruppen zusammen, um die deutsche Rheinfront zu überwinden und ins Innere von Hitlers Reich durchzubrechen. Um die Bodentruppen zu unterstützen, organisierte Montgomery unter dem Decknamen »Varsity« zur gleichen Zeit die größte Luftlandeoperation des Zweiten Weltkriegs. Nur wenige Stunden nach Beginn der Bodenoffensive, die auf die Nacht des 23. März festgesetzt wurde, sollten zwei Divisionen Fallschirmjäger im Rücken der deutschen Rheinfront landen. Sie sollten die deutsche Verteidigung an strategischen Punkten paralysieren und damit den Bodentruppen einen schnellen Durchbruch ermöglichen.

»Operation Varsity« – alliierte Luftlandetruppen auf dem Weg nach Wesel, 24. März 1945

»Jetzt haben wir sie!«: britische Truppen nach der Rheinüberquerung bei Wesel

Wegen der perfekten Planung und der riesigen personellen wie auch materiellen Überlegenheit der Alliierten war der Angriff, der am 23. März um 17 Uhr mit einer Kanonade aus über 1000 Geschützen begann, schnell erfolgreich. Nur stellenweise gab es heftigen Widerstand, an vielen Punkten brachen die britischen, kanadischen und amerikanischen Soldaten fast ohne Gegenwehr durch die deutsche Front. Lediglich die Luftlandeeinheiten erlitten empfindliche Verluste. Nach wenigen Tagen standen die 2. britische und die 9. amerikanische Armee in voller Mannstärke auf der anderen Rheinseite. Für den britischen Premierminister Churchill und General Eisenhower, die beide persönlich an den Rhein gekommen waren, um das Unternehmen aus nächster Nähe zu verfolgen, war es eine Stunde des Triumphes. »Mein lieber General, die Deutschen sind geschlagen. Jetzt haben wir sie, jetzt sind sie fertig«, jubelte der britische Premier, der sich werbeträchtig dabei filmen ließ, wie er noch während der Kämpfe in einem Boot auf das rechte Rheinufer übersetzte. Auch Eisenhower war so optimistisch wie Churchill. Kurz darauf notierte er: Mit der Operation vom 24. März war Deutschlands Schicksal entschieden.

An der Ostfront waren wir noch voll munitioniert, da haben wir alles gehabt. Am Niederrhein hatten wir nichts mehr. Das war kein Kampf mehr, das war ein Verteidigen, aber kein Kämpfen mehr.

Josef Weyand, deutscher Soldat

Er war entschlossen, nach Möglichkeit jedes Risiko auf sich zu nehmen und, wenn möglich, sein Leben aufs Äußerste zu gefährden. Ich glaube fast, er sagt sich, dass ein rascher Soldatentod an der Front ein passendes Ende seines berühmten Lebens wäre

Sir Alan Brooke über Churchill

»Bedeutungsvoller Augenblick« – Churchill, Generalstabschef Brooke und Montgomery beim Picknick am Ufer des Niederrheins

»Besiegt oder befreit?« – US-Truppen in einem deutschen Dorf in der Nähe des Rheins

Tatsächlich stürmten die alliierten Truppen aus den Brückenköpfen bei Wesel und Remagen von nun an im Eiltempo Richtung Osten vor. Das Ruhrgebiet wurde nicht erobert, sondern in einer Zangenbewegung bis zum 1. April umschlossen. Dort, im größten Kessel der Westfront, saß die gesamte Heeresgruppe B mit über 300 000 Soldaten gefangen. Josef Weyand, der als Leutnant in der 116. Panzerdivision den Rückzug vom Niederrhein in den Ruhrkessel mitmachte, erinnert sich noch genau an die desolate Stimmung unter den Soldaten. »Wir haben gekämpft, aber keine Hoffnung mehr gehabt. Jeder hat nur noch gehofft, dass er wieder nach Hause kommt, dass ihm nichts mehr passiert, und so haben wir uns auch verhalten. Wir waren keine Kämpfer mehr. Kein Soldat will sterben und schon gar nicht als Letzter im Krieg.« Immer häufiger ergaben sich deutsche Einheiten kampflos den vordringenden alliierten Soldaten, beendeten den aussichtslosen Kampf. In vielen Dörfern und Städten bestürmte die einheimische Bevölkerung die deutschen Soldaten, keinen Widerstand mehr zu leisten, um nicht noch im letzten Augenblick ihr Leben und ihre Häuser zu gefährden. Immer häufiger hängten beherzte Bürger trotz scharfer Verbote weiße Tücher aus den Fenstern ihrer Häuser und Wohnungen, auch wenn in ihren Orten noch gekämpft wurde und sie damit riskierten, von den eigenen Soldaten erschossen zu werden.

Mein Vater wollte, dass die Soldaten schnellstens weiterführen, aber da wurde er ganz schön beschimpft. Und dann hat er versucht, eine weiße Fahne aus dem Haus zu hängen, aber auch das haben sie ihm verboten. Es wurde einfach weitergekämpft, obwohl es doch aussichtslos war.

Maria Topas, lebte damals in Bienen, Niederrhein

Nicht nur von alliierter Seite drohten den Deutschen in dieser letzten Phase Tod und Zerstörung. Noch bevor der Belagerungsring um das Ruhrgebiet geschlossen war, hatte Hitler den Befehl gegeben, den Siegern verbrannte Erde zu hinterlassen. Alle Verkehrswege, alle Nachrichten-, Industrie- und Versorgungsanlagen sollten zerstört werden, bevor sie in alliierte Hände fielen. Für den Diktator hatte das deutsche Volk mit der Niederlage sein Lebensrecht verspielt und verdient, mit ihm unterzugehen. Bislang hatten die deutschen Kommandeure solche Befehle, die den deutschen Rückzug seit Jahren stereotyp begleiteten, meist ausgeführt, ohne auf das Schicksal der ohnehin notleidenden Bevölkerung in den geräumten Gebieten Rücksicht zu nehmen. Jetzt jedoch, da innerhalb Deutschlands gekämpft wurde, änderte sich die Einstellung. Hitlers Rüstungsminister Albert Speer persönlich sabotierte Hitlers Befehl. Auch viele Kommandeure auf unterer und mittlerer Ebene leisteten ihm keine Folge mehr.

Wie sehr der Diktator zu diesem Zeitpunkt den Bezug zur Realität verloren hatte, erfuhr Models erster Generalstabsoffizier Oberst Günter Reichhelm, der Anfang April aus dem Ruhrkessel nach Berlin ausgeflogen wurde. Noch heute erinnert er sich an die gespenstische Szene, die ihn im »Führerbunker« unter der Neuen Reichskanzlei erwartete, wo er Hitler über die Lage im Ruhrkessel Bericht erstatten sollte: »Zuletzt kam Hitler, der am ganzen Leibe zitterte. Heute weiß ich, dass er Parkinson gehabt hat. Auch in der dann folgenden Besprechung hat er zitternd am Lagetisch gestanden. Ihm gegenüber an dem großen Lagetisch saß Göring, der sich die Karten über den Kopf gezogen hatte, weil er offensichtlich unter Drogen stand, und schlief. Für mich war das Ganze wie in einem schlechten Märchen. Als ich Hitler die aussichtslose Lage im Ruhrkessel geschildert hatte, war er ganz in sich gekehrt und sagte mehr zu sich selber: ›Model war mein bester Feldmarschall.‹ Als ich dann fertig war und mir ein Stein vom Herzen fiel, dass er endlich kapiert hat, dass der Krieg im Ruhrkessel zu Ende ist, da begann er plötzlich mit erhobener Stimme zu schreien: ›Die Heeresgruppe B darf nicht untergehen, sie muss entsetzt werden und die Rheinfront muss wieder aufgebaut werden!‹ Da habe ich gedacht: Der Kerl ist verrückt geworden. Mit was für Kräften eigentlich?«

Während Hitler Gespensterarmeen dirigierte, kapitulierte die Heeresgruppe B am 16. April 1945. Für die über 300 000 deutschen Soldaten,

Die Zahl der Gefangenen steigt stündlich so schnell an, dass die Zähler an den Sammelstellen kaum noch mitkommen.
R. W. Thompson, britischer Kriegskorrespondent, 27. März 1945

Im Osten wussten wir nicht, ob sie einem in der Gefangenschaft nicht den Bauch aufschlitzen würden. Im Westen war das anders: Im Grunde wussten wir, das wir dort halbwegs menschlich behandelt würden.

Franz Schrage,
deutscher Soldat
am Niederrhein

die im Ruhrkessel in Gefangenschaft gingen, war der Krieg vorbei, doch die schlimmsten Entbehrungen standen vielen noch bevor. Die Amerikaner hatten Mühe, die vielen hunderttausend Gefangenen zu versorgen, die ihnen nunmehr in die Hände fielen. Auf den Wiesen entlang des Rheins legten sie provisorische Lager an, in denen es an allem fehlte – Lebensmitteln, Trinkwasser, Baumaterial und medizinischer Versorgung. Wochenlang mussten die gefangenen deutschen Soldaten bei Regen und Kälte unter freiem Himmel ausharren. Eines der größten und berüchtigtsten dieser Rheinwiesenlager wurde südlich von Remagen aufgeschlagen, nur unweit der Trümmer der Brücke, über die wenige Wochen zuvor die ersten Amerikaner das rechte Rheinufer erreicht hatten. Von den 300 000 Gefangenen, die allein dieses Lager durchliefen, starben etwa 1200 an Entkräftung und Krankheiten. Im Unterschied zu seinen Soldaten ergab sich der Oberbefehlshaber der Heeresgruppe B, Walter Model, nicht. »Ein Feldmarschall geht nicht in Gefangenschaft. So etwas gibt es einfach nicht«, hatte er seinem Sohn bei früherer Gelegenheit gesagt. Eisenhowers Ankündigung, deutsche Militärführer bei Verdacht auf Kriegsverbrechen vor Gericht zu stellen, dürfte ihn in seiner Haltung noch bestärkt haben.

»Die Zähler kommen kaum noch mit« – im Ruhrkessel fielen den Alliierten zahllose deutsche Gefangene in die Hände

»Der Krieg war vorbei« – deutsche Soldaten müssen nach der Kapitulation ihre Waffen abgeben

Am 21. April 1945 erschoss sich Walter Model in einem Waldstück südlich von Duisburg. Nur wenige Tage später, am 25. April, trafen amerikanische Soldaten an der Elbe bei Torgau auf vorrückende sowjetische Einheiten – Ost- und Westfront hatten sich vereinigt, das von der Wehrmacht noch gehaltene Gebiet war in mehrere Teile zersprengt. Am selben Tag schloss die Rote Armee die Reichshauptstadt Berlin vollständig ein. Im Bunker unter der Neuen Reichskanzlei nahm sich Hitler am 30. April 1945 das Leben, während vor dem Gebäudekomplex schon sowjetische Granaten einschlugen. Kurz zuvor noch hatte er in einer gespenstischen Zeremonie seine langjährige Geliebte Eva Braun geheiratet, die mit ihm in den Tod ging. »Ich selbst und meine Gattin wählen, um der Schande der Absetzung und der Kapitulation zu entgehen, den Tod.« Mit dieser kurzen Erklärung entzog sich der Mann, dessen Wahn Millionen Menschen das Leben gekostet hatte, der Verantwortung. Sein Tod machte den Zerfall und Untergang des »Dritten Reiches« zu einer Frage von Tagen. »Ein

Ich meine, wenn einer den Krieg hätte beenden können, wäre es der Feldmarschall Model gewesen, aber er war zu preußisch, er war zu wenig politisch ausgerichtet, als dass er diesen Entschluss gefasst hätte. Er hat ihn wohl als Preuße gefasst, indem er sich zum Schluss das Leben genommen hat, weil er sagte: Ich muss mit meiner Heeresgruppe untergehen.

Günter Reichhelm,
1. Generalstabsoffizier
Models

»East meets West« – das historische Treffen amerikanischer und sowjetischer Soldaten bei Torgau am 25. April 1945

Marionettenspieler lässt plötzlich die Fäden los. Auf einmal war da keiner mehr, der befiehlt, was getan wird, der das Leben der anderen mitreißt. Jeder musste nun für sich allein entscheiden«, beschrieb Traudl Junge, Hitlers Sekretärin, den Stimmungswandel.

Eigene Entscheidungen musste jetzt auch der Oberbefehlshaber der Kriegsmarine, Großadmiral Karl Dönitz, treffen, den Hitler kurz vor seinem Tod als Nachfolger eingesetzt hatte. Hitlers strammem Gefolgsmann blieb nur noch eine schadenbegrenzende Abwicklung des »Tausendjährigen Reiches«, das materiell und moralisch so vernichtet war wie seine Angehörigen. Dönitz wollte im Osten weiterkämpfen, um möglichst viele Deutsche vor der russischen Gefangenschaft zu retten. Mehr als 1000 Schiffe, vom Fischkutter bis zum Kreuzfahrtdampfer, sollten die Flüchtlinge über die Ostsee evakuieren. Deutsche Soldaten sollten die Möglichkeit erhalten, sich in den Westen abzusetzen, um nicht in sowjetische, sondern in amerikanische und britische Kriegsgefangenschaft zu geraten. Um Zeit zu gewinnen, ver-

Und dennoch, die Stunde ist groß – nicht nur für die Siegerwelt, auch für Deutschland – die Stunde, wo der Drache zur Strecke gebracht wird, das wüste und krankhafte Ungeheuer, Nationalsozialismus genannt, verröchelt und Deutschland von dem Fluch wenigstens befreit, das Land Hitlers zu heißen.

Thomas Mann, Mai 1945

einbarte Dönitz am 4. Mai 1945 mit dem britischen Feldmarschall Montgomery eine deutsche Teilkapitulation in Holland, Dänemark und Nordwestdeutschland. Der Oberkommandierende der westalliierten Expeditionskräfte, General Eisenhower, machte Dönitz' Spiel jedoch nicht mit, sondern pochte auf eine bedingungslose Gesamtkapitulation, wie sie mit den sowjetischen Alliierten vereinbart worden war. Drei Tage später, am 7. Mai 1945, musste Dönitz' Unterhändler, General Alfred Jodl, in Eisenhowers Hauptquartier in Reims die bedingungslose Kapitulation der Wehrmacht an allen Fronten unterzeichnen – eine Zeremonie, die eineinhalb Tage später auf Wunsch Stalins im sowjetischen Hauptquartier in Berlin-Karlshorst noch einmal wiederholt wurde. Ab dem 8. Mai 1945 um 23.01 Uhr mitteleuropäischer Zeit, so wurde vereinbart, sollten die Waffen schweigen. Nach fast sechs Jahren war der Krieg in Europa zu Ende.

Und dann kam der 8. Mai. Das Ende. Ich erlebte es mit großem Aufatmen. Wenige verstanden das. Die Menschen waren erschöpft. … Wir waren alle arm geworden. Aber trotz allem: Die Hitler-Zeit, die große Schande Deutschlands, war vorbei. Viele empfanden das nicht. Sie klagten nur über die augenblickliche Notlage. Manche schimpften auf die Besatzer.

Charlotte Petersen, deutsche Journalistin

»Der Anfang vom Ende« – Feldmarschall Montgomery (rechts) und deutsche Offiziere vor den Verhandlungen über eine Teilkapitulation

«Bilder des Horrors» – amerikanische Soldaten im NS-Konzentrationslager Buchenwald

Ein echtes Gefühl der Befreiung verspürten zu diesem Zeitpunkt wohl nur die Opfer und Verfolgten des NS-Regimes. Das waren neben den wenigen deutschen Oppositionellen vor allem die Menschen, die von den Alliierten in den Wochen zuvor aus den Gefangenen- und Konzentrationslagern befreit worden waren. Hierzu zählten auch die Überlebenden des KZ Dachau, das die Amerikaner erst am 29. April erreicht hatten. Wer ein solches Lager überlebt hatte, empfand nach der deutschen Kapitulation nur Freude und Genugtuung, sofern er überhaupt noch die Kraft dazu hatte. In den ersten Wochen nach der Befreiung war das Elend noch immer unbeschreiblich groß. Das KZ Dachau, in dem sich noch rund 31 000 ehemalige Häftlinge befanden, war unter Quarantäne gestellt: In dem Lager gab es 800 Fälle von Typhus, und es grassierte die Ruhr. In den ersten Tagen nach der Befreiung starben täglich immer noch mehr als 100 der völlig geschwächten Insassen. Deutschland war bis zuletzt das Land gewesen, das für Millionen Europäer gleichgesetzt wurde mit Gefangenschaft, Versklavung und Tod. Elf Millionen Kriegsgefangene und Zwangsarbeiter zählte man nach der Kapitulation im Deutschen Reich. Für sie war der 8. Mai ein Jubeltag. Für viele jedoch kam das Kriegsende zu spät. Über 10 Millionen Menschen waren allein durch die Verbrechen des NS-Regimes, nicht durch Kriegs-

> *Es mussten erst Menschen über den Ozean kommen, um uns in letzter Stunde aus den mörderischen Klauen unserer »Landsleute« zu befreien.*
>
> Heinrich Pakullis, Häftling in Dachau

handlungen umgekommen: darunter sechs Millionen Juden, über drei Millionen sowjetische Kriegsgefangene und hunderttausende von Zwangsarbeitern aus allen europäischen Nationen. Hinzu kamen 17 Millionen Soldaten, die auf alliierter Seite gefallen waren, und mehr als fünf Millionen auf deutscher. Der Krieg, der von deutschem Boden ausgegangen war, forderte insgesamt über 50 Millionen Opfer.

Die meisten Deutschen erlebten den 8. Mai mit zwiespältigen Gefühlen. Zwar war es ein Moment der Erleichterung, als die Bombenangriffe auf die Städte und Dörfer, die Kämpfe und das Töten an der Front aufhörten. Zugleich aber fühlten die Menschen sich als Zeugen und Opfer eines schrecklichen Zusammenbruchs. Die Stunde der bitteren Wahrheit war gekommen – bitter schon allein deshalb, weil sich die Einsicht durchsetzte, dass so viele sinnlose Opfer gebracht wurden, bitter aber auch deswegen, weil sich nun das ganze Ausmaß der Verbrechen offenbarte, die von Deutschen oder in deutschem Namen begangen worden waren. Die meisten Deutschen hatten zu diesem Zeitpunkt freilich zu sehr mit ihrem eigenen Schicksal zu kämpfen, um hierüber nachzudenken, für viele war der

> *Das Erste, was zu tun war, war Essen zu besorgen. Ich konnte sehen, dass sie halb verhungert waren.*
>
> Hauptmann William Roach, britischer Befreier von Bergen-Belsen

»Die letzte Reichsregierung« – Speer, Dönitz und Jodl nach ihrer Gefangennahme in Flensburg, 23. Mai 1945

»Von dem Fluch befreit, das Land Hitlers zu heißen« – Deutschland war besiegt und befreit

8. Mai nicht End- oder Wendepunkt ihrer persönlichen Leidensgeschichte, sondern zum Teil erst ihr Beginn. Von den über elf Millionen deutschen Soldaten, die bei Kriegsende in Lagern der Anti-Hitler-Koalition saßen, war die Mehrheit erst nach der Kapitulation in Gefangenschaft geraten. Die Letzten von ihnen kehrten erst 1956 aus sowjetischen Lagern heim. Mehr als 14 Millionen Deutsche verloren durch Flucht und Vertreibung ihre Heimat, mehr als eine Million von ihnen das Leben.

Im verbliebenen linken Brückenpfeiler der Brücke von Remagen ist heute ein »Friedensmuseum« untergebracht. Noch heute besuchen von Zeit zu Zeit amerikanische Kriegsveteranen die Gedenkstätte. Für sie ist die Brücke von Remagen ein Symbol des Sieges über Hitler-Deutschland und der Opfer, die er gekostet hat – auf dem langen Weg von den Stränden der Normandie bis zu den Ufern der Elbe. Manche von ihnen nehmen mit großem Befremden und Entrüstung zur Kenntnis, dass die Gedenkstätte im Doppelturm auch an die Leiden der deutschen Kriegsgefangenen im amerikanischen Rheinwiesenlager von Remagen erinnert. Der Doppelturm steht so symbolhaft für die zwei widerstreitenden Gefühlspole, mit denen die Deutschen bis heute das Kriegsende begehen: Befreiung oder Niederlage?

In seiner Rede zum 40. Jahrestag der Kapitulation brachte Bundespräsident Richard von Weizsäcker diesen Zwiespalt auf eine weithin akzeptierte Formel: »Der 8. Mai war ein Tag der Befreiung. Er hat uns alle befreit von dem Menschen verachtenden System der nationalsozialistischen Gewaltherrschaft. Niemand wird um dieser Befreiung willen vergessen, welche schweren Leiden für viele Menschen mit dem 8. Mai erst begannen und danach folgten. Aber wir dürfen nicht im Ende des Krieges die Ursache für Flucht, Vertreibung und Unfreiheit sehen. Sie liegt vielmehr in seinem Anfang und im Beginn jener Gewaltherrschaft, die zum Krieg führte. Wir dürfen den 8. Mai 1945 nicht vom 30. Januar 1933 trennen.«

Wir waren froh, den Krieg überlebt zu haben. Für die Frage, sind wir besiegt worden oder sind wir befreit worden, hatte man erst Zeit, als alles vorbei war. Wenn ich es von heute aus betrachte, finde ich, dass die Niederlage der Armee auch eine Befreiung vom Nationalsozialismus war. Ich weiß nicht, was aus uns jungen Menschen geworden wäre, wenn der Nationalsozialismus nicht bekämpft und besiegt worden wäre.

Heinz Schwarz,
Luftwaffenhelfer
in Remagen

Literaturverzeichnis

Der längste Tag

Hastings, Max: *Overlord. D-Day and the Battle for Normandy.* London 1984.
Ose, Dieter: *Entscheidung im Westen 1944. Der Oberbefehlshaber West und die Abwehr der alliierten Invasion.* Stuttgart 1985.
Piekalkiewicz, Janusz: *Invasion. Frankreich 1944.* München, Berlin 1994.
Ryan, Cornelius: *Der längste Tag. Normandie. 6. Juni 1944.* München 1998.
Salewski, Michael: *Die Abwehr der Invasion als Schlüssel zum Endsieg?* In: Müller, Rolf-Dieter / Volkmann, Hans-Erich (Hrsg.): *Die Wehrmacht. Mythos und Realität.* München 1999, S. 210-223.
Speidel, Hans: *Invasion 1944. Ein Beitrag zu Rommels und des Reiches Schicksal.* Frankfurt/Main, Berlin, Wien 1979.
Umbreit, Hans (Hrsg.): *Invasion 1944.* Hamburg, Berlin, Bonn 1998.
Vogel, Detlev: *Deutsche und alliierte Kriegführung im Westen.* In: *Das Deutsche Reich und der Zweite Weltkrieg;* Band 7. Stuttgart 2001, S. 419-555.

Der Kampf um Paris

Arnim, Dankwart Graf von: *Als Brandenburg noch die Mark hieß.* München 1995.
Beauvoir, Simone de: *In den besten Jahren.* Reinbek 2000.
Carrel, André: *Au Coeur de la Libération de Paris.* Paris 1994.
Choltitz, Dietrich von: *... Brennt Paris? Adolf Hitler ... Tatsachenbericht des letzten deutschen Befehlshabers in Paris.* Mannheim 1950.
Choltitz, Dietrich von: *Soldat unter Soldaten.* Konstanz, Zürich, Wien 1951.
Cohen-Solal, Annie: *Sartre 1905-1980.* Reinbek 1991.
Collins, Larry / Lapierre, Dominique: *Brennt Paris?* München 2002.
De Gaulle, Charles: *Memoiren 1942-46. Die Einheit, das Heil.* Düsseldorf 1961.
Hirschfeld, Gerhard / Marsh, Patrick (Hrsg.): *Kollaboration in Frankreich. Politik, Wirtschaft und Kultur während der nationalsozialistischen Besatzung 1940-1944.* Frankfurt/Main 1991.
Josephs, Jeremy: *Swastika over Paris. The Fate of the French Jews.* London 1989.
Ludewig, Joachim: *Der deutsche Rückzug aus Frankreich 1944.* Freiburg 1994.
Meyer, Ahlrich: *Die deutsche Besatzung in Frankreich 1940-1944. Widerstandsbekämpfung und Judenverfolgung.* Darmstadt 2000.
Nordling, Raoul: *Sauver Paris. Mémoires du Consul de Suède (1905-1944).* Brüssel 2002.

Die Hölle von Monte Cassino

Ben Arie, Katriel: *Die Schlacht bei Monte Cassino 1944.* Freiburg 1985.
Graham, Dominick: *Die Schlacht um Monte Cassino.* Rastatt 1983.
Hapgood, David / Richardson, David: *Monte Cassino.* New York 1984.
Majdalany, Fred: *Monte Cassino. Portrait einer Schlacht.* München 1966.
Piekalkiewicz, Janusz: *Die Schlacht um Monte Cassino. Zwanzig Völker ringen um einen Berg.* Bergisch Gladbach 1982.
Smith, Eric D.: *Der Kampf um Monte Cassino 1944.* Stuttgart 1996.

Schreiber, Gerhard: Deutsche Kriegsverbrechen in Italien. Täter – Opfer – Strafverfolgung. München 1996.
Wallace, Robert: Der Feldzug in Italien. Eltville 1994.

Die letzte Schlacht

Dupuy, Trevor N. / Bongard, David L. / Anderson, Richard C.: Hitler's Last Gamble. The Battle of the Bulge, December 1944 – January 1945. New York 1994.
Hohenstein, Adolf / Trees, Wolfgang: Hölle im Hürtgenwald. Die Kämpfe vom Hohen Venn bis zur Rur. September 1944 bis Februar 1945. Aachen 2000.
Jung, Hermann: Die Ardennen-Offensive 1944/45. Ein Beispiel für die Kriegsführung Hitlers. Göttingen, Zürich 1992.
Kaeres, Kurt: Das verstummte Hurra. Hürtgenwald 1944/45. Aachen 2002.
MacDonald, Charles B.: The Battle of the Huertgen Forest. Philadelphia 2003.
Miller, Edward G.: A Dark and Bloody Ground. The Hürtgen Forest and the Roer River Dams, 1944-1945. College Station 1995.
Neitzel, Sönke: Der Kampf um die deutschen Atlantik- und Kanalfestungen und sein Einfluss auf den alliierten Nachschub während der Befreiung Frankreichs 1944/45. In: Militärgeschichtliche Mitteilungen 55 (1996), S. 381-430.
Riess, Volker: Malmédy. Verbrechen, Justiz und Nachkriegspolitik. In: Wette, Wolfram / Ueberschär, Gerd R. (Hrsg.): Kriegsverbrechen im 20. Jahrhundert. Darmstadt 2001, S. 247-258.
Ryan, Cornelius: Die Brücke von Arnheim. Frankfurt/Main 1990.
Vogel, Detlef: Deutsche und Alliierte Kriegführung im Westen. In: Das Deutsche Reich und der Zweite Weltkrieg, Band 7. München 2001, S. 606-634.

Der letzte Akt

Becker, Josef: Bienen 1939-1945. Erlebnisse, Erinnerungen und Berichte. Rees-Bienen 1999.
Berkel, Alexander: Krieg vor der eigenen Haustür. Rheinübergang und Luftlandung am Niederrhein 1945. Wesel 1994.
Brüne, Lothar / Weiler, Jakob: Remagen im März 1945. Eine Dokumentation zur Schlussphase des 2. Weltkrieges. Remagen 1994.
Euler, Helmuth: Die Entscheidungsschlacht an Rhein und Ruhr 1945. Stuttgart 1980.
Görlitz, Walter: Model. Der Feldmarschall und sein Endkampf an der Ruhr. Frankfurt/Main, Berlin 1992.
Guderian, Heinz Günther: Das letzte Kriegsjahr im Westen. Die Geschichte der 116. Panzer-Division – Windhunddivision. 1944-1945. Sankt Augustin 1997.
Hechler, Ken: The Bridge at Remagen. The Amazing Story of March 7, 1945, the Day the Rhine River was Crossed. Missoula 2001.
Knopp, Guido: Damals 1945. Das Jahr Null. Stuttgart 1994.
Nitrowski, Johann: Die Luftlandung und das Kriegsende im Gebiet der Städte Hamminkeln und Wesel. Hamminkeln 1997.
Schmalacker-Wyrich, Esther: Pforzheim 23 Februar 1945. Der Untergang einer Stadt in Bildern und Augenzeugenberichten. Pforzheim 1995.
Stein, Marcel: Generalfeldmarschall Walter Model. Legende und Wirklichkeit. Bissendorf 2001.

Personenregister

Alexander, Sir Harold 115, 120, 131, 132, 138, 140
Alexis, Edward J. 186, 187
Anders, Wladislaw 156, 157
Annunziata, Viola 140, 145
Arnim, Dankwart Graf von 78, 95
Attwood, Fred 134, 137
Aubrac, Lucie 68
Aubrac, Raymond 68, 69
Badoglio, Pietro 115, 118, 193
Baumgarten, Harold 26, 48
Beauvoir, Simone de 68, 91, 94
Benedikt, Hl. 113, 144, 145, 147, 163
Bittrich, Wilhelm 175
Blache, Bernhard 65, 66, 70, 87, 88, 97–99
Boeser, Rolf de 60
Boineburg, Hans von 77
Bollbach, Ewald 147
Bongart, Heinz 15, 20
Bradley, Omar 45, 94, 171, 193, 198, 201, 239
Bratge, Willi 218, 231–234, 237, 239
Braun, Eva 259
Brooke, Sir Alan 250, 253, 254
Brüggemann, Hans 242, 243, 245
Buckley, Christopher 144
Burns, Dwayne 36
Campbell, Doon 122, 161
Carver, Lord Michael 132, 147, 160
Chambeiron, Robert 76, 87, 90

Choltitz, Dietrich von 9, 78, 80, 84–86, 88, 90, 95–98, 102, 103
Christen, Marcel 94
Churchill, Sir Winston 8, 11, 20–23, 69, 115, 119, 120, 130–132, 134, 161, 250, 253, 254
Clark, Mark 120, 129, 136, 138
Clausdorff, Theo 179, 182
Compagnon, Jean 94
Corbin, Charles R. 207
Courrington, Morris 112, 130, 134, 158, 161
Crerar [General] 171
D'Onorio, Bernardo 115, 126, 149, 163
Dannecker [Hauptsturmführer] 73
De Gaulle, Charles 9, 68, 69, 76, 77, 83, 84, 87, 94, 96–98, 102–104
Deiber, Stefan 140, 149
Dempsey [General] 171
Derbyshire, Stan 179
Devers, Jacob 137
Diamare, Gregorio 126, 135, 139, 140, 145, 149, 161
Dietrich, Marlene 198
Dietrich, Sepp 190, 191, 207, 211
Dietrick, Alfred 113, 131
Dillard, Marcus 98
Dimoline, William Alfred 140, 150
Dollmann, Friedrich 29
Dönitz, Karl 260, 261, 263
Drabik, Alexander 236, 237
Drew, Robert 161

Duch [General] 158
Eaker, Ira 137
Edwards, Tony 137, 138, 146, 153
Eisenhower, Dwight D. 16, 28, 50, 94–96, 131, 169–170, 184, 197, 205, 214, 228, 239, 250, 253, 258, 261
Eisenstein, Sergej 150
Emmerichs, Elfriede 247
Engeman, Leonard 234, 236
Escher, Rudi 33
Eusebio [Pater] 139
Evans, Bradford 111, 112, 142, 144
Faust, Anton 235
Feldens, Karl 223, 227, 238, 242
Feldens, Maria 223, 227, 231, 242
Feldens, Willy 223, 227, 238, 239, 242
Ferraro, Antonio 126, 143
Feuersenger, Kurt 82
Freyberg, Sir Bernard 133, 134, 136, 138, 140, 150, 153, 156
Friedrich der Große 194
Friesenhahn, Carl 218, 233–235
Frost, John 175, 176, 179
Fulton, William 174, 178
Gallagher, Wes 249
Gingold, Peter 74, 107
Gneisenau, August Wilhelm Anton 56
Gockel, Franz 32, 33, 46–48
Goebbels, Joseph 28, 71, 76, 218, 248

Goldmann, Gereon 135
Göring, Hermann 70, 126, 257
Gradini, Ersilia 157
Grosser, Alfred 74, 98
Groux, Maurice 81, 82
Gruenther, Alfred 138
Grüters, Veronika 247, 248
Hälker, Kurt 83
Hansen, Chet 94, 193, 198, 201
Harmel, Heinz 175, 178
Hawkins, Bill 143, 156
Heidrich, Richard 150, 158
Heilmann [Generalmajor] 194, 196, 210
Heinze, Hans 26, 38, 47
Henderson, John 227
Heydte, Friedrich August von der 193, 211–213
Hibbert, Tony 170, 175, 176, 179, 182
Hill, James 231
Hitler, Adolf 7–12, 15, 16, 20, 23–25, 32, 52, 54, 56, 62, 65–68, 71, 73, 74, 76–78, 80, 84, 90, 95–97, 99, 102, 115, 118–120, 123, 126, 131, 132, 138, 149, 156–158, 168, 187, 190–197, 200, 204, 205, 207, 210–212, 215, 227, 228, 239, 249, 250, 252, 257, 259–261, 264, 265
Hitzfeld, Otto 229, 231, 249
Hodges [General] 171, 186
Hölzberger, Joseph 153
Höptner, Gerhard 229, 231
Issmer, Werner 150
Jakubek, Heinz 222
Jameson, Gene 129, 146
Jänecke, Margret 84
Jodl, Alfred 190, 191, 194, 196, 261, 263
Juin, Alphonse 127, 158

Junge, Traudl 260
Jünger, Ernst 81
Kattnig [Oberleutnant] 41
Keilhofer, Johann 233
Keitel, Wilhelm 191, 196
Kesselring, Albert 110, 120–123, 129, 132, 150, 158
Keyes, Geoffrey 138
Kinnard, Harry 209
Kirby, Wayne 144
Klein, Johannes 119, 134
Kluge, Hans Günther von 62, 80
Knaust [Major] 175
Knochen [SS-Standartenführer] 84
Kohn, Antoinette 106, 107
Kohn, Armand 107
Kohn, Georges-André 106, 107
Kohn, Philippe 106, 107
Kohn, Rose-Marie 106
Kriegel-Valrimont, Maurice 71, 87, 107
Lachmann, Franz 47
Laval, Pierre 84
Lazarus, Jacques 72
Leclerc, Jacques-Philippe 84, 91, 94, 95, 98, 102, 103
Leese, Oliver 120, 156
Lindahl, Thomas 142
Lindemann, Ludwig 214
Lomell, Leonard 44
Lucas, John 131
Ludendorff, Erich 222
Luzi, Gabriele 161
Lyne, Douglas 136, 146, 149, 161
Mann, Thomas 7, 260
Manstein, Erich von 190
Manteuffel, Hasso von 190, 191, 197
Marshall, George 120

Mather, Sir Carol 25, 30
Mayer, Augustin Kardinal 115, 123, 126
Mayer, Rudolf 80
McAuliffe, Anthony 34
Meier, Bill 187
Meller, William F. 185
Millin, William 50
Model, Walter 90, 165, 175, 178, 190, 191, 196, 210, 212, 257, 258, 259
Mohrle, Charles 57
Montgomery, Bernard Law 25, 30, 61, 120, 165, 168–171, 182, 197, 227, 228, 250, 252, 254, 261
Moorehead, Alan 245
Morin, Jean 90
Mott, Hugh 236, 239
Müller [Major] 98
Mussolini, Benito 9, 115, 118, 119, 193
Napoleon 66, 235, 239
Nordling, Raoul 88
Oberg, Carl 73
Odendahl, Rolf 185, 187, 197, 209, 215
Ohmsen, [Kapitänleutnant] 41
Pakullis, Heinrich 262
Palmer, Bennet 140
Paris, Demetri 228, 235, 243, 246
Peiper, Joachim 204–208
Pemsel, Max 37
Pétain, Philippe 67, 68, 70, 76, 84, 87
Petersen, Charlotte 261
Pignatelli, Emilia 147
Pius XII. 123, 135
Plota, Bruno 46
Pogodsky, Ernst 71–73
Poli, Luigi 119

Potthast [Oberfähnrich] 55
Prinz, Wilhelm 122, 152
Ramsay-Brown, Donald 134, 150, 153, 163
Reichhelm, Günter 190, 191, 210, 228, 257, 259
Roach, William 263
Rol-Tanguy, Henri 84, 87, 102
Rommel, Erwin 8, 22, 25, 26, 29–32, 37, 55, 59, 60, 62, 120
Rommel, Manfred 29, 55
Rönnefarth, Helmut 109, 150
Roosevelt, Franklin D. 8, 20, 22, 23, 76
Roosevelt, Theodore 41
Rundstedt, Gerd von 24, 31, 32, 59, 168, 191, 196, 200, 239
Sartre, Jean-Paul 69, 71, 105
Scheller, Hans 229–231, 234, 235, 239, 248, 249
Scheller, Liesl 230, 249
Scherer, Wingolf 197, 200, 210, 223
Schlegel, Julius 124
Schlemm [General] 252
Schlieben, [General] von 56
Schmidt [Fallschirmjäger-Major] 140, 142
Schmidt, Gerhard 86
Schneider, Alfred 80
Schrage, Franz 237, 258
Schulz, Franz 132, 134
Schwarz, Heinz 217, 218, 232, 234, 242, 265
Senger und Etterlin, Fridolin von 123, 149, 157
Skalka, Dr. [SS-Divisions-Chefarzt] 182
Skorzeny, Otto 193, 214
Speer, Albert 66, 257, 263
Speidel, Hans 37, 55, 75, 97
Stagg [Group Captain] 28
Stairs, Henry M. 213

Stalin, Josef W. 8, 21, 23, 120, 227, 261
Stauffenberg, Claus Graf Schenk von 77
Stevens, Roy 20
Student, Kurt 171, 174
Stülpnagel, Carl-Heinrich von 77
Swanson, Vernon E. 168, 200
Tardini, Monsignore Domenico 161
Thompson, R. W. 257
Thorez, Maurice 80
Timmermann, Karl 236
Topas, Maria 256
Traupel, Gernot 167, 184
Truscott, Lucius 131
Tuker, Sir Francis Ivan Simms 136, 140
Urquhart [General] 176, 177
Valentin, Rudolf 143, 147, 150, 152, 153
Valenzi, Albert 206
Vallet, Jacques 87, 90, 98
Velardo, Antonio 139, 144, 145
Victor Emanuel III. 115
Vietinghoff, Heinrich-Gottfried von 120, 157
Völk, Hermann 147
Warlimont, Walter 52
Weizsäcker, Richard von 12, 265
Weyand, Josef 232, 238, 253, 256
Willoughby, Bryan 171
Witt [Fregattenkapitän] 56
Woitecki, Jozef 156, 158
Wolf, Siegfried 105, 106
Zenz, Christian 230

Ortsregister

Aachen 184, 185, 191, 194, 198
Aix-les-Bains 105
Algier 76
Altaussee 126
Antwerpen 169, 184, 187, 191, 212
Anzio 26, 59, 130–132, 153, 158
Argentan 91
Argenton-sur-Creuse 81
Arnheim 10, 170, 174–177, 179, 180, 182, 184, 187
Arromanches 50, 56
Auletta 120
Auschwitz 73, 74, 107
Avranches 15, 63, 77
Azeville 41
Bad Nauheim 194
Bastogne 208–210
Baugnez 205, 206
Bayeux 17, 52
Belgrad 66
Bergen-Belsen 107, 263
Berlin 66, 118–120, 123, 168, 182, 194, 227, 257, 259, 261
Biarritz 23
Bienen 256
Bonn 218, 222, 228
Boulogne 24, 170
Brüssel 10, 165, 166
Buchenwald 107, 262
Budapest 215
Büderich 247
Büttgenbach 208
Caen 52, 54, 60, 62, 63
Calais 170
Capua 126
Cassino 110, 112, 122, 123,

126, 128–133, 137, 139, 143, 153, 154, 156–158, 160, 162
Chartres 81
Cherbourg 50, 56, 59
Colle Fereto 126
Cotentin 26, 36–38, 59
Courseulles 50
Coventry 66
Dachau 262
Dinant 210
Dover 26
Drancy 73, 74, 106, 107
Dresden 217, 219
Driel 179
Duisburg 259
Dünkirchen 25, 132
Dieppe 21, 23
Echterdingen 29
Eindhoven 170, 174, 178
Elsenborn 208
Erpel 223, 227, 238
Falaise 62, 63, 167
Falkenberg 228
Feltre 115
Flensburg 263
Foggia 111, 112
Folkestone 26
Foy-Notre-Dame 210
Frankfurt 228
Gleiwitz 232
»Gold« 17
Grave 174, 178
Hamburg 107
Hürtgenwald 185–187, 192
»**Juno**« 17, 50, 52
Kolberg 56
Köln 185, 187, 228, 235, 244, 247
La Gleize 205
La Roche-Guyon 91
Landshut 230, 231, 249
Le Harmel 50
Le Havre 50, 56, 170

Leubsdorf 242
Limburg 247
London 25, 69, 120, 157, 170
Longues 50
Luc-sur-Mer 54
Lüttich 208
Mainz 228
Malmedy 193, 205, 206
Marcouf 41
Meckenheim 228
Merville 38
Mont Valérien 75
Monte Cassino 9, 10, 108–115, 120, 122, 124, 126, 127, 129, 131, 134–136, 138, 143, 145–150, 158, 160, 161, 163
Moskau 80, 120
Münstereifel 228
Mussidan 81
Neapel 119, 136
Nentershausen 247
Neuengamme 107
Neuilly 90
Nimwegen 170, 174, 178, 184
»**Omaha-Beach**« 17, 20, 31, 32, 44–48, 56
Oosterbeek 179, 182
Oradour-sur-Glane 59, 81, 82
Paris 9, 15, 37, 63–67, 70–81, 83–91, 94–99, 102–104, 107
Pas de Calais 24–26, 32, 52, 59, 182
Pforzheim 219
Pointe du Hoc 41, 42, 44
Portsmouth 26
Rastenburg 9, 102
Reims 239, 261
Remagen 10, 217, 218, 222–224, 226–229, 231–235, 238, 239, 243, 247–250, 252, 256, 258, 265
Rennes 29

Rheinbach 218
Rimbach 249
Rom 9, 10, 110, 115, 118, 120, 122, 123, 126, 127, 130–132, 135, 143, 158
Rotterdam 66
Salerno 26, 59
Sewastopol 78, 97
Southampton 26
Spoleto 126
St. Laurent 15
St. Lo 63
St. Vith 209
Stalingrad 152, 153, 156, 235
Stavelot 207
Ste. Mère Eglise 33, 38
Strasbourg 94
»Sword« 17, 50, 52
Teheran 8, 23
Torgau 259, 260
Troisdorf 223
Troissereux 81, 82
Ulm 29
»Utah Beach« 17, 36, 38, 39, 41, 45
Verdun 68, 129
Versailles 67
Vichy 68–70, 73, 76, 87
Vierville 56
Wahlhausen 204
Warschau 66
Washington 120
Wesel 11, 227, 228, 250, 252, 253, 256
Wien 126

271

Bildnachweis

Bayerische Staatsbibliothek München:
30, 110, 114, 118, 121, 123, 132, 167, 195, 251

Bundesarchiv, Koblenz:
27, 53, 58, 60, 71, 79, 86, 119, 124/125, 127, 148, 149, 151, 152, 160, 175, 176, 180/181, 186, 190, 192, 193, 196, 202/203, 256, 264

Imperial War Museum, London:
75, 130, 137, 143, 145, 154/155, 156, 157, 159, 162, 171, 174, 177, 191, 199, 207, 214

National Archives, New York:
2, 13, 22, 34/35, 42/43, 48, 49, 85, 91, 95, 96, 108, 110, 113, 128, 129, 133, 139, 141, 146, 164, 166, 169, 172/173, 178, 185, 198, 201, 205, 206, 208, 211, 212, 229, 232, 236, 237, 238, 246, 252

Picture Alliance:
6, 14, 16, 17, 18/19, 21, 31, 33, 39, 46, 51, 57, 61, 63, 64, 67, 68, 70, 73, 77, 81, 83, 88, 89, 92/93, 99, 100/101, 102, 103, 104, 105, 116/117, 142, 183, 188/189, 204, 215, 222, 240/241, 243, 244, 248, 254/255, 258, 259, 260, 261, 262, 263

Ullstein Bilderdienst, Berlin:
24, 25, 37, 40, 45, 54, 62, 72, 82, 111, 131, 135, 184, 216, 218, 220/221, 224/225, 226, 233, 235, 250, 253

Privatarchiv:
106, 230

Wir danken allen Rechteinhabern für die Erlaubnis zum Abdruck der Abbildungen. Trotz intensiver Bemühungen war es nicht möglich, alle Rechteinhaber zu ermitteln. Wir bitten diese, sich an den Verlag zu wenden.